儿童基本运动技能
教学指导

（第3版）

A. 维旎·科尔文（A. Vonnie Colvin）

[英] 南希·J. 埃格纳·马科斯（Nancy J. Egner Markos） 编著　吴东 李红光 译

帕梅拉·J. 沃克（Pamela J. Walker）

人民邮电出版社

北京

图书在版编目（CIP）数据

儿童基本运动技能教学指导：第3版 /（英）A. 维旎·科尔文，（英）南希·J. 埃格纳·马科斯，（英）帕梅拉·J. 沃克编著；吴东，李红光译. 一 北京：人民邮电出版社，2020.4（2024.7重印）
ISBN 978-7-115-52398-3

Ⅰ. ①儿… Ⅱ. ①A… ②南… ③帕… ④吴… ⑤李… Ⅲ. ①体育课－小学－教学参考资料 Ⅳ. ①G623.83

中国版本图书馆CIP数据核字(2019)第250748号

免责声明

本书内容旨在为大众提供有用的信息。所有材料（包括文本、图形和图像）仅供参考，不能用于对特定疾病或症状的医疗诊断、建议或治疗。所有读者在针对任何一般性或特定的健康问题开始某项锻炼之前，均应向专业的医疗保健机构或医生进行咨询。作者和出版商都已尽可能确保本书技术上的准确性以及合理性，且并不特别推崇任何治疗方法、方案、建议或本书中的其他信息，并特别声明，不会承担由于使用本出版物中的材料而遭受的任何损伤所直接或间接产生的与个人或团体相关的一切责任、损失或风险。

内 容 提 要

本书为幼儿和小学体育教师及家长提供了一系列教学资源。这些资源涵盖了儿童（幼儿园至小学阶段）需要掌握的基本运动和操控性技能的关键知识，可以激发儿童学习基本技能的积极性，并帮助他们学习这些技能。全书共 10 章，详细讲解了 8 种运动技能和 17 种操控性技能，所有这些技能都是体育教育工作者应关注的。通过对这些技能的教学指导，能够极大地提高儿童的身体素质，促使其养成参与体育活动的健康的生活方式。

◆　编　　著　[英] A. 维旎·科尔文（A. Vonnie Colvin）
　　　　　　　南希·J. 埃格纳·马科斯（Nancy J. Egner Markos）
　　　　　　　帕梅拉·J. 沃克（Pamela J. Walker）
　　译　　　　吴 东 李红光
　　责任编辑　寇佳音
　　责任印制　周昇亮

◆　人民邮电出版社出版发行　　北京市丰台区成寿寺路 11 号
　　邮编　100164　　电子邮件　315@ptpress.com.cn
　　网址　http://www.ptpress.com.cn
　　北京七彩京通数码快印有限公司印刷

◆　开本：700×1000　1/16
　　印张：19.75　　　　　　2020 年 4 月第 1 版
　　字数：409 千字　　　　2024 年 7 月北京第 9 次印刷
　　　　　　著作权合同登记号　图字：01-2017-2572 号

定价：128.00 元

读者服务热线：(010)81055296　印装质量热线：(010)81055316
反盗版热线：(010)81055315
广告经营许可证：京东市监广登字20170147号

目录

谨以本书献给所有我们有幸教过的学子们，是你们帮助我们成为更优秀的老师，使我们可以完成本书。在我们的教学生涯结束之际，也将本书献给这个领域的同行们，希望各位同行和我们一样热爱教育事业。

目　录

前　言

作为体育教育工作者，我们应努力为学生创造良好的学习环境，让学生能够在非竞争的环境下进行训练，同时注重他们自身的发展（SHAPE America, 2014）。尽管教育领域的主要目标是提高技能，但我们相信教学可以通过不一样的方式呈现出来，从而调动学生的积极性，让学生享受学习。尽管娱乐消遣并不是教育的目标，但它却有助于激发学生的积极性。当孩子们有了积极性，同时加以合理的教导，他们学习时会更加集中注意力。在体育教育中，这种学习方式可以帮助学生们养成积极参与体育活动的习惯。

儿童时期是学习语言、阅读和基本动作的黄金时期。3至9岁是孩子学习体育技能的关键时期（Pangrazi et al., 1981）。与一生中任何其他时期相比，小学低年级阶段能够更容易掌握一些基本的动作技能。运动和操控性技能是很关键的构建模块，能够使学生越过熟练度的壁垒，成为成功的运动者（Seefeldt, 1979）。高质量的教学和练习对学生掌握所有的运动技能很有必要。这些经验会转换为技能，以及一种积极运动的生活方式。

过去，很多课程集中于玩一些没有指导重点的游戏。像突破防线（Red Rover）和丢手绢（Duck, Duck, Goose）这样的游戏虽然好玩，但这些游戏对培养基本技能帮助甚微。但是20多年来，美国国家运动和体育教育协会（National Association for Sport and Physical Education, NASPE），现称为"美国健康和体育教育协会"（SHAPE America），发布的报告里强调了基本技能教育的重要性。正如NASPE发布的素质体育教育项目成果（1992）中所提到的，"学前班和小学低年级阶段应重点关注运动技能的习得"。

NASPE的项目成果引领了美国体育教育标准（NASPE, 1995）的发展，该标准曾在2003年和2013年做过修订。上述标准的现行版本设定的目标是培养"身体素质良好的民众"，人们"学习必要的运动技能，从而参与各类体育运动"（SHAPE America, 2014, p.11）。SHAPE America的解释为："因为小学阶段是发展基本运动技能的基础时期，所以体育教育的重点在于技能习得……只有通过强化训练和高品质的教学，生疏的技能才能变为熟练的技能。小学阶段培养的基本运动技能是将来在初中和高中做游戏、进行体育运动和健身活动的基石。"对于那些教小学阶段学生的体育老师来说，面临的挑战是显而易见的。基本技能应该是体育教育课程的核心内容。然而，尽管现有文献清楚地表明要教什么，能解释如何教这些技能的资源却很少。本书为小学体育教师准备了一系列的信息和活动资源，这一系列的信息和活动资源都将为给孩子创造成功的运动体验打下基础。这些基础资源涵盖了孩子们要掌握的基本运动和操控性技能的关键知识。本书呈现了以标准为导向的信息，这些信息能激发学生的积极性。这些有趣的活动将确保有更多的练习机会，习得更多技能。毕竟，当你享受你所做的事情时，你就会想继续做这件事。

本书结构

为帮助读者打好基础，我们从用户的角度，结合相似的理念和技能来编排本书。书的开篇概述了如何使用本书。第1章可能是最关键的一章；第1章介绍了9项活动，强调了每项运动技能的关键部分。本书详细介绍了所有有助于学生掌握8种运动技能（第2章）以及17种操控性技能的关键要领（第3章至第10章）。

第2章探讨了8种运动技能：单脚跳、马步跳、滑步、跑步、垫步跳、垂直双脚跳、水平双脚跳和跨步跳。尽管运动技能对于运动参与来说是必不可少的一部分，但学生们在计划完成一整套体育动作练习时，却总是忽视这些运动技能。第2章详细介绍了每种运动技能，其中包括对运动技能的评估。

第3章至第10章着重介绍操控性技能。第3章只介绍了下手滚球这一种操控性技能，后面几章介绍了许多相似的技能。比如，第4章介绍了下手投掷、上手投掷和双手过头投掷这3种独特的投掷技能。第5章着重介绍在腰部以上和腰部以下接球。第6章介绍传球、反弹传球和胸前传球。第7章介绍击球，包括下手击球、侧面击球和双手侧面击球。第8章介绍球类截击，包括前臂截击（传球）和头上截击（传球）。第9章着重介绍用脚踢球和踢悬空球。第10章介绍运球，运球的独特之处在于它结合了运动和操控性技能；对用手运球和用脚运球都有详细介绍。

我们的课程重点集中在体育教育工作者应关注的技能掌握和健身方面。具体的运动操控性技能有很多种，我们挑选了能为其他技能习得打下基础的技能。比如，熟练的网球发球技术需要掌握很多和上手投掷类似的技能要领，以及排球中下手发球需要掌握类似下手投掷的技能。这些技能清单无穷无尽，但结果一致：当学生们掌握了各种基本的操控性技能，他们就可以将这些知识应用到需要类似动作的其他技能中。

技能章节结构

第2章介绍运动技能，第3章至第10章介绍操控性技能。本书按以下顺序介绍每项技能。

1. 技能概述。

2. 解释每种技能的关键要领，并配有详解图。每种技能分解成关键要领，这些关键要领对动作的正确完成非常重要。

3. 和《美国K–12（幼儿园至十二年级）体育教育的国家标准和年级水平学习成果》（SHAPE America, 2014）一致的共通技能，在本书中用叙述和表格的形式重点突出。

4. 给出提示词，帮助学生记住每种技能的关键要领，提示词贯穿整章。

5. 制定了每项技能的同伴评估标准，帮助学生掌握每个技能的关键要领。共制定了两类评估：一类是供有阅读能力的儿童使用，另一类是供无阅读能力的儿童使用。

　　6. 为了加强学习每个技能的要领，本书涵盖了各种活动。各种个人和小组活动以及团体活动，帮助强化整体技能，而不只是孤立的技能要领。

　　7. 每个技能的问题解决表都突出了典型的问题，并给出解决问题的建议。

　　8. 操控性技能章节（第3章至第10章）还包含一个示例教案。在介绍这些技能时可使用这些模板。

本版书的新特点

　　本书保留了原始版本 Teaching the Nuts and Bolts of Physical Education 的所有特色。但是存在两大变化，最明显的特点是增加了电子学习资源。本书中包含的可下载的同伴技能考核表、问题解决表、提示词在电子资源中都能找到，格式为标准尺寸的PDF文件，这将极大地方便您复制这些文本，供上课所用。此外，您还可以在电子学习资源上找到每种技能的演示动画。

　　第二个重要补充就是结合了SHAPE America的《年级水平学习结果》，本书中包含的大多数技能在《美国K-12体育教育的国家标准和年级水平学习成果》（2014年SHAPE America开发的关于中小学国家体育教育标准和各年级水平成果）中以文本和图表形式出现。将关键要领与恰当的年级水平结合是本书的一个重要特征。尽管每个孩子都是独一无二的，但本书补充的来自SHAPE America的信息，将对你编排教学计划大有帮助。太早尝试学习技能的孩子会变得沮丧，而太晚介绍其他技能也存在问题。SHAPE America提供的信息非常有用，其信息非常符合我们的要求。

　　我们相信本书所涵盖的技能，代表着为孩子们构建一个成功的体育教育课程的基础。这本书结合了我们从100年教学经验中总结的教学策略和思想。本书中的活动是经过儿童测试的，并且已在小学里得以成功实施。我们希望我们的理念能被您采纳，同时您也可创建一些您自己的想法，最重要的是享受您所做的一切。

在2029年前实现强壮5000万人

　　目前就读于美国中小学（幼儿园至十二年级）的学生约有5000万人。SHAPE America正致力于确保现在的学龄前儿童在2029年从高中毕业时，所有的学生都已经拥有了能进行健康、有意义的体育活动的技能、知识和信心。

致 谢

非常感谢弗吉尼亚州阿尔伯马尔县的斯科茨维尔小学的教职工，感谢你们为我们提供地点编写本书。非常感激小学里的小学生和大学课堂里的大学生。你们是我们的动力和热情所在。谢谢。

维旎·科尔文（Vonnie Colvin）

我要感谢我的家人，感谢家人对我的鼓励、爱和支持。我有幸与出色的专业导师们一起工作：肯塔基大学的巴布·科尔（Barb Call）和吉姆·南希（Jim Nance）、弗吉尼亚大学的安·博伊斯（Ann Boyce）以及朗沃尔德大学的萨拉·宾汉姆（Sarah Bingham）。从学前班到研究生院的学生是我保持不断前进的动力。谢谢你们。

南希·马科斯（Nancy Markos）

我要感谢我的丈夫阿蒂（Artie），感谢他这些年来给我的爱和支持。感谢我的孩子兰斯（Lance）和温迪（Wendy），你们让我的生命完整。要特别感谢我的父母鲍勃（Bob）和贝蒂·埃格纳（Betty Egner），你们的爱和支持告诉我一切皆有可能。我要感谢我的姐姐巴巴拉·斯坦斯菲尔德（Barbara Stansfield），当我需要一个笑容的时候你总会出现。最后，非常感谢我的学生们，是你们让我的工作成为最完美的工作。

帕梅拉·沃克（Pamela Walker）

我要感谢我的父母苏（Sue）和吉姆·沃克（Jim Walker），他们的爱和支持告诉我一切皆有可能。我要对黛比（Deb）、金（Kim）、霍华德（Howard）和孩子们大声地说感谢，是你们让我以乐观的态度看待自己和生活。我还要感谢很多朋友的鼓励，以及他们给予我的快乐和支持。最后，我想感谢这些年来我教过的所有的学生，你们愿意尝试新的活动和游戏，在创造活动中发挥聪明才智，才促成了这本书的完成。

SHAPE America　感谢雪莉·霍尔特/哈勒（Shirley Holt/Hale）博士，感谢你们帮助修订这本书的部分内容。雪莉博士在田纳西橡树岭的林登小学执教体育38年，不久前退休，曾参与开发和撰写《美国K–12体育教育的国家标准和年级水平学习成果》（SHAPE America, 2014）。

如何使用本书

小学生对引人入胜的体育教育环境会感到兴奋。这本书提供了各种激发学生兴趣的方法，推广了成功的学习经验，促使孩子们展示运动技能和运动模式上的能力。当孩子们具备了学习动机，他们就会坚持练习，因为他们喜欢做这件事，并且在合理的、循序渐进的指导下，成功和成就就会接踵而至。

尽管动机和成功是教学与学习过程的重要组成部分，但是无论儿童的技术水平如何，高质量的指导仍然需要制订和实施详细的课程计划，以满足所有儿童的需求。这本书提供了这些资源。

掌握运动动作和基本的操作技能是成为一个技能熟练的运动者的基础。本书介绍了单脚跳、马步跳、滑步、跑步、垫步跳、垂直双脚跳、水平双脚跳和跨步跳这几种运动技能。后续参与运动所必须掌握的操控性技能包括：下手滚球、投掷运动（下手投掷、上手投掷以及双手过头投掷）、接球、传球（反弹传球、胸前传球）、球类截击（前臂截击、头上截击）、踢球、踢悬空球、用手或用脚运球。

本版书的主要目标是符合《美国K-12体育教育的国家标准和年级水平学习成果》（SHAPE America, 2014）的规定。如表1所示，8项基本运动技能都包括在内，并与新的学习成果保持一致。

表1　本书与各年级水平学习成果一致的运动技能

本书详细介绍的运动技能	本书和各年级水平学习成果详细介绍的运动技能
单脚跳（S1.E1）	
马步跳（S1.E1）	
滑步（S1.E1）	
垫步跳（S1.E1）	
跨步跳（S1.E1）	
	跑步（S1.E2）
	水平双脚跳（S1.E3）
	垂直双脚跳（S1.E4）

源自：SHAPE America-Society of Health and Physical Educators, 2014, *National standards & grade-level outcomes for K-12 physical education* (Champaign, IL: Human Kinetics).

操控性技能（指控制物体的技能）不容易与水平成果相匹配。基本操控性技能的进程对于运动技能来说有特别的意义。水平成果与本书包含的17种操控性技能不能做到完全一致，但还是要尽可能努力匹配（表2）。

表2 本书与各年级水平学习成果一致的操控性技能

本书独有的操控性技能	本书和各年级水平学习成果详细介绍的操控性技能	本书和各年级水平学习成果详细介绍的操控性技能（存在细微的差别）
下手滚球		
	下手投掷（S1.E13）	
	过头投掷（S1.E14）	
双手过头投掷		
	腰部以上接球（S1.E16）	
	腰部以下接球（S1.E16）	
反弹传球		提到了用手传球（S1.E15），但不限于反弹传球
胸前传球		提到了用手传球（S1.E15），但不限于胸前传球
	下手击球（S1.E22）	
侧面击球		用短柄工具击球（S1.E24），但非常类似于侧面击球
双手侧面击球		用短柄工具击球（S1.E25），但非常类似于侧面双手击球
前臂截击（传球）	头上截击（传球）（S1.E23）	
	踢球（S1.E21）	
踢悬空球		四年级和五年级的学习成果里提到了踢球（S1.E21）
	用手运球（S1.E17）	
	用脚运球（S1.E18）	

源自：SHAPE America-Society of Health and Physical Educators, 2014, *National standards & grade-level outcomes for K-12 physical education* (Champaign, IL: Human Kinetics).

电子学习资源 ▶

本书的第3版与之前的版本相似，但主要的不同在于包含了电子学习资源。电子资源中提供了标准尺寸可下载的同伴技能考核表，这些信息在书上用小尺寸显示。此外，你能在电子学习资源中找到问题解决表、提示词以及技能演示动画。

更多关于各年级水平学习成果和国家标准的信息

　　在你阅读有关各年级学习成果的信息时，你会注意到在圆括号里的字母和数字。字母S代表着所解释的国家标准。本书中，我们将主要阐述标准1（S1），标准1与各种运动技能和运动模式的展示能力有关。我们也简要介绍了标准2（S2），标准2涉及与运动及表现水平相关的概念、原则、策略和战术。

　　在S1和S2后面，你会看到一个字母。由于此书是为小学教师设计的，所以我们只采用了与小学各年级相关的水平成果。E代表小学生对应的特定水平成果，年级水平是从幼儿园至小学五年级。E右边的数字代表成果的数字序号。当指定的年级水平包含在内时，即为该信息的注释。比如，S1.E13指标准1和成果13，下手投球。每个成果里描述了年级–水平信息。比如二年级，下手投球的信息是："用一个成熟的方式投球"（S1.E13.2）。这个信息结合了年级水平与具体成果。

结构

　　我们尝试提供各种材料来教授本书中的8种运动技能和17种操控性技能。我们的目标是让读者能够轻松查找，并且实施各种活动，加强指导，帮助学生学习。无论主题是什么，所有技能篇章都按以下方式进行编排。

　　1. 介绍：技能的一般性介绍可能包括教学建议、安全预防措施和器材改造。此外，还包括建议年龄或者应掌握的技能部分，并且只要有可能，这些信息都会与《年级水平学习成果》（SHAPE America, 2014）相关联。为了让信息更方便使用，本部分呈现了所有关于成果和技能的叙述与图表。

　　2. 关键要领：接下来，我们确定了3至6个正确完成技能所必需的关键要领。关键要领尽可能与《年级水平学习成果》相一致。

　　3. 提示词：为帮助学生记住每个要领，指令中强调并穿插着提示词。提示词包括提示开始阶段（预备姿势）、动作阶段（可能有2个或3个部分）以及结束阶段（停）。提示词的选择取决于你强调的领域，以及你所教学生的运动水平。给低龄学生的提示词要简短，描述他们要做的动作；对稍大些的学生可能使用一些较长的、更具体的提示词。你应确保你使用的提示词仅由几个单词组成，不是长句。第一次介绍一项技能时，你应强调该技能的一个部分或两个部分。

　　有必要为残障儿童改编提示词。比如，当教一个坐在轮椅里的儿童下手滚球时，你应该省略"迈步"这个提示词，但保留其他提示词（预备、手臂向后、滚球和保持随球动作）。

　　4. 同伴技能考核评估：为帮助学生掌握每种技能的关键要领，25种技能的每一项都包括同伴技能考核评估。同伴技能考核评估使同伴之间可以相互评估彼此学习指定技能的进展情况。你还可以使用同伴技能考核表作为形成性或终结性评估。此外，这些评估结果可以提供给家长们，以记录学生的进步情况。

我们设计了两个版本的同伴技能考核表，这样，所有的孩子都能够从中受益。第一个版本包含了与指定提示词相关的图片，这个版本适合没有阅读能力的儿童。第二个版本包含技能要领的书面描述和图片，以及用于考核打钩的方框，这个版本适合有阅读能力的年龄大些的孩子。

5. 成功构建者：操控性技能章节中（第3章至第10章）涵盖了成果建设活动部分。如果同伴技能考核评估显示学生在学习一个或多个技能要领方面遇到困难，"成功构建者"板块给出了一些具体的活动，帮助学生纠正问题。

在每一个成功构建者站点，不管教什么技能，我们都建议配备一块坚固的镜子和呈现每个关键要领的海报。镜子特别有用，因为它可以让孩子们看到自己在做的动作。你可以复印和放大书上的（或者电子学习资源里的）同伴技能考核表，制成海报。给海报塑封可以延长其使用寿命，还可以把这些图片导入电子设备里。

6. 活动：为了加强整体技能，我们为个人、同伴和团体提供了许多活动。每个活动包含拓展内容，以增加课程的多样性，调整目标的难度（更容易或更难）。只要有可能，我们就将其他学科领域（如语言艺术、数学）与练习活动中的运动技能表现相结合。例如，"颜色目标"活动建议使用颜色、形状、数字或单词，具体的选择取决于学生的年龄和能力。在创建一个Word文档时，学生使用字母来拼写单词。学生掌握特定技能后，在课间休息时可以再练习这些活动。

7. 问题解决表：我们列出了描述典型问题领域的问题解决表，并给出解决问题的建议。同伴技能考核评估和成功构建者活动检查学生如何完成这些技能。问题解决表描述了学生整体表现中存在的问题（例如发生了什么问题，结果是什么）。

每个图表包括两个标题。第一个标题，如果你看到这个问题，详述常见问题；第二个标题，尝试这样做，提供解决方案。例如，侧向滑动时，你可能会看到学生身体转动的方式不能带动滑动。在这种情况下，一个可能的解决办法是让学生背靠墙站着，慢慢地沿着墙壁滑动。一旦他理解了这个动作，掌握这项技能的速度就能加快，学生就可以离开墙面练习。

8. 课程计划：对于每个操控性技能，我们已经设置了一个30分钟的课程计划样本。该计划侧重于某个技能的一个方面，可能是教学中最具挑战性、对孩子们学习而言难度最大的一个方面。为了指导你按计划完成教学，每个课程都特意制订了详细的计划并有详细的说明。每个样本课程计划里都包含了即时活动和整个课程的详细指导，以及学生在练习时需要注意的指令。

改变是好事

由于每次动作都不可能完全相同，我们鼓励您尽快将技能与其他活动相结合。该方法写在第2章中，我们运用各种运动概念（如路径、水平）指导每项运动技能。我们还在第3章至第10章中提出了挑战，鼓励学生将每个操控性技能与其他运动相结合。这些挑战包括空间、力量、水平、速度、方向和路径的使用。使用运动概念不仅会增加活动的挑战性，还将使练习课程更具吸引力。

评估

评估是教学和学习过程的重要组成部分。通过评估获得的信息能帮助教师修改教学策略并确定学生的强项或弱项。评估也能作为激励工具。

评估可以由学生、教师或二者共同完成。评估可以是非正式的，例如当老师观察学生，确定学生需要继续练习的技能部分，或者他们是否准备好面对更大的挑战时。另外，评估还可以是更加正式的，使用具体的评估工具（如同伴技能考核评估），并且评估结果成为评分流程的一部分。您如何选择评估方式取决于许多因素，包括时间、资源、个人理念和期望。无论您采用非正式评估还是正式评估，评估学生技能的进步都很重要。这些评估将帮助您专注于学生的需求，制订课程计划，更好地应对学生给您带来的教学挑战。

本书提供了几个能帮助您和学生进行评估的活动。每个技能的具体技能要领、技能考核评估、成功构建者活动和问题解决表都包括在内。可以按照自己的需要或根据您的具体评估需求使用或调整每个活动。

我们强烈建议让学生互相检查彼此的技能。学生使用同伴技能考核评估可以促进学习。若没有这些工具，学生还可以观察同伴，确定他是否已经掌握了该技能的一个或多个特定要领。在任何一种情况下，学生都可以告诉他的同伴正确完成了哪些技能部分，哪些动作需要改进。这种具体的反馈将增强学生对技能的理解和认识。

您还可以使用同伴技能考核评估来突出学生个体的优点或缺点，或者作为一种与家长分享的评估学生的方法。如果将同伴技能考核评估用于前测和后测，那么评估可以清楚地显示学生的进步和技能习得的具体领域。

本书的信息将帮助您计划后续的课程。同伴技能考核评估和问题解决表将帮助您确定潜在的问题区域，并给出纠正建议。一旦您清楚地知道要强调什么、要纠正什么，就可以专门设计课程来满足学生的需求。这样的计划可以促进技能的掌握。

组织建议

想成为一名成功的老师需要接受全面的教学实践培训。虽然这本书为教师（体育教育和其他课程的教师）设计，但它不能替代专业准备。您使用本书时，建议您尽可能增加练习或活动时间，减少课堂组织的时间。以下是两个策略清单，用于减少组织时间并增加活动时间。

管理事项

- 让学生帮助您给体育馆制定恰当的规则，实施并坚持执行这些规则。
- 学生进入体育馆时要准备好即将开展的活动；把要做的活动张贴在门或墙上。
- 明确规定如何获取器材、选择同伴、排队，以及在教师介绍时在器材上活动等。
- 有确定的开始和暂停信号。
- 最大限度地提高学生的参与度，避免出现没参与的学生。
- 如果可能的话，尽可能为每个孩子提供器材，尽量减少学生的等待时间。
- 至少要安排一半的课程时间，让学生完成适度的或高强度的体育运动。不过，如果是矫正性课程，安排的时间越长效果会更好。

教学事项

- 确保提前计划好一天的课程，并按计划执行。
- 尽可能减少你在课程环节过渡期间说话或发指令的时间。如果你是新手，要达到这个效果需要几小时的准备时间，但充分准备将确保课程顺利进行。
- 准备好上课要使用的器材。
- 用遥控器控制音乐播放器，这样会使课程进行得更顺利。
- 使用影像辅助工具，比如图片、照片和擦写板，列出技能要领。拍摄学生正确展示技能的照片，张贴这些照片或用这些照片制作动作示范海报。
- 在课堂上运用科学技术。比如播放动作视频，使用平板电脑查看、录制和进行评估。

我们希望这本书对于您是一个有价值的工具，能帮助您为学生创建有价值的、成功的运动模式。祝您和学生享受上课的过程。

第1章

构建成功的技能

小学阶段的儿童很容易对体育产生兴趣。对于儿童来说，一切与体育有关的东西都很有趣。移动、奔跑、踢球、投掷和接球都会令儿童兴奋。而且，运动新手在成功完成投篮、击倒保龄球瓶、跳绳之后都会产生极大的成就感。

遗憾的是，小孩子们常常对自己能做的技能感兴趣，但他们却不知道如何正确地完成这些技能。例如，一个幼儿园的孩子即使步伐是错误的，他也可以滚动一个球并击中一个目标。如果这种不好的运动模式没有得到纠正，以后将变成一种很难纠正的习惯。如果目标或任务变得更加困难，这个学生将不具备成功达成目标或完成任务的技术。他将很难完成网球发球，甚至对这个学生而言，从外场扔球到内场难度都很大。儿童在小学养成的运动习惯将严重影响他成年期的运动能力。

成功在此起航

如果一名大学篮球运动员有两次罚球的机会，而他所在的队伍正落后对方队伍一分，那么此时运动员的压力相当大。如果他第一个罚球没投准，他立刻就会知道球没进篮。除了已经发生的结果，他真正需要知道的是如何准确投掷，让下一个球进篮。这位运动员数年的练习以及所接受的指导，使他具备一定的知识基础，帮助他改进下一次的投篮动作。

不管怎样，儿童必须有这样的体验。遗憾的是，一旦儿童发现自己能击中目标，投中一球，或者踢进一球，就很难让他重新开始学习技能的关键要领。

小学体育教师首先应强调技术或方法。更重要的是在儿童练习时，将口令与技能的关键要领相结合。学习关键要领——比如伸展手臂，后退一步，或保持随球动作，将增加孩子培养熟练的运动技能的可能性。

本章提供的活动强调的是如何展示特定技能。我们建议在运动和操控性技能的配合下，完成其中一些或所有的活动。每个活动中给出的例子是通用的。唯一需要调整的是根据要教的技能改变口令和要领。

1

强化关键要领的活动建议

木头人

目标

评估学生对特定技能要领的理解。

设备

音乐播放器（可遥控的音乐播放器会对活动很有帮助）。

活动

1. 音乐响起时，学生在体育馆内自己的空间范围内活动。

2. 音乐停止时，说出代表一个技能的特定关键要领的提示词。

3. 学生根据提示词完成相应的动作，保持不动。

4. 活动继续，每当你说出一个提示词，学生根据提示词做相应的动作，保持不动。比如，练习下手滚球时，你会说预备、手臂向后、迈步，然后滚球，保持随球动作。

拓展活动

- 做上面同样的活动，不放音乐。

- 创建自己的暂停信号，比如以固定的姿势拍手，并且让学生以同样的姿势拍手，或者使用口哨。

- 给每个关键要领分配一个数字。摇骰子选择要展示的要领，还可以使用扑克牌、其他编号卡或旋转号码牌。

- 同伴可以选择要演示的关键要领。

我相信你知道，我们开始吧

目标

在创建合作型环境时，检查学生对技能关键要领的理解。

设备

无。

活动

1. 点一名学生，然后说："我相信你知道，我们开始吧。"

2. 问学生关于技能的一些问题。比如，在教下手投掷时，你可能会问，"下手投掷的随球动作，我们的手应该放在哪里？"

3. 如果这个学生能回答，那太棒了。如果不能回答，你可以重新表述你提的问题。如果在你提供足够的思考时间后，这个学生还是无法回答，请选择另一名知道答案的学生。

4. 知道答案的学生将答案告诉刚才那名不知道答案的学生。

5. 然后那个被你第一次点名的学生将答案告诉你。

6. 这样的活动可以在课堂上，在不同的学生之间重复5次甚至更多次。

拓展活动

- 把这个活动教给其他教职人员。这是在所有学科领域都适用的一种有效的复习方法。
- 你每周见学生的机会只有 1 次或 2 次，你可以使用这个技能来判断学生在你的课堂上记住了多少。你可以在课程开始时进行复习，或者当你在另一个地方看到学生时，做这个活动让学生复习，比如学生们在排队进入学校餐厅时。

教老师

目标

评估学生对特定技能的掌握情况，你也可以用它作为课程结束活动。

设备

无。

活动

1. 选一个学生解释如何完成某项运动技能，比如接球。
2. 学生描述这个运动技能时，老师准确地完成这项技能。
3. 其他学生判断你是否正确地完成这项技能。
4. 如果你没有正确地完成这项技能，学生将提出问题解决方案。

拓展活动

- 请另一名学生教这项技能的每个要领。
- 课堂老师来带学生回教室（或者你把学生送回教室）时，让学生教那位课堂老师如何正确地完成这项运动技能。

每个人的它

目标

将心肺适能与习得指定的运动或操控性技能相结合。

设备

无。

活动

1. 告诉学生每个人都是"它"。
2. 让学生在游戏区散开。按照指令，学生开始在游戏区移动，尝试捉住对方。
3. 如果一个学生被抓住了，他要移动到指定的练习区域。他在这个区域完成指定的动作，展示每一步的关键要领，并且大声说出提示词。

拓展活动

- 同伴评估技能的关键要领。当游戏开始时，你可以选择一名学生去指定区域作为第一个"观察员"。在第一名学生被抓住后，观察员观察学生在展示技能的同时大声说出提示词。然后，第一个观察员返回游戏区域，被抓住的第一个学生留在该区域成为新的观察员。只要在玩游戏，这种循环就会持续下去。

- 一旦学生学会这种技能，他们会变得更独立。错误发生时，学生自己移动到指定区域，且在重复提示词并参考关键要领时学会这项技能。然后学生返回游戏区域。
- 在指定的练习场地添加适当的运动器材，如垒球或网球等。

轨道

目标

正确执行技能。

设备

无。

活动

1. 采用旋转（接力）队形。

2. 每个学生轮流跑到游戏区的另一端，并且展示一项技能的一个关键要领。比如，可能要求学生展示下手滚球的预备姿势。

3. 学生返回小组，并捉到一个小组成员，然后被捉到的这个学生开始跑，并展示相同的要领。

4. 活动继续，直至你选择让学生展现技能的另外一个要领。在活动进行时你可以中间暂停，让他们展示不同的技能要领，然后游戏继续。通过中间暂停的活动，让学生改变目标，这样可以消除在接力时经常发生的竞争现象。

拓展活动

- 技能的每个关键要领都要展示。
- 用各种运动技能代替跑步（如垫步跳、滑步或马步跳）。
- 让学生在跑（如走路、垫步跳或单脚跳）向游戏区的另一端之前，向队里的学生展示技能的关键要领，然后返回。
- 添加适当的器材。队里每个学生都可以使用这些器材。

匹配游戏

目标

匹配关键要领卡与提示词卡。

设备

给班上每个组制作一套提示词卡和一套关键要领描述卡。对提示词和关键要领使用不同的颜色。

活动

1. 安排4人小组或5人小组组成旋转（接力）队形。

2. 小组成员根据信号提示轮流跑到游戏区的另一端，一次拿一个提示词。

3. 一旦小组成员拿到提示词，学生必须按照恰当的顺序摆放词卡。

4. 然后，小组成员轮流跑到游戏区的另一端，拿起一张写有关键要领的卡片。

5. 小组成员正确匹配提示词和关键要领，目标完成，活动结束。

拓展活动

- 使用印有关键要领的图片。
- 让其他组检查彼此的结果。
- 让学生拿起一张提示词卡和与其匹配的关键要领描述卡，跑回自己所在的组，然后按照正确的顺序摆放两张卡。

饼干罐

目标

演示特定技能的关键要领。

设备

饼干罐（大容器）和写有技能提示词的压膜卡片。准备几套卡，这样每个学生都有机会从饼干罐中挑选。

活动

1. 一名学生从饼干罐中抽出一张关键要领描述卡。
2. 全班同学向你展示那个关键要领的动作。
3. 另外一个学生抽下一张关键要领描述卡。

拓展活动

- 学生向同伴展示关键要领。
- 给每组学生安排一个"饼干罐"。
- 使用不同的容器和纸张。模切机可以模切出各种形状。例如，我们可以使用以下物品。
  - 火山形状的容器，印有恐龙图案的要领卡。
  - 九月用校车图案。
  - 十月用塑料南瓜和鬼怪图案。
  - 十一月用有火鸡图案的烤盘。
  - 十二月用带有姜饼男女图案的姜饼屋。
  - 一月用雪花图案。
  - 二月用爱心图案的心形罐头。
  - 三月用风筝图案。
  - 四月用雨伞图案。
  - 五月用鲜花图案。

拼图游戏

目标

与同伴完成技能要领拼图。

设备

每两个学生完成一组拼图。按以下步骤制作一个技能要领拼图卡。

1. 在一张纸上，写上或印上技能关键要领和技能说明。

2. 将这些词组复印在一摞纸上。你将需要有足够的复印件才能让学生成对活动。你可能还想使用不同颜色的纸做拼图。

3. 将每张纸分成10片或更多片，像拼图一样。任意2个拼图卡不能完全相同。

4. 将拼图存放在小塑料袋中，这样标有不同技能要领的拼图才不会混淆。

5. 你可以把同伴技能考核表中的图片制成拼图。

活动

1. 一组搭档配一袋技能要领拼图。

2. 听到开始信号后，搭档们倒出拼图块，然后开始拼图。

3. 一旦学生完成拼图，他们将轮流展示技能的要领动作。

4. 这是一个很好的空间游戏。

拓展活动

- 如果你有一块金属板或干擦板，请将磁片放在每个拼图块的背面，让学生在板上组成拼图。

- 让学生3个或4个一组，完成拼图。

- 小组成员轮流跑（或任何其他运动技能）到一个指定区域，取回一块拼图块。拼图拿回来的同时，小组成员开始拼图。学生们继续轮流取回一个拼图块，直到拿到所有拼图块并完成拼图。

比萨游戏

目标

让学生正确地展示一个特定的技能，比如上手投掷、下手滚球、接球或踢腿，同时做一个分成8块的比萨。

设备

设备的类型取决于所练习的技能（如泡沫球、网球或塑料球）。每两个学生要有一个设备。

活动

1. 学生与搭档合作展示技能。学生轮流担任投掷员（或滚球员，或运球员）和观察员（或接球手）。

2. 每成功展示一次技能，投掷者都会获得一块虚拟比萨。投掷者展示技能的所有关键动作要领才算一次成功的尝试。

3. 观察员判断关键动作是否做到位。如果技能演示正确，那么将奖励投掷者一块比萨。如果技能演示错误，那么观察员必须告诉投掷者哪些地方需要纠正。

拓展活动

- 让小组成员记录比萨的数量。然后，全班同学计算一共获得多少块比萨，或者做了多少块派。
- 让两人小组成员记录他们的正确投掷数量，确定整个班的投掷总数。在后续的课程中，给班上学生提高挑战难度，增加正确投掷的总数。您可以选择绘制这些数字来激励学生，并强化技能。

总结

学习如何执行一项技能是最终掌握这项技能的必要条件。它涉及思考如何执行技能。成功完成这一认知阶段是以后正确执行技能的第一步。当学生理解了技能的关键动作的要领，并且能使用提示词作为完成技能动作的心理检查表时，他们就能纠正自己的表现水平。学生参加体育活动时，这种能力非常重要。

本章中介绍的9个活动只是开始。既然现在你已经尝试了其中的一些活动，那么你和你的学生可以设计适合你们自己的活动。无论你是使用我们提供的活动或是自己设计的活动，或者根据不同的班级或年级调整活动，这都完全取决于你自己。只需要记住，思考是基础，在教授所有基本的运动和操控性技能时都要认真思考。

第**2**章

运动技能

孩子们从小就开始表现运动技能。他们首先学会贴着地面缓慢爬行，接着学会抬起肚子用四肢爬行，令很多家长都感到兴奋的是，孩子们最终学会了行走。在本章中，我们研究了另外8种运动方式：单脚跳、马步跳、滑步、跑步、垫步跳、垂直双脚跳、水平双脚跳以及跨步跳。其中运动动作（如跑步、跳跃和滑步）都直接与运动技能有关。其他运动动作能帮助学生学习跳舞（如马步跳和垫步跳），帮助他们成为熟练展示动作的运动者。

《美国K–12体育教育的国家标准和年级水平学习成果》（SHAPE America, 2014）阐述了各年级学生应该具备的运动技能。幼儿园的小朋友应能在保持平衡的状态下展示单脚跳、马步跳、跑步、滑步和跨步跳（S1.E1.K）。进入单脚跳、慢跑和滑步的成熟模式应该在一年级（S1.E1.1）。垫步跳的成熟模式在二年级就会显现（S1.E1.2）。学生在三年级应能展示跨步跳的成熟模式。到四年级和五年级，学生们应能够配合其他目标一起使用运动技能（表2.1）。

关于本章

本章由8个部分组成，一部分是前面提到的每项运动技能。每个部分里都包含了运动技能的简要描述，运动的关键要领或关键部分，在教授特定技能时需要用的提示词。每项技能至少有两套提示词。您可以单独使用其中一套提示词，或者根据需要混合和匹配提示词。学生在练习时大声说出提示词对他们掌握技能会大有帮助。

此外，为了帮助学生掌握技能，我们在每个部分配备了同伴技能考核表和具体的问题解决表。同伴技能考核活动使搭档之间能够评估彼此在学习运动技能方面的进展。对于没有阅读能力的学生，请使用同伴技能考核表的图片版。

按以下方法使用同伴技能考核表。

1. 搭档观察自己同伴做的动作是否正确，比如眼睛看的位置以及身体姿势。

2. 如果眼法和身体姿势都是正确的，那么搭档放一个字母Y到第一个方框里。如果眼法和身体姿势都不正确，那么搭档放一个字母N到第一个方框里。如果眼法和身体姿势都是正确的，不识字的人就放一个笑脸到盒子里。如果眼法和身体姿势都不正确，不识字的人就放一个哭脸到盒子里。

表2.1 标准1——6项基本运动技能的各年级水平成果（S1.E1）

	幼儿园	一年级	二年级	三年级	四年级	五年级
S1.E1 单脚跳、马步跳、跑步、滑步、垫步跳和跨步跳	在保持平衡的状态下展示运动技能（单脚跳、马步跳、跑步、滑步、垫步跳和跨步跳）（S1.E1.K）	用一种成熟的模式展示单脚跳、马步跳、慢跑和滑步（S1.E1.1）	用一种成熟的模式展示垫步跳（S1.E1.2）	用一种成熟的模式展示跨步跳（S1.E1.3）	将各种运动技能运用于各种小型练习任务、舞蹈和体操教学练习中（S1.E1.4）	在各种充满活力的小型练习任务、舞蹈和体操练习中，展示运动技能的成熟模式（S1.E1.5a）在游戏环境中的小型练习任务中结合运动和操控性技能（S1.E1.5b）为达成一个目标结合操控性技能运动（如在足球、曲棍球和篮球比赛中进球得分）（S1.E1.5c）

源自：SHAPE America-Society of Health and Physical Educators, 2014, *National standards & grade-level outcomes for K-12 physical education* (Champaign, IL: Human Kinetics).

3. 这项评估持续到每一项关键要领都被评估5次。

4. 每一名学生都要有同伴技能考核表。

你可能会选择用同伴技能考核表来评估每名学生的技能学习情况。此外，你可以选择将这些考核评估表以报告卡片的形式发到学生家里，或者在每名学生掌握特定的技能后，让家长知道学生的学习情况。

同时我们强烈建议使用运动概念方式（Graham et al., 2013）来教运动技能，我们附上了一些具体的概念，用于强化学习选定的运动技能。

本章的最后部分叙述了用于强化运动技能的活动。这些可作为结束活动或热身活动。

如何教运动技能

我们强烈建议在学年开始时教一些或复习一些基本的运动概念（如空间、路径、水平、速度和方向）。掌握这些将增加技能表现的多样性，以及提高有技能性的动作水平。在一学年里，你应该针对每个概念以及相应的复习计划投入一节课的时间。这些运动概念是未来学习运动技能的基础。标准2中年级水平成果强调的空间概念（S2.E1）（表2.2），路径、形态和水平（S2.E2）（表2.3），速度、方向和力量（S2.E3）（表2.4）。

表2.2 标准2——空间移动的各年级水平成果（S2.E1）

	幼儿园	一年级	二年级	三年级	四年级	五年级
S2.E1 空间	区分个人空间和公共空间（S2.E1.Ka）在个人空间里跟随节奏运动（S2.E1.Kb）	根据指定的节拍或节奏在个人和公共空间内移动（S2.E1.1）	跟随节奏在公共空间内结合运动技能（S2.E1.2）	在运动环境中认识开放空间的概念（S2.E1.3）	将开放空间的概念应用到有关运球前行的综合技能中（S2.E1.4a）在小型练习任务中应用封闭空间的概念（S2.E1.4b）随着方向和力量的改变，在开放空间内运球（S2.E1.4c）	在体操、舞蹈和游戏环境中，为小组运动和非运动动作中结合空间概念（S2.E1.5）

源自：SHAPE America-Society of Health and Physical Educators, 2014, *National standards & grade-level outcomes for K-12 physical education* (Champaign, IL: Human Kinetics).

　　根据各年级水平成果，空间指个人空间和公共空间（S2.E1.Ka），三年级成果拓展到认识开放空间（S2.E1.3），以及在四年级（S2.E1.4）的游戏情形下认识封闭空间。

　　在年级水平成果中，幼儿园阶段提到了路径（S2.E2.K）。一年级提到了（S2.E2.1a）水平（高、中和低）和关系（上、下、附近和从头到尾）（S2.E2.1b）。学生们应能在二年级时将形状、水平和路径组合成各种各样的序列（S2.E2.2）（表2.3）。

表2.3 标准2——路径、形状和水平的各年级水平成果（S2.E2）

	幼儿园	一年级	二年级	三年级	四年级	五年级
S1.E2 路径、形状和水平	在三种路径上移动（S2.E2.K）	移动中展示低、中和高三种水平（S2.E2.1a）移动中展示与物体的各种关系（如上、下、周围、通过）（S2.E2.1b）	将形状、水平和路径组合成简单的移动、舞蹈和体操动作顺序（S2.E2.2）	认识各种体育活动对应的体育技能（S2.E2.3）	在小型练习任务、体操和舞蹈环境中，结合运动概念和技能（S2.E2.4）	在游戏环境中的小型练习任务、体操和舞蹈中，结合运动概念和技能（S2.E2.5）

源自：SHAPE America-Society of Health and Physical Educators, 2014, *National standards & grade-level outcomes for K-12 physical education* (Champaign, IL: Human Kinetics).

　　幼儿园时期应该掌握如何运用不同的速度（S2.E3.K）。一年级学生应能区分速度的快慢（S2.E3.1a）。一年级学生应能区分力度的大小（S2.E3.1b），二年级学生应能够随着速度的逐渐增加和减小而改变时间和力度（S2.E3.2）。三年级学生应能够将运动概念（如方向、水平、力度和时间）与老师指导的技能相结合（S2.E3.3）（表2.4）。

表2.4 标准2——速度、方向和力度的各年级水平成果（S2.E3）

	幼儿园	一年级	二年级	三年级	四年级	五年级
S2.E3 速度、方向和力度	在公共空间内用不同的速度运动（S2.E3.K）	区分快速和慢速（S2.E3.1a）区分力度的大小（S2.E3.1b）	随着速度的增减变化时间和力度（S2.E3.2）	将运动概念（如方向、水平、力度和时间）与老师指导的技能相结合（S2.E3.3）	在跑步时运用速度、耐力和节奏这些运动概念（S2.E3.4a）用一个短柄工具击打一个物体，让其到达指定的目标时，能够运用方向和力度概念（S2.E3.4b）	在运动策略中运用运动概念（S2.E3.5a）用一个长柄工具击打一个物体时，运用方向和力度的概念（S2.E3.5b）在运动环境、舞蹈和体操的小型练习任务中，分析运动情形，运用运动概念（如力度、方向、速度、路径和拓展）（S2.E3.5c）

源自：SHAPE America-Society of Health and Physical Educators, 2014, *National standards & grade-level outcomes for K-12 physical education* (Champaign, IL: Human Kinetics).

表2.5是一个简要清单，主要描述基本的运动概念，以及向学生介绍技能的可行方式。

一旦学生建立了基础运动概念，你就可以通过在课程中整合这些概念来强化学生的具体运动技能。比如，你可以让学生试着挑战在跑道上跳远、跑步和跨步跳。

将跑道的概念与其他概念相结合，比如力度，这样可以为更复杂的概念结合做准备。比如，你可以让学生尝试挑战，沿着一条弯曲的道路用较小的力度跑步，或者沿着一条直路用较大的力度跑步。进一步加入第三个运动概念可以增大复杂性和多样性。比如，你可以将人与人之间的关系加入这些运动概念组合之中，让你的学生挑战用较小的力度跑步，同时带领（或跟从）一个搭档。表2.6组织了这些运动概念来说明这些可能的组合（Graham et al., 2013）。

表2.5　基本的运动概念与建议介绍技能的一些方法

地点	方向
个人空间——你能够移动并且不碰到任何人的一块区域 公共空间——整个活动区域	原地——站在你所在的地方 向前——朝你脚趾指向的方向走 向后——朝你脚后跟指向的方向走 向旁边（左和右）——面向前方，向你的身体引领的一侧移动。你可以向左或向右移动 顺时针——顺着时针的移动方向移动 逆时针——逆着时针的移动方向移动
路径	关系
直线——直线移动 曲线——曲线移动 之字形——移动路线有很多明显的"拐点"，拐点尖锐不圆滑	和人的关系如下： 带领——在伙伴前面 跟从——在伙伴后面 模仿——面对你的搭档，假装你在看一面镜子。他举起右手时，你举起左手；他移动右腿时，你移动左腿 匹配——和搭档一起移动。他举起一只手臂时，你举起一只手臂，当他踮起脚趾时，你也踮起脚趾。你们一起移动。以较慢的速度练习，效果更好 和搭档一起——两人合作 和小组一起——3个人或更多人 和物体的关系如下： 上——在物体的上面移动 下——在物体的下面移动 上方——在某物的正上方 离开——离开某个位置 近——距离某物近 远——距离某物远 前——在某物的前面 后——在某物的后面 旁边——在某物的旁边 围绕——绕着一个物体移动
力度	
小——像老鼠一样移动 大——像大象一样移动	
水平高度	
低——在离地面非常近的低区域移动，像蛇或乌龟一样移动 中——以正常行走高度移动 高——假装你是长颈鹿，移动的时候要尽可能高	
时间	
慢——像乌龟一样移动 快——像风一样移动	

　　一旦学生了解了基本的运动概念和具体的运动技能，你可以为他们提供很多挑战任务，从运动概念表（表2.6）的一、二、三列中选取一个运动概念来进行挑战。这种变化组合将为强化每项运动技能提供机会。

表2.6 基本运动概念的组成

位置	路径	力度	水平	时间	方向	和人的关系	和人与物的关系
个人空间和公共空间	直线、曲线和之字形	大和小	低、中和高	快和慢	原地 向前 向后 向旁边（左和右） 顺时针 逆时针	带领和跟从 模仿和匹配 个人 搭档合作 小组合作	上和下 上方和离开 近和远 前和后 旁边和围绕

　　你甚至可以选择制作一个布告板或海报来展示运动概念，运用视觉帮助你尝试以下做法。

　　1. 让学生选择所学习的运动技能中要使用的运动概念。

　　2. 把学生分为几个小组，让他们想办法把目标运动技能与2个或3个运动概念相结合。可将这些技能展示给附近的小组或班上的其他同学。

　　3. 把运动概念（如力度小、低水平）的说明放在一个容器里，让学生随机抽取1个、2个甚至3个概念。学生根据抽到的运动概念展示运动技能。

　　幼儿园至二年级学生能成功展示1个或2个运动概念，年龄大些的儿童能够将3个或更多的运动概念与运动技能相结合，或者让那些十分优秀的学生来完成。

　　提前规划运动概念组合，难度可能非常高，甚至不可能完成。例如，如果一个学生选择在一个低水平高度，用较大的力度完成跨步跳，为了使跨步跳成为一个可完成的任务，你可能决定改变挑战难度，让这个学生在高水平高度上用较小的力度进行跨步跳。

单脚跳

正确的单脚跳动作包括单脚起跳、短暂滞空、同一只脚落地。虽然单脚跳是很多儿童游戏（如跳房子）里经常出现的动作，但其实它对诸如篮球运动中的上篮技能也是至关重要的。

遗憾的是，单脚跳这个词语经常被用于描述双脚跳。因此当你第一次向学生介绍单脚跳技能时，一些学生可能会混淆这两种动作。教师可能需要学生的帮助，来提醒自己注意使用恰当准确的术语。毕竟，那个非常流行的幼儿园歌舞应该叫作"兔子双脚跳"。

学习单脚跳需要一个循序渐进的过程。在儿童开始学习单脚跳之前，他必须能够做到靠一只脚保持身体的平衡。一旦儿童能够保持单脚站立的平衡，他就能通过依靠一个支撑物来进一步完成单脚跳这项技能。接着儿童能慢慢在没有帮助的情况下完成单脚跳。根据《美国K–12体育教育的国家标准和年级水平学习成果》（SHAPE America，2014），幼儿园儿童应能在单脚跳时保持平衡（S1.E1.K），一年级学生应该表现出成熟的单脚跳模式（S1.E1.1）。有关单脚跳的幼儿园和一年级水平学习成果，参见表2.7。

除了运用运动概念来强化正确的单脚跳技术，我们还发现了以下方法。

● 在单脚跳教学中，制作10个或更多个学习站点（图2.1）是非常有用的办法。这些学习站点由很多非平行线组成，长度至少有6英尺（1英尺约为30.48厘米），距离最近的点有1英寸（1英寸约为2.54厘米）远，距离最远的点有2英尺远。这些线可以用胶带固定在地板上，或用跳绳组成这些线。

表2.7 单脚跳的各年级水平学习成果（S1.E1）

	幼儿园	一年级
S1.E1 单脚跳、马步跳、跑步、滑步、垫步跳和跨步跳	掌握运动技能（单脚跳、马步跳、跑步、滑步和垫步跳）的同时保持平衡（S1.E1.K）	用一种成熟的模式完成单脚跳、马步跳、慢跑和滑步（S1.E1.K）

源自：SHAPE America–Society of Health and Physical Educators, 2014, *National standards & grade-level outcomes for K-12 physical education* (Champaign, IL: Human Kinetics).

图2.1 单脚跳的学习站点

● 学生挑战跳过这些想象的小河（即地上的线）。加大挑战难度，让学生单脚跳过"河流"较宽的部分，但脚不能弄湿。在更宽的小河中放置小小的踏步石（用胶带固定在线或地板上），帮助学生单脚跳过。

● 鼓励学生玩"跳房子"游戏。很多游戏活动书上都可以找到各种各样的"跳房子"设计；有的是传统的"跳房子"（直线），有的是螺旋形或圆形（曲线），或者你可以自己设计一个"跳房子"（之字形）。你需要相连的方格，方格的空间要足够大，能容纳下儿童的一只脚。模式的类型取决于你的想象力，你的想象力可以让这个模式有无限可能。

拓展活动

● 给小组学生提供一些粉笔做记号。向学生展示传统的"跳房子"设计后，让他们自己设计一个"跳房子"。学生可以交换场地，在其他小组设计的"房子"上练习单脚跳。

● 复制这些"跳房子"图，在课间休息时用粉笔给这些"跳房子"图做标记。如果这些"跳房子"图做得更小，并且包含数字时，"跳房子"就变成了数学课。学生挑战只在偶数上单脚跳，或者在2+1的答案上单脚跳。

关键要领

眼睛和身体
沿着运动方向目视前方，身体直立移动。

脚和跳跃腿
用同一只脚起跳和落地，落地时膝盖弯曲。

摆动膝盖
摆动腿的膝盖弯曲，向前摆动。

手臂
手肘弯曲，摆动腿的对侧手臂前摆。

滑步
身体流畅地、有节奏地运动。

源自：Albemarle County Physical Education Curriculum Revision Committee, 2008.

提示词

弹跳——用同一只脚起跳和落地，落地时膝盖弯曲。

摆动——摆动腿的膝盖弯曲，向前摆动。

上——沿着运动方向目视前方，身体直立，摆动腿的膝盖弯曲并向前摆动。学生用同一只脚起跳和落地。

下——落地时膝盖弯曲，准备立刻再次起跳。

迈步和摆动——跳跃脚向前跳一步，对侧腿的膝盖弯曲，并向上、向前摆动膝盖，动作过程中有一个短暂的滞空时间，此时身体没有支撑，然后身体再次流畅有节奏地移动。

> **提示词组1：** 弹跳、摆动
> **提示词组2：** 上、下
> **提示词组3：** 迈步和摆动、迈步和摆动

单脚跳问题解决表

问题	解决方法
1. 单脚跳的脚不离地，或者落地腿的膝盖不弯曲	• 使用地板圆点（户外可使用方毯），让学生单脚跳上圆点（方毯）。为了产生更大的力，学生需要弯曲弹跳腿的膝盖 • 录下学生展示这个动作的过程。给学生们看录像，用遥控器控制录像何时开始和暂停
2. 双脚触地	• 用墙或搭档作为支撑 • 让学生用围巾、跳绳或其他东西拉住非跳跃脚，使其离开地面。学生一边拉着脚，一边尝试单脚跳。让学生逐渐控制非跳跃脚离开地面
3. 摆动腿的膝盖不动	• 让学生身体挺直站在墙边，侧身对着墙壁。远离墙壁的跳跃脚抬起，靠近墙壁的手扶墙，保持身体的平衡。起跳时跳跃腿的膝盖摆动，同时对侧的手臂随之摆动
4. 单脚跳时手臂不摆动	• 一旦学生能够扶墙完成单脚跳，就可以让他练习在不扶墙的情况下进行单脚跳，摆动跳跃腿对侧的手臂
5. 学生单脚跳的动作不流畅	• 复习动作的关键要领。要想流畅地完成动作，需要学生正确运用该动作技能的关键要领 • 选择合适的音乐或者使用一个打击乐器，让学生跟着音乐的节拍进行单脚跳

同伴技能考核表
技能：单脚跳

单脚跳者姓名：_____
观察者姓名：_____

❶单脚

1　2　3　4　5

❷抬高膝盖

1　2　3　4　5

❸手臂

1　2　3　4　5

❹滞空

1　2　3

同伴技能考核表
技能：单脚跳

单脚跳者姓名：_____　观察者姓名：_____
观察你的搭档，然后给技能的每项关键要领打分。让你的搭档每个动作做5次。如果搭档做的动作正确，就在对应次数的方框里填个"Y"；如果搭档做的动作不正确，就在对应次数的方框里填个"N"。

开始	测试

眼睛和身体
沿着运动方向目视前方，身体直立移动。

□1　□2　□3　□4　□5

脚和跳跃腿
摆动腿的膝盖弯曲，向前摆动。用同一只脚跳起和落地，落地时膝盖弯曲。

□1　□2　□3　□4　□5

手臂
手肘弯曲，摆动腿的对侧手臂前摆。

□1　□2　□3　□4　□5

滑动
身体流畅地、有节奏地运动。

□1　□2　□3　□4　□5

18

马步跳

马步跳是一项相当复杂的运动技能，动作节奏没有规律可循。它是走路和跨步跳的结合。与滑步不同的是，马步跳让儿童向前（动作熟练的人可以向后）移动，而不是向一侧移动。在马步跳中，前腿向前推动，同时前后脚要迅速并拢。当连续做几个马步跳时，用同一只脚在前主导。

马步跳常出现在舞蹈动作中，但它与传统的运动技能没有明显的联系。遗憾的是，很少见到儿童在运动中做这种动作。由于在入小学前，很少有儿童知道如何马步跳，因此你应该准备提供所有关于马步跳的指导。《美国 K–12 体育教育的国家标准和年级水平学习成果》（SHAPE America, 2014）指出，幼儿园儿童应能在保持平衡的同时进行马步跳（S1.E1.K），一年级学生应表现出成熟的马步跳模式（S1.E1.K1）。有关马步跳的幼儿园和一年级水平学习成果，参见表2.8。

表2.8 马步跳的年级水平学习成果（S1.E1）

	幼儿园	一年级
S1.E1 单脚跳、马步跳、跑步、滑步、垫步跳和跨步跳	掌握运动技能（单脚跳、马步跳、跑步、滑步和垫步跳）的同时保持平衡（S1.E1.K）	用一种成熟的模式完成单脚跳、马步跳、慢跑和滑步（S1.E1.1）

源自：SHAPE America-Society of Health and Physical Educators, 2014, *National standards & grade-level outcomes for K-12 physical education* (Champaign, IL: Human Kinetics).

关键要领

眼睛和身体
沿运动方向目视前方，身体直立移动，略微前倾。

滞空
前脚向前迈一步，后脚快速并拢。双脚短暂滞空离地。

手臂
弯曲手臂，前后摆动。

滑步
身体流畅地、有节奏地移动。

提示词

身体姿势——目视前方，提高重心，身体上半身移动，略微前倾。手臂弯曲放在身前，像小孩手中握着一副缰绳。前脚向前移动。

迈步——前脚向前移动。

向上——双脚暂时离开地面，后脚迅速与前脚并拢。

> **提示词组1：** 身体姿势、向上
> **提示词组2：** 迈步、向上

马步跳问题解决表

问题	解决方法
1. 身体没有前倾	• 用一面镜子或闪光灯（反射或阴影）让学生看见自己的身体姿势。学生应该侧身对着镜子或墙 • 录下学生展示这个动作的过程。给学生们看录像，用遥控器控制录像何时开始和暂停
2. 在滞空阶段或后脚与前脚并拢时，脚没有离地	• 使用地板圆点，让学生用马步跳跳上地板圆点。这样需要学生在马步跳时向前跨出一大步 • 把圆点或"落地垫"放在地板上。学生必须前脚落在圆点上，带动后脚接近圆点的边缘，但不能触碰圆点。圆点与学生的间距要足够远，这样学生在马步跳时才必须向前跨出一大步
3. 手臂伸直或没有随着运动摆动	• 让学生背对墙站立，离墙大概1英寸远。学生弯曲手肘，稍稍用力向后朝墙摆臂，只有手肘触墙。手臂的活动受限 • 学生和一个搭档合作。搭档站在这个学生的面前，双手举到腰部高度，手掌打开面对学生。学生摆动手臂，用拳头或手去触碰搭档的手掌
4. 学生马步跳的动作不流畅	• 复习动作的关键要领。要想流畅地完成动作，需要学生正确运用该动作技能的关键要领 • 选择合适的音乐或者使用一个打击乐器。马步跳和音乐十分搭配。让学生跟着音乐的节拍进行马步跳

同伴技能考核表
技能：马步跳

马步跳者姓名：_____

观察者姓名：_____

❶身体前倾

1　2　3　4　5

❷滞空

1　2　3　4　5

❸手臂

1　2　3　4　5

❹滑动
1　2　3

同伴技能考核表
技能：马步跳

马步跳者姓名：_____

观察者姓名：_____

观察你的搭档，然后给技能的每项关键要领打分。让你的搭档每个动作做5次。如果搭档做的动作正确，就在对应次数的方框里填个"Y"；如果搭档做的动作不正确，就在对应次数的方框里填个"N"。

开始	测试

眼睛和身体
目视前方，身体略微前倾。
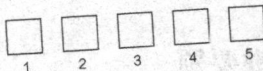
1　2　3　4　5

滞空
前脚向前迈步，后脚与前脚并拢。双脚暂时离地滞空。
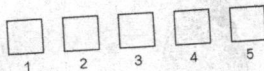
1　2　3　4　5

手臂
弯曲手臂，手臂随着身体动作摆动。
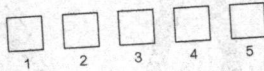
1　2　3　4　5

滑动
身体流畅地、有节奏地移动。
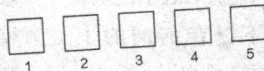
1　2　3　4　5

滑步

滑步是最简单的侧身移动方式。向右滑时，右脚在前，当左腿紧随其后时，就会有一段短暂的滞空时间。儿童通常对学习滑步很有兴趣，因为滑步这项侧身运动很特别，而且与其他运动有很明显的联系。儿童会发现篮球运动员一对一防守时会用到滑步，还有很多运动员用滑步到达恰当的位置（如棒球、垒球的游击手，网球运动员重新发球）。

一旦儿童能够成功掌握马步跳的技能，他们就可以开始学习滑步了。滑步的节奏不规律，以及儿童横向移动的原因，这都可能导致在刚开始学习滑步时出现一些困难。降低滑步速度，针对关键要领的正确指导，应该能减少可能出现的问题。《美国K–12体育教育的国家标准和年级水平学习成果》（SHAPE America, 2014）（表2.9）指出，幼儿园儿童应能在保持平衡的情况下进行滑步（S1.E1.K），一年级学生应该表现出成熟的滑步模式（S1.E1.1）。

表2.9 滑步的年级水平学习成果（S1.E1）

	幼儿园	一年级
S1.E1 单脚跳、马步跳、跑步、滑步、垫步跳和跨步跳	掌握运动技能（单脚跳、马步跳、跑步、滑步和垫步跳）的同时保持平衡（S1.E1.K）	用一种成熟的模式完成单脚跳、马步跳、慢跑和滑步（S1.E1.1）

源自：SHAPE America–Society of Health and Physical Educators, 2014, *National standards & grade-level outcomes for K–12 physical education* (Champaign, IL: Human Kinetics).

关键要领

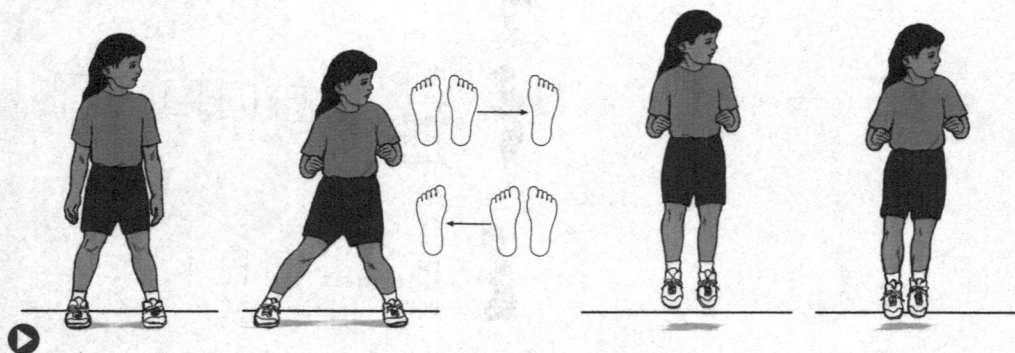

下巴、眼睛和身体	双脚	滞空	滑动
下巴在前肩的上方，目视滑步方向，身体保持直立。	整个动作过程中，双脚分开，保持平行，身体左右移动。	双脚暂时离开地面。	身体流畅地、有节奏地运动。

提示词

下巴在前肩上方——下巴在前肩的上方，目视滑步方向，身体直立。

双脚平行——整个动作过程中，即使在滞空阶段，双脚也要保持平行。

向一侧移动——身体流畅地、有节奏地向右或向左移动。

一起迈步——前脚向一侧移动，后脚紧随前脚，并在滞空阶段与前脚会合。这种连贯的动作创建了一种流畅有节奏的左右运动。

> **提示词组1：** 下巴在前肩上方、双脚平行、向一侧移动
>
> **提示词组2：** 下巴、一起迈步、一起迈步

滑步问题解决表

问题	解决方法
1. 下巴没有靠近前肩，或者双脚没有平行	• 用一面镜子或闪光灯（反射或阴影）让学生看见自己的身体姿势。学生应该侧身朝着镜子或墙 • 录下学生展示这个动作的过程。给学生们看录像，用遥控器控制录像何时开始和暂停
2. 在滞空阶段双脚没有离开地面	• 背对墙站立，学生沿墙慢速滑步。一旦掌握了滑步的方法，可以加速 • 使用地板圆点，让学生滑步跳过圆点，但不能触碰圆点
3. 身体转动，身体一侧没有朝着滑步方向	• 背对墙站立，学生沿墙慢速滑步。一旦掌握了滑步的方法，可以加速 • 把一根绳子穿过2英尺长的PVC管，挂在两根游戏立柱之间。学生双手握管，沿着绳子的长度滑步。让学生重复完成几次这个动作
4. 滑步时学生双脚交叉	• 背对墙站立，学生双肘触墙。沿墙慢速滑步，保持双肘触墙 • 一旦掌握了滑步方法，可以加速
5. 学生滑步的动作不流畅	• 复习动作的关键要领。想要流畅地完成动作，需要学生正确运用该动作技能的关键要领。要想动作流畅、有节奏，就需要复习该动作技能的关键要领 • 选择合适的音乐或者使用打击乐器，让学生跟着音乐的节拍滑步

同伴技能考核表
技能：滑步

滑步者姓名：＿＿＿＿＿＿＿＿＿＿＿＿＿＿
观察者姓名：＿＿＿＿＿＿＿＿＿＿＿＿

❶下巴

1　2　3　4　5

❷双脚

1　2　3　4　5

❸滞空

1　2　3　4　5

❹滑动

1　2　3

同伴技能考核表
技能：滑步

滑步者姓名：＿＿＿＿＿＿＿＿
观察者姓名：＿＿＿＿＿＿＿＿

观察你的搭档，然后给该技能的每项关键要领打分。让你的搭档每个动作做5次。如果搭档做的动作正确，就在对应次数的方框里填个"Y"；如果搭档做的动作不正确，就在对应次数的方框里填个"N"。

开始	测试

下巴和眼睛
下巴在前肩的上方。
目视滑步方向。
□ □ □ □ □
1　2　3　4　5

身体
身体保持直立。
□ □ □ □ □
1　2　3　4　5

双脚
双脚平行。
□ □ □ □ □
1　2　3　4　5

滞空
双脚短暂离地。
□ □ □ □ □
1　2　3　4　5

滑动
身体流畅地、有节奏
地移动。
□ □ □ □ □
1　2　3　4　5

跑步

儿童学会走路后，就想移动得更快，自然而然就开始跑步。年幼儿童出自本能地在保持平衡的同时移动，但是仍然以一种让自己更快的方式移动。为了不让自己跌倒，年幼儿童跑步时会将双臂向外伸展，与成人相比，儿童的跑步姿势更宽。这种跑步姿势是儿童试图保持平衡而做出的一种自然的调整。可惜的是，除非有专业的指导，这种多余的姿势往往形成了固定的运动模式。

正确的指导能使儿童从小形成正确的技能表现方式。同时《美国K-12体育教育的国家标准和年级水平学习成果》（SHAPE America, 2014）指出，二年级儿童才能掌握跑步的所有关键要领（S1.E2.2）。幼儿园儿童应能在保持平衡的同时跑步（S1.E1.K）。在各年级水平学习成果中，跑步分为3种速度：慢跑、跑步和冲刺。二年级学生应能够区分慢跑和冲刺（S1.E2.2b），三年级学生应能够区分慢跑和跑步（S1.E2.3）。有关慢跑和跑步的各年级水平学习成果参见表2.10。

表2.10　慢跑和跑步的各年级水平学习成果（S1.E2）

	幼儿园	一年级	二年级	三年级	四年级	五年级
S1.E2 慢跑、跑步	适度发展和萌芽阶段的成果出现在二年级	适度发展和萌芽阶段的成果出现在二年级	以一种成熟的模式跑步（S1.E2.2a）能用动作展示慢跑和冲刺的区别（S1.E2.2b）	用动作展示冲刺和跑步的区别（S1.E2.3）	以一种成熟的模式跑一段距离（S1.E2.4）	对于不同的跑步距离，采用相应的节奏（S1.E2.5）

源自：SHAPE America-Society of Health and Physical Educators, 2014, *National standards & grade-level outcomes for K-12 physical education* (Champaign, IL: Human Kinetics).

关键要领

眼睛和身体
目视运动方向，身体直立移动并略微前倾，脚趾指向前方。

滞空
双脚短暂离地滞空，大幅跨步姿势。落地时脚后跟先落地。

手臂
双臂弯曲约90度（角度），前后摆动，且不在身体的中线处交叉。

膝盖
膝盖弯曲，将脚跟向身体后方抬起，使小腿与地面平行。

提示词

目视前方——眼睛直视前进的方向。

双臂摆动并弯曲——手臂弯曲大约90度，前后摆动，不超过身体中线。

大跨步——双腿交替向远处伸展，间距超过走路时的步幅，有一个短暂的滞空阶段。

双脚伸直——整个跑步过程中双脚保持平行。

> **提示词组1：**目视前方、双臂摆动、大跨步
>
> **提示词组2：**双臂弯曲、双脚伸直

跑步问题解决表

问题	解决方法
1. 身体没有前倾	• 用一面镜子或闪光灯（反射或阴影）让学生看见自己的身体姿势。学生应该侧身对着镜子或墙 • 录下学生展示这个动作的过程。给学生们看录像，用遥控器控制录像何时开始和暂停
2. 没有滞空阶段	• 鼓励学生加快跑步速度 • 沿着一条约40英尺的直线路径放置脚印图案或贴胶带。脚印图案或胶带间距足够远，为学生创建一种舒适的跨步距离。学生加大跨步距离和跑步速度时，就会产生滞空过程
3. 手臂超过身体中线或者跑步时手臂不摆动	• 让学生和一个搭档合作。搭档必须站在距离学生约30英尺的地方。学生快速走向搭档，展示手臂摆动动作。搭档告诉学生他的摆臂动作是否正确，让学生了解自己的手臂是否超过了身体中线 • 录下学生展示这个动作的过程。给学生们看录像，用遥控器控制录像何时开始和暂停
4. 脚跟没有抬到身后	• 让学生跑到位，脚跟向上踢至靠近臀部 • 让学生和一个搭档合作。搭档观察这个学生跑30英尺，记录这个学生的脚没有抬高靠近臀部的次数。目标是次数为零

同伴技能考核表
技能：跑步

跑步者姓名：_____ 观察者姓名：_____

❶身体前倾

❷滞空

❸双臂

❹双膝弯曲

同伴技能考核表
技能：跑步

跑步者姓名：_____ 观察者姓名：_____

观察你的搭档，然后给技能的每项关键要领打分。让你的搭档每个动作做5次。如果搭档做的动作正确，就在对应次数的方框里填个"Y"；如果搭档做的动作不正确，就在对应次数的方框里填个"N"。

开始	测试

眼睛和身体
目视运动方向，身体略微前倾，直立移动，脚趾指向前方。
1　2　3　4　5

滞空
双脚短暂离地，脚跟先落地。
1　2　3　4　5

手臂
手臂前后摆动。双臂不超过身体中线。
1　2　3　4　5

膝盖
膝盖弯曲，将脚跟向身体后方抬起，使小腿与地面平行。
1　2　3　4　5

垫步跳

垫步跳是一种有节奏的运动，结合了另外两种运动技能：走路和单脚跳。一旦儿童能成功完成单脚跳，就可以开始学习垫步跳这项技能。

尽管垫步跳与其他运动技能没有明显的联系，但是许多儿童发现其他儿童在操场上展示这项动作技能，就会有兴趣学习这项技能。根据《美国K-12体育教育的国家标准和年级水平学习成果》（SHAPE America, 2014）（表2.11），幼儿园儿童应能在保持平衡的同时完成垫步跳（S1.E1.K）。二年级儿童才能展现成熟的垫步跳模式（S1.E1.2）。

表2.11　垫步跳的各年级水平学习成果

	幼儿园	一年级	二年级
S1.E1 单脚跳、马步跳、跑步、滑步、垫步跳和跨步跳	掌握运动技能（单脚跳、马步跳、跑步、滑步和垫步跳），同时保持平衡 （S1.E1.K）	未提及	用一种成熟的模式展示垫步跳 （S1.E1.2）

源自：SHAPE America-Society of Health and Physical Educators, 2014, *National standards & grade-level outcomes for K-12 physical education* (Champaign, IL: Human Kinetics).

关键要领

眼睛和身体	迈步和单脚起跳	手臂	滞空	滑步
目视运动方向，身体直立。	用同一只脚迈步和单脚跳。	双臂摆臂方向相反。	双脚短暂离地。跳跃腿离地时，非支撑腿弯曲。	身体流畅地、有节奏地运动。

提示词

弯曲手臂——手臂弯曲90度，手臂摆动的方向与腿的运动方向相反。

迈步－单脚起跳——前腿向前迈步，同一只脚立刻单脚起跳，然后用另一只脚向前迈步并立刻单脚起跳。不断重复这个交替动作，使动作流畅有节奏。

> **提示词组1：** 弯曲手臂、迈步－单脚起跳、迈步－单脚起跳
>
> **提示词组2：** 一、二，一、二

垫步跳问题解决表

问题	解决方法
1. 没有迈步和单脚起跳，或者学生使用了单脚跳动作模式	• 使用彩色地板胶带来标记运动过程中脚的位置。两只脚用不同的颜色，同色胶带间距大约5英寸，不同颜色的胶带标记步幅距离约为12英寸。学生必须在第一种颜色上迈步－单脚起跳，然后换另一种颜色迈步－单脚起跳 • 录下学生展示这个动作的过程。给学生们看录像，用遥控器控制录像何时开始和暂停
2. 手臂超过身体中线或垫步跳时没有摆动手臂	• 让学生和搭档合作。搭档观察这个学生垫步跳30英尺，记录其手臂超过身体中线或者没有摆动的次数。目标次数是零 • 让学生展示迈步－单脚起跳，并摆好姿势。学生迈步－单脚起跳后，原地不动，两只手臂摆动的方向与两条腿运动的方向相反
3. 脚没有离地	• 使用几个橡胶（防滑）虫，让学生单脚跳上去并且踩扁虫。学生一只脚垫步跳，单脚起跳踩扁一只虫，然后用另一只脚垫步跳，又一次单脚起跳踩扁另一只虫 • 在地板上放10至12根绳子，相互并排平行，间距大概为1英尺。学生站立位置与这些绳子垂直。学生必须迈步－单脚起跳垫步跳过每一根绳子。让学生重复几次来练习垫步跳
4. 学生垫步跳的动作不流畅	• 复习垫步跳的关键要领。想要流畅地完成动作，需要学生正确地运用该动作技能的关键要领 • 选择合适的音乐或者使用一个打击乐器，让学生跟着音乐的节拍垫步跳

同伴技能考核表

技能：垫步跳

垫步跳者姓名：_____ 观察者姓名：_____

1 2 3 4 5

❶ 迈步

1 2 3 4 5

❷ 单脚起跳

1 2 3 4 5

❸ 滞空

1 2 3

❹ 滑步

同伴技能考核表

技能：垫步跳

垫步跳者姓名：_____ 观察者姓名：_____
观察你的搭档，然后给技能的每项关键要领打分。让你的搭档每个动作做5次。如果搭档做的动作正确，就在对应次数的方框里填个"Y"；如果搭档做的动作不正确，就在对应次数的方框里填个"N"。

开始		测试				
眼睛和身体 目视运动方向，身体保持直立。		1	2	3	4	5
迈步和单脚起跳 用同一只脚迈步并单脚起跳。		1	2	3	4	5
手臂 垫步跳腿对侧手臂向前摆动。		1	2	3	4	5
滞空 双脚暂时离地。		1	2	3	4	5
滑步 身体流畅地、有节奏地运动。		1	2	3	4	5

双脚跳

　　双脚跳是一项相当复杂的运动技能。双脚跳在技术上可能涉及单脚或双脚起跳，双脚落地；还可能是双脚起跳，单脚落地。准确地说，垫步跳和单脚跳都是由双脚跳变化而来的，但我们发现这些释义会令儿童感到非常困惑。因此，在教学双脚跳的关键要领时，我们将采取更通俗易懂的方式来定义双脚跳，即双脚起跳，双脚落地。

　　《美国K-12体育教育的国家标准和年级水平学习成果》（SHAPE America, 2014）详细介绍了垂直双脚跳和水平双脚跳。

垂直双脚跳

　　篮球中的篮板球和排球中的扣球是垂直双脚跳的两个典型例子。儿童喜欢学习双脚跳是因为双脚跳是可评估的，意思是他们可以看到自己的运动结果。比如，对很多小学生来说，能够触到篮球筐的边缘（即使8英尺高）就是一个很大的成就。

　　学生普遍喜欢双脚跳，由此必须重视几个安全问题。双脚跳高去触碰墙上的一个点，这个动作如果做得不正确就会受伤。助跑可能会产生太大的动力，儿童可能会撞到墙上。当目标悬挂在头部上方的高架结构上时，儿童去完成垂直双脚跳可能更安全。但是要教儿童触碰这个物体，而不是拉。把头部上方的物体拉下来也可能会受伤。

　　此外，对于助跑后双脚起跳，你应该清楚地标记出起跑点。儿童通常认为如果助跑距离10英尺比较好，那么助跑100英尺就更好。如果一个学生后退太远，跑步对他来说就比双脚跳更重要。后退太远会导致学生不能掌控自己的起跑，因此影响其掌握动作技能。仔细标记每次练习的起跑点，可以解决这个问题。让你的学生去挑战触碰悬挂在头部上方高架结构上的物体，且高度不同，或与搭档合作完成一个正确的击掌双脚跳。这些活动除了用到运动概念，还将有助于强化垂直双脚跳。

　　双脚跳教学可以从幼儿园开始。《美国K-12体育教育的国家标准和年级水平学习成果》（SHAPE America, 2014）指出，幼儿园儿童能够在保持平衡的同时完成双脚跳和落地动作（S1.E4.K），一年级学生应能够展现出垂直双脚跳和落地的5个关键要领中的2个要领（S1.E4.1）。当学生在二年级能展示5个关键要领中的4个要领时，表明技能水平有所提高（S1.E4.2），并且能够在三年级时展现出成熟的模式（S1.E4.3）。四年级和五年级的学生应能够在体操、舞蹈和小型游戏中运用垂直双脚跳（S1.E4.4和S1.E4.5）。有关垂直双脚跳的各年级水平学习成果，参见表2.12。

表2.12 垂直双脚跳的各年级水平学习成果（S1.E4）

	幼儿园	一年级	二年级	三年级	四年级	五年级
S1.E4 垂直双脚跳和落地	在保持平衡的同时，完成双脚跳和落地动作（S1.E4.K）	展示垂直双脚跳和落地的5个关键要领中的2个（S1.E4.1）	展示垂直双脚跳和落地的5个关键要领中的4个（S1.E4.2）	用一种成熟的模式完成垂直双脚跳和落地（S1.E4.3）	采用专门用于体操的弹跳-迈步，起跳和落地（S1.E4.4）	将双脚跳和落地模式，与舞蹈、体操以及游戏环境中小型练习任务中的运动技能和操控性技能相结合（S1.E4.5）

源自：SHAPE America–Society of Health and Physical Educators, 2014, *National standards & grade-level outcomes for K-12 physical education* (Champaign, IL: Human Kinetics).

关键要领

双膝和双臂 双膝弯曲，双臂后摆，准备起跳。

双脚 双脚分开与肩同宽。

双臂 双臂向前向上摆动。

双腿 双腿用力蹬地，向上推动身体。

落地 双膝弯曲，并分开与肩同宽。

源自：Albemarle County Physical Education Curriculum Revision Committee, 2008.

提示词

摆臂——双膝弯曲，双臂后摆，准备起跳。双脚分开与肩同宽，双臂向前向上摆动。

爆发力——身体用力向上。落地时弯曲膝盖，双脚分开与肩同宽。

摆高——双膝弯曲，双臂后摆，准备起跳。双脚分开与肩同宽。

触天——双臂向前向上摆动，双腿用力蹬地，向上推动身体，学生落地时弯曲膝盖，双脚分开与肩同宽。

> **提示词组1：** 摆臂、爆发力
>
> **提示词组2：** 摆高、触天

垂直双脚跳问题解决表

问题	解决方法
1. 身体姿势不对，比如： • 膝盖不弯曲 • 双臂不向后摆 • 双脚没有分开与肩同宽 • 身体直立	• 用一面镜子或闪光灯（反射或阴影）让学生看见自己的身体姿势。学生侧身对着镜子或墙 • 录下学生展示这个动作的过程。给学生们看录像，用遥控器控制录像何时开始和暂停
2. 双臂不摆动	• 让学生练习摆动双臂，带动身体向上，将重心转移到脚趾 • 在两个游戏立柱之间系一根绳子，挂上物体（如铝质餐盘或风铃），高度为学生踮起脚趾能碰到。学生必须向上摆动手臂试着触碰这些物体，同时将重心移到脚趾上
3. 在滞空阶段学生没有用力向上伸展身体	• 在墙上贴张纸。让学生侧身站在墙边，离墙最近的手拿一支记号笔。学生必须双脚跳起，在纸上画一个标记 • 在两个游戏立柱之间系一根绳子，挂上物体（如铝质餐盘或风铃），高度为学生站立时不会触碰这些物体。学生必须向上摆动双臂，然后双脚跳起试着碰到这些物体
4. 落地姿势不对，比如： • 双腿笔直 • 双脚并拢 • 双臂在身后	• 让学生保持双脚分开与肩同宽，同时完成脚趾支撑半蹲 • 使用一面镜子（反射）或闪光灯（阴影）让学生看到自己的身体姿势。学生侧身对着镜子或墙 • 录下学生展示这个动作的过程。给学生们看录像，用遥控器控制录像何时开始和暂停

同伴技能考核表

技能：垂直双脚跳

垂直双脚跳者姓名：_____

观察者姓名：_____

1　2　3　4　5

❶ 双膝和双脚

1　2　3　4　5

❷ 双臂

1　2　3　4　5

❸ 双腿

1　2　3

❹ 落地

同伴技能考核表

技能：垂直双脚跳

垂直双脚跳者姓名：_____　　观察者姓名：_____

观察你的搭档，然后给技能的每项关键要领打分。让你的搭档每个动作做5次。如果搭档做的动作正确，就在对应次数的方框里填个 "Y"；如果搭档做的动作不正确，就在对应次数的方框里填个 "N"。

开始	测试

双膝和双臂
双膝弯曲，双臂后摆，准备起跳。

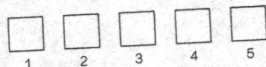
1　2　3　4　5

双脚
双脚分开与肩同宽。

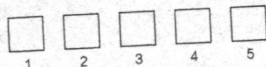
1　2　3　4　5

双臂
双臂向前向上摆动。

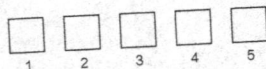
1　2　3　4　5

双腿
双腿用力推动身体向上。

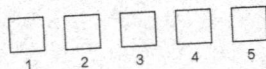
1　2　3　4　5

落地
双膝弯曲，双脚分开与肩同宽。

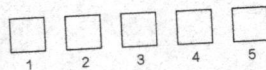
1　2　3　4　5

34

水平双脚跳

立定跳远是最典型的水平双脚跳的例子。和垂直双脚跳一样，儿童也喜欢学习水平双脚跳，因为他们可以看到运动结果。

学生普遍喜欢双脚跳，但是也必须重视几个安全问题。对于学生而言，落地时弯曲膝盖是非常重要的安全因素。当儿童从高处跳下来时，落地的力度会显著增加。因此，应该向学生明确说明双脚跳的任务，落地位置的表面要适合学生。我们建议所有学生在一个水平面上完成双脚跳，直到他们掌握了弯曲膝盖这一动作。从一定高度（如一堆垫子）向下跳时，提供一个合适的落地表面（如体操缓冲垫）十分必要。

双脚跳教学应该从幼儿园开始。《美国 K–12 体育教育的国家标准和年级水平学习成果》（SHAPE America, 2014）指出，幼儿园儿童应能够在保持平衡的同时完成双脚跳和落地动作（S1.E3.K），一年级学生应能够在水平面上用双脚起跳和落地，并展现双脚起跳和落地的 5 个关键要领中的 2 个（S1.E3.1）。当二年级学生能展示 4 个要领时，表明技能水平有所提高（S1.E3.2），并且能够在三年级时展现出成熟的模式（S1.E3.3）。四年级和五年级学生应能够在体操、舞蹈和小型游戏中运用水平双脚跳（S1.E3.4 和 S1.E3.5）。有关水平双脚跳的各年级水平学习成果，参见表 2.13。

表 2.13 水平双脚跳的各年级水平学习成果（S1.E3）

	幼儿园	一年级	二年级	三年级	四年级	五年级
S1.E4 水平面上双脚跳和落地	在保持平衡的同时，完成双脚跳和落地动作（S1.E3.K）	在水平双脚跳时用双脚起跳和落地，并且展现出 5 个关键要领中的 2 个（S1.E3.1）	运用各种单脚和双脚起跳和落地，展示水平双脚跳和落地时 5 个关键要领中的 4 个（S1.E3.2）	用一种成熟的模式完成水平双脚跳和落地（S1.E3.3）	采用专门针对体操的弹跳–迈步、起跳和落地动作（S1.E3.4）	将双脚跳和落地模式，与舞蹈、体操以及游戏环境中小型练习任务中的运动技能和操控性技能相结合（S1.E3.5）

源自：SHAPE America-Society of Health and Physical Educators, 2014, *National standards & grade-level outcomes for K–12 physical education* (Champaign, IL: Human Kinetics).

除了运用运动概念来强化水平双脚跳。我们还发现以下方法会有所助益。

- 记录儿童跳远的距离。
- 使用彩色翻滚垫，让学生挑战跳到红色区域或者第二条蓝色线。
- 设置10个或更多的学习站点。这些学习站点由非平行线组成，至少有6英尺长，间距最近6英寸，最远5英尺。让学生想象挑战跳过河流。如需加大挑战难度，可以让学生双脚跳过"河流"最宽的部分，脚不能弄湿。

关键要领

双膝与双臂	双臂	双脚和身体	双腿	落地
双膝弯曲，双臂后摆，准备起跳。	双臂沿运动方向向前向上摆动。	双脚分开与肩同宽，身体略微前倾。	双腿用力伸展，推动身体向前。	双膝弯曲，双脚分开与肩同宽，双臂置于身体前方，保持身体平衡。

源自：Albemarle County Physical Education Curriculum Revision Committee, 2008.

提示词

摆臂——双膝弯曲，双臂后摆，准备起跳。双脚分开与肩同宽。

爆发力——双臂向前向上摆动。用力带动身体向上向前，落地时双膝弯曲，双脚分开与肩同宽。

向上——双臂用力向前摆动，带动身体向上向前。

出去——落地时双臂在身体前方，双脚分开与肩同宽。

> 提示词组1：摆臂、爆发力
> 提示词组2：摆臂、向上、出去

水平双脚跳问题解决表

问题	解决方法
1. 身体位置不对，比如： • 双膝不弯曲 • 双臂没有后摆 • 双脚没有分开与肩同宽 • 身体直立	• 用一面镜子或闪光灯（反射或阴影）让学生看见自己的身体姿势。学生侧身对着镜子或墙 • 录下学生展示这个动作的过程。给学生们看录像，用遥控器控制录像何时开始和暂停
2. 双臂没有摆动	• 让学生练习摆动双臂，带动身体向前，将重心转移到脚趾上 • 学生和搭档合作。让搭档站在学生前方约18至24英寸的地方。搭档举高一个物体（如呼啦圈、图片或围巾），学生摆臂触碰。搭档应把物体举到一定高度，学生需要伸出手臂去触碰。学生必须在没有完成双脚跳的情况下向前摆动双臂
3. 在滞空阶段学生没有用力蹬腿和伸展身体	• 让学生练习跳过一个呼啦圈 • 学生和搭档合作。让搭档站在学生前方3至4英尺的地方（距离足够远，相互之间无法触碰）。搭档高举一个物体（如呼啦圈、图片或围巾），学生触碰。搭档应把物体举到一定高度，学生需要伸展身体去触碰它。学生必须向前摆动双臂，在双脚跳时尝试触碰物体，而不是抓物体
4. 落地姿势不对，比如： • 双腿伸直 • 双脚并拢 • 双臂在身后	• 让学生半蹲，双脚分开与肩同宽，双臂在身体前方伸展 • 让学生臀部碰到椅子边缘，然后恢复站姿。重复几次这个动作

同伴技能考核表
技能：水平双脚跳

水平双脚跳者姓名：_____   观察者姓名：_____

① 双膝和双脚

② 身体前倾

③ 双腿前推

④ 落地

同伴技能考核表
技能：水平双脚跳

观察你的搭档，然后给技能的每项关键要领打分。让你的搭档做每个动作做5次。如果搭档做的动作正确，就在对应次数的方框里填个"Y"；如果搭档做的动作不正确，就在对应次数的方框里填个"N"。

| 开始 | | 测试 | | | | |

双膝与双臂
弯曲双膝，双臂后摆，准备起跳。

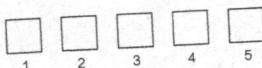

双脚与身体
双脚分开与肩同宽，身体略微前倾。

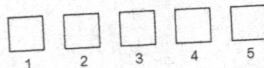

双臂
双臂沿运动方向向前向上摆动。

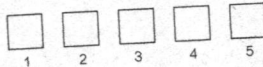

双腿
双腿伸展，用力带动身体向前。

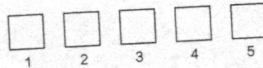

落地
双膝弯曲，双脚分开与肩同宽，双臂置于身前，保持身体平衡。

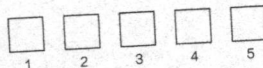

跨步跳

跨步跳常被描述为一种夸张的跑步。学生单脚起跳，另一只脚落地，和跑步类似。但跨步跳的滞空阶段更明显、时间更长。单独教学跨步跳的难度较大，学生必须以跑步方式来学习跨步跳。

和垂直双脚跳相同，清楚地确定起跳位置有助于学生学习跨步跳。如前所述，儿童如果认为助跑20英尺的距离合适，那么助跑100英尺就更好。为每个练习阶段标记出起跳点，将解决这个问题。

除了运用运动概念来强化跨步跳的学习，我们还发现以下办法会有所助益。设置10个或更多的学习站点。这些学习站点由非平行线组成，间距最近6英寸，最远5英尺。这些线至少6英尺长。学生挑战助跑，再想象有一条河流，大步跨跳。如需加大挑战难度，可以要求他们在间距最宽的地方，大步跨跳过河，但脚不能弄湿。

根据《美国K-12体育教育的国家标准和年级水平学习成果》（SHAPE America, 2014）（表2.14），三年级学生应能用一种成熟的模式完成跨步跳（S1.E1.3）。二年级学生应已经具备成熟的跑步模式(S1.E2.2)，这是跨步跳的必要条件。

表2.14 跨步跳的各年级水平学习成果（S1.E1）

	幼儿园	一年级	二年级	三年级
S1.E1 单脚跳、马步跳、跑步、滑步、垫步跳和跨步跳	三年级前不涉及跨步跳			使用成熟的模式完成跨步跳 （S1.E1.3）

源自：SHAPE America-Society of Health and Physical Educators, 2014, *National standards & grade-level outcomes for K-12 physical education* (Champaign, IL: Human Kinetics).

关键要领

助跑
在开始跨步跳前，先跑几步。

起跳
单脚离地。

滞空
双脚以跨步姿势短暂离地，手臂摆动的方向与前脚向前伸的方向相反。

落地
起跳脚对侧脚落地，膝盖弯曲，吸收冲击力。

跑步
落地后跑几步。

提示词

开始——在开始跨步跳前先助跑几步。

推地——单脚推离地面。

助跑并且单脚离地——在开始跨步跳前先助跑几步，单脚推离地面。

滞空——双脚以跨步姿势短暂离地，手臂摆动的方向与跳跃脚向前伸的方向相反。
跳跃脚对侧脚落地，膝盖弯曲，吸收冲击力。

缓冲——落地后再跑几步。

> **提示词组1：** 单脚起跳、滞空、对侧脚落地
>
> **提示词组2：** 助跑、滞空、缓冲
>
> **提示词组3：** 开始、推地、滞空、落地

跨步跳问题解决表

问题	解决方法
1. 双腿大跨步姿势不标准	• 让学生练习大步走 • 用一面镜子或闪光灯（反射或阴影）让学生看见自己的身体姿势。学生侧身对着镜子或墙 • 在活动区域内放两根平行的绳子，让学生走过绳子。确保两根绳子的间距略大于学生的最大跨步距离。这将给学生提供机会用跨步跳跳过绳子
2. 使用双脚带动跨步跳或者跨步跳的高度不足	• 录下学生展示这个动作的过程。给学生们看录像，用遥控器控制录像何时开始和暂停 • 给学生做一个可以用跨步跳跨越的跨栏架。用一根面条、一个面条连接器和一个18英寸高的标志筒，将面条一切为二，放在连接器两端。然后将连接器的中心孔放置在标志筒的顶部。学生必须用一只脚蹬地来完成这个动作
3. 双臂没有参与动作	• 找出一张跨栏运动员的照片，向学生们展示这张照片，让学生模仿图片里运动员的动作。你可以使用前面提到的面条跨栏架 • 让学生大步走，迈步腿向前向上摆动。迈步腿对侧手臂也应向前摆动，手臂和腿平行
4. 双脚落地	• 让学生助跑几步，然后向前迈一大步，同时对侧手臂前摆，然后再开始跑。鼓励学生在迈大步时用力蹬地 • 放置两根互相平行的绳子，间距大约2英尺。在较远的绳子边放置一个落地点，让落地脚触点

同伴技能考核表
技能：跨步跳

跨步跳者姓名：_____
　　　　　　　　　　　　观察者姓名：_____

1　　2　　3　　4　　5

❶助跑

1　　2　　3　　4　　5

❷起跳

1　　2　　3　　4　　5

❸滞空

1　　2　　3

❹落地

同伴技能考核表
技能：跨步跳

跨步跳者姓名：_____
观察者姓名：_____

观察你的搭档，然后给技能的每项关键要领打分。让你的搭档每个动作做5次。如果搭档做的动作正确，就在对应次数的方框里填个"Y"；如果搭档做的动作不正确，就在对应次数的方框里填个"N"。

开始	测试

助跑
跨步跳前跑几步。

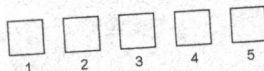
1　2　3　4　5

起跳
单脚推地。

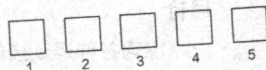
1　2　3　4　5

滞空
双脚短暂离地。

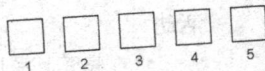
1　2　3　4　5

落地
跳跃脚的对侧脚落地，膝盖弯曲。

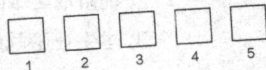
1　2　3　4　5

缓冲
落地后再跑几步。

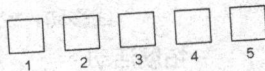
1　2　3　4　5

补充运动技能

运动标签（捉人）

目标

在贴标签游戏场景内练习各种运动技能。

设备

划定游戏区域的标志筒或线条。

活动

1. 指定每轮活动中使用的运动技能。

2. 选择2个或3个学生做贴标签的人。

3. 贴标签的人试图在指定时间内尽可能给很多队员贴标签。

4. 一旦某个队员被贴上标签，这名队员必须去指定的区域，展示你选定的一个运动概念。可以要求队员展示不同的路径、力度和水平高度等。

5. 一旦队员正确展示了概念，他就可以回到游戏中。

6. 大多数运动技能都可以运用于这个游戏。

拓展活动

- 当一个贴标签的人碰到一名队员，这名队员就成为贴标签的人，之前贴标签的人就成为一名队员。

- 如果一名队员在被贴标签之前，他能说出所用运动技能的一个提示词，这名队员就是安全的。

路标

目标

练习各种运动技能。

设备

交通标志筒以及易读标识。

活动

1. 在厚纸上写上要用的不同运动动作的名称（或图片）。这些标志的大小要合适，既便于阅读，又便于贴在交通标志筒上。

2. 在游戏区域内分散放置这些标志（和交通标志筒）。

3. 学生在游戏区域内移动，展示恰当的运动动作。学生经过一个标志，就要读出标志上的运动，并运用这种运动技能，直到他经过一个新的标志。

4. 为确保练习每个动作，你可能需要放置地板胶带或美术胶带。学生沿着这些胶带路线移动，经过每个交通标志筒。

拓展活动

- 在运动卡片上写上运动概念（如慢跑、之字形路径马步跳）。

● 使用不同颜色的胶带来设置各种路径。指定每个人要走哪种颜色的路。学生沿着路线移动到指定的颜色，直到他们找到一个交叉点。

转圈降落伞

目标

在使用降落伞的同时运用各种运动动作。

设备

降落伞。

活动

1. 学生单手举起降落伞，高度位于腰部。

2. 所有学生转向降落伞，朝向同一个方向（除了滑步，当他们双手握住降落伞时，准备滑步动作）。

3. 你选择一个运动动作，在学生手持降落伞转圈时运用这个动作。

4. 当你说转，学生开始转，同时完成运动动作后改变运动方向。

拓展活动

● 将学生分为几个小组。选定某个小组，这个小组的学生就到达升起的降落伞下面，并且使用特定的运动技能移动到对面。

● 将学生分为几个小组。选定某个小组，这个小组的学生运用特定的运动技能到达升起的降落伞下面，并且大声说出提示词，然后回到起始位置。

移动中

目标

练习各种运动技能。

设备

一个打击乐器。

活动

1. 学生站在自己的个人空间内。

2. 让学生开始走路。在学生走路时老师告诉学生接下来将要练习的动作技能。一旦老师击打乐器，学生就开始展示要练习的动作技能，然后再告诉学生下一个动作技能。

3. 你可以选择用一个固定的组合模式（比如，敲一下代表走路，敲两下代表跑步，敲三下代表马步跳）。

拓展活动

● 一旦学生掌握了各种运动技能，让他们自己选择要展示的运动技能，每次你击打乐器后，他们开始展示。

● 每名学生可能创建自己的运动程序。常规程序应包括如下内容。

1. 开始——静止不动。

2. 动作——3种不同的运动动作。

3. 暂停——静止不动。

学生有时间练习自己的运动程序后，他可以向其他同学或全班同学展示他的运动程序。常规程序可以由2人或4人一组实施。你可以选人建组，或者学生自己建组。

运动者资格证书

目标

证明展示运动技能的能力。

设备

每名学生的运动者资格证书。可参考以下提前准备板块的内容。

活动

1. 学生通过正确展示之前活动中的任何一项技能，或者几项活动组合，来赢取运动者资格证。

2. 或者你可以给学生颁发资格证，该学生在一些特定技能上具备了展示能力。

拓展活动

- 学生保管该证书。

- 证书可以张贴在布告栏上，由班级归类。如果一名学生在保持个人空间或安全移动上有困难，证书可能会移到一个"驾驶学校"的板块。该学生将练习那些技能，从驾校毕业，再恢复其他活动。

提前准备

制作运动者资格证书，你可以选择简单或复杂的证书。

- 简单版：在电脑上设计运动者资格证书（见下图）。复制证书，学生可以在证书上写上自己的名字，或者许多学校的行政助理能使用学校的数据库，将学生的名字打印在标签上。这些标签可以制成卡片，看起来更正式。

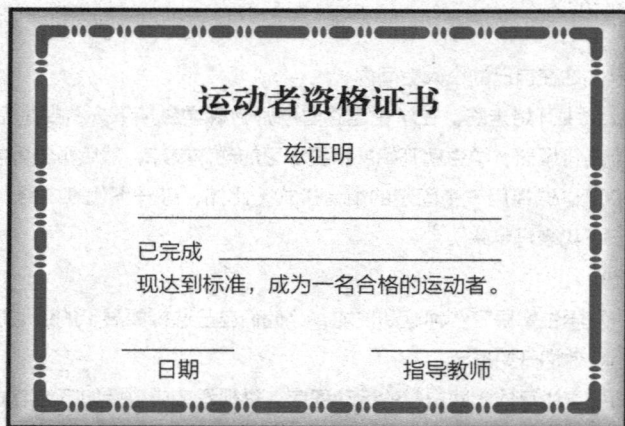

运动者资格证书

兹证明

_____

已完成 _____

现达到标准，成为一名合格的运动者。

_____ _____
日期 指导教师

运动者资格证书样本

- 复杂版：每年学生拍摄个人照，摄影师会将多余的底片和照片交给学校。学校行政助理会知道是否有你能用的多余的照片。

这些个人照可以贴到证书上。照片和学生的姓名（标签）结合起来，就是一个真正的证书。在时间和条件允许的情况下，可以将这些证书卡片过塑，使这些证书更加正式，成为有意义的纪念品。

如果条件允许，尽可能让你的证书有创意又符合实际。高度、重量和签名等方面都要注意。我们发现证书计划是一个很完美的公共关系工具。当学生们理解了获得证书的标准，获得证书就成为一种评估形式。证书计划可以给很多家长留下深刻的印象，家长们也往往同意帮助制作证书。

总结

有些运动技能（如走路或跑步）每天都可以用到，其他一些技能（如滑步或跨步跳）则用于更具体的情况。老师在教学运动技能时所面临的挑战，就是如何用有趣的方式呈现这些运动技能，让学生保持兴趣并积极参与课程。遗憾的是，很多老师不确定如何实现这一点。通过运用运动概念（Graham et al., 2013）和本章列出的几项具体活动，我们相信你的课堂会变得更加有趣。这些课程是帮助学生成为优秀运动者的第一步。

第**3**章

下手滚球

本书余下的各章将介绍操控性技能，操控性技能涉及用一个物体完成一项任务。让幼儿园儿童和一年级小学生十分感兴趣的一种操控性技能就是下手滚球。下手滚球和保龄球有明显的关联，使这项运动成为儿童喜爱练习的一种有趣的技能。

下手滚球的一个要领是迈步。对于应掌握的所有操控性技能而言，对侧脚迈步是一个重要的关键动作，将这个概念介绍给年幼的儿童时，下手滚球可能是一种合理的方式。《美国K-12体育教育的国家标准和年级水平学习成果》（SHAPE America, 2014）指出，幼儿园儿童应能在下手抛球的同时完成对侧脚迈步（S1.E1.K），因此这个动作可以轻易转化为下手滚球。

儿童不必用保龄球完成保龄球活动。如果球的大小和重量（如网球或垒球）适合幼儿园儿童，那么他们可以成功完成下手滚球。对于年龄大些的儿童来说，做一个经济型的保龄球场，只需要有保龄球、滑道以及从学校里拿出来的塑料球即可。

关键要领

预备姿势
膝盖弯曲，面对目标，双脚分开与肩同宽，惯用手持物体（手掌朝上），置于身前。

手臂后摆
滚球臂向后摆，至腰部高度。

迈步和滚球
滚球臂前摆，对侧脚向前迈步，放手让球在地上（低水平高度）滚动，同时弯曲膝盖和腰。身体朝向目标。

手部连带动作
滚球手继续在身前向目标运动，到达腰部以上即停止，手掌朝上。

提示词

你为某项技能的每个阶段所选择的提示词，取决于学生的年龄以及你所强调的领域。年幼的学生（幼儿园至二年级）在少量简洁明确的提示词指导下会学得更快，因为他们不能处理或记忆大量的信息。在一些可用提示词中，有的可用于教授下手滚球的教学。你可以单独使用每个提示词或者根据需要混合匹配提示词。我们发现，让学生在练习技能时大声说出提示词有助于学生习得技能。

预备——膝盖弯曲，面对目标，双脚分开与肩同宽，惯用手持物体（手掌朝上），置于身前。

手臂后摆——滚球臂向后摆，到达腰部高度。

迈步和滚球——滚球臂前摆，对侧脚向前迈步，放手让球在地上（低水平高度）滚动，同时弯曲膝盖和腰。身体前面部分应朝向目标。

使用你的迈步脚——对侧脚向前迈步。

靠近目标——滚球臂前摆，放手让球在地上（低水平高度）滚动，球不会反弹。

保持手部连带动作或停止不动——滚球手继续在身前向目标运动，超过腰部后停止，手掌朝上。

保持肩部稳定——滚球手继续在身前向目标运动，超过腰部后停止，手掌朝上。保持随球动作，直到滚球手的手指碰到滚球手的肩膀。

提示词组1： 预备、手臂后摆、迈步和滚球、保持随球动作

提示词组2： 预备、手臂后摆、迈步、停止不动

提示词组3： 预备、手臂后摆、迈步和滚球、保持肩部稳定

提示词组4： 预备、迈步、靠近目标

对强化和评估关键要领的活动建议

在学习过程中，学生需要了解技能的方式及其关键要领，以及如何正确地完成每项动作要领。在本书的前面部分，提供了有关下手滚球的图片和内容描述，并将其划分为若干要领，还提供了一些可能用到的提示词。第1章涵盖了9个通用的活动，用于强化对下手滚球概念的理解，以及对所有运动和操控性技能的理解。除了第1章的内容外，后面的章节还列出了一些具体的活动，特别用于强化对下手滚球要领的理解。

同伴技能考核

目标

让同伴评估彼此在学习技能方面的进展。

设备

为每对搭档配备同伴技能考核表和一个球。如果学生不认识字，同伴技能考核的图片版本可能会派上用场。

活动

1. 一名搭档观察另一名搭档，看其预备姿势是否正确。

2. 如果预备姿势正确，搭档就在对应的方框内填入一个"Y"。如果预备姿势不正确，则在对应的方框内填入一个"N"。如果预备姿势正确，不会写字的学生可在相应方框内放一个笑脸图片；如果预备姿势不正确，则放一个哭脸图片。

3. 每项技能要领需连续评估5次。

4. 每名学生都要进行同伴技能考核。

拓展活动

- 你可以用同伴技能考核结果来评估每名学生的进步程度。

- 你可以把同伴技能考核表和成绩单一起寄给学生家长，或者当学生在技能上取得进步时，你也可以把同伴技能考核表寄给学生家长。

同伴技能考核表
技能：下手滚球

下手滚球者姓名：＿＿＿＿＿＿＿＿＿＿＿＿ 观察者姓名：＿＿＿＿＿＿＿＿＿＿＿

❶预备

　1　　　2　　　3　　　4　　　5

❷手臂后摆

　1　　　2　　　3　　　4　　　5

❸迈步滚球

　1　　　2　　　3　　　4　　　5

❹手部连带动作

　1　　　2　　　3

同伴技能考核表
技能：下手滚球

下手滚球者姓名：＿＿＿＿＿＿＿＿＿＿＿＿ 观察者姓名：＿＿＿＿＿＿＿＿＿＿＿
观察你的搭档，然后给技能的每项关键要领打分。让你的搭档每个动作做5次。如果搭档做的动作正确，就在对应次数的方框里填个"Y"；如果搭档做的动作不正确，就在对应次数的方框里填个"N"。

开始	测试

预备姿势
1. 注视目标。
2. 双膝弯曲。
3. 双脚分开与肩同宽。
4. 将球置于身前。

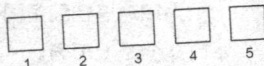

　1　　　2　　　3　　　4　　　5

动作	

手臂向后
1. 皮带扣对着目标。
2. 滚球臂向后伸展。

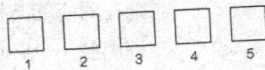

　1　　　2　　　3　　　4　　　5

迈步滚球
1. 对侧脚向前迈步。
2. 滚球臂向前移动，将球释放落地；此时皮带扣对着目标。

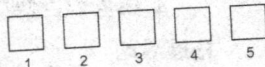

　1　　　2　　　3　　　4　　　5

结束	

手部连带动作
滚球手继续向前方目标移动，结束时与腰部齐高。

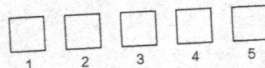

　1　　　2　　　3　　　4　　　5

50

成功构建者

这项活动可以让老师们解决每个同学自身的问题。如果学生们需要额外的帮助，下面的活动会让他们表现得更好。

目标

根据同伴技能考核评估的结果，让同伴改善不足之处。

设备

参见以下个人站点。我们建议使用一面结实的镜子和一张海报，上面印有每个站点下手滚球时的每个要领。镜子在这些活动中非常有用，因为孩子们可以通过镜子看到自己的动作。最简单的制作海报的方法就是放大打印本书里的插图。给海报塑封能延长海报的使用时间。

活动

1. 在教学区域给每个技能要领设置一个学习站点。在相应的学习站点贴上描述要领或者一张关于具体要领的照片。
2. 每个站点的详细信息如下。

预备

膝盖弯曲，面朝目标，双脚分开与肩同宽，眼睛瞄准目标，惯用手持球放在身体前方（手掌朝上）。

设备

预备姿势海报、镜子（如果有的话）以及同伴技能考核表。

活动

学生做好预备姿势。搭档检查其预备姿势是否与海报所示一致。学生可用镜子来观察自己的动作做得是否到位。然后学生四处走动，根据搭档的指令再次做好预备姿势。如果学生成功地试做几次，那么搭档二人互换角色练习整套动作。

手臂向后

将滚球臂置于身后，至少达到腰部高度。

设备

技能要领海报、镜子（如果有的话）、在墙上画一条与腰部同等高度的线以及同伴技能考核表。

活动

学生演示手臂摆动动作（保持手臂贴近身体），在摆臂期间，手部至少达到腰部高度。搭档检查同伴的姿势是否和海报一致。为帮助搭档看到摆动的高度，同伴应站在墙边完成这个动作。在墙上画一条线，标记的高度和腰部等高。学生可以借助镜子来观察自己的动作是否标准。一旦学生能正确完成手臂摆动，搭档二人互换角色练习整套动作技能。

迈步滚球

滚球臂对侧的脚向前迈步，滚球臂向前移动，将球放在地上（低水平高度）并保证球继续向前滚动，同时弯曲膝盖和腰部。身体应面向目标。

设备

技能要领海报、镜子（如果有的话）、小扫帚、跳绳、两把椅子以及同伴技能考核表。

活动

滚球手对侧的脚向前迈步，用滚球手拿小扫帚扫地。搭档观察做动作的学生的姿势是否和海报所示一致。可以使用小扫帚来强化扫地的动作。学生扫地时，膝盖要弯曲，身体应面向扫地的方向。

学生可借助镜子观察自己的动作是否标准。一旦学生能向他的搭档演示一个正确的扫地动作，搭档二人互换角色练习整套动作技能。将一根绳子绑在两个椅子中间，让学生试着将球从绳子下方滚过。绳子的高度不宜过高，这样学生要想让球顺利通过绳子下方就必须将球沿地面滚过。这种方法可以帮助那些找不准放球点的同学更好地练习。

手部连带动作

滚球手继续在身前向前方目标移动，在腰部以上停止，手心朝上。

设备

关键要领海报、镜子（如果有的话）以及同伴技能考核表。

活动

学生以前文提到的扫地动作开始，通过给搭档一个朝上的击掌结束（见下图）。搭档观察做动作的学生的姿势是否和海报一致。为了触摸到搭档的手掌，滚球手必须达到一定高度。学生可借助镜子观察自己的动作是否标准。一旦做动作的学生能给搭档一个向前的击掌，搭档二人互换角色练习整套动作技能。

手部连带动作

强化整体技能的高级活动建议

在强调准确性之前，学生应能正确展示技能要领。如果在技能变成一种习惯性动作之前，教师就开始强调准确性，学生会开始瞄准滚球的目标，技能要领会被弱化。你设定的目标应该足够大，这样学生才能掌握技能要领，并成功击中目标。

个人活动

保龄球高尔夫

目标

提高下手滚球技能的准确性。

设备

在体育馆墙边至少放置9个大小不同的目标。距离每个目标有三段距离，都需用地板（或彩色）胶带清晰地标记出来。每名学生都要配备一个垒球和一份评分表（见图例）。

活动

1. 每名学生都站在离墙最远的那块胶带上，从一个"高尔夫球洞"上开始练习滚球。

2. 如果一名学生第一次滚球就能够打倒（或击中）最远处的目标，他将获得1分，然后移到下一个高尔夫球洞。

3. 如果学生不能打倒（或击中）目标，那么他走到中间的线上，再试一次。如果击中了，那么他会在这个球洞上获得2分，然后移到下一个站点。

4. 如果没能成功击中，那么学生走到最近的线，再次尝试击球。不管他是否成功，得3分，然后移到下一个站点。

5. 9个球洞都打过一遍后，收集评分表。在以后的课程中，给学生更多的机会，以拿到更低的分数。

保龄球高尔夫评分表

姓名

洞口编号	分数（在每个洞的编号上圈出你的分数）			合计
1	1	2	3	
2	1	2	3	
3	1	2	3	
4	1	2	3	
5	1	2	3	
6	1	2	3	
7	1	2	3	
8	1	2	3	
9	1	2	3	
合计				

拓展活动

- 对许多年龄小的学生来说，你可能不想为他们保留分数。
- 你可以根据学生的年龄和能力水平来调整课程。比如，你可以使用放在一起的多个目标物（如保龄球瓶），要求打倒几个目标才能得分。
- 你还可以增加一个隧道（折叠垫），球必须在隧道（折叠垫）下面滚动或者球必须绕着一个障碍物滚动（通过将球与垫子或者墙隔开）。你可以根据你的想象力及合适的器材做出任何调整。
- 对于年龄稍小的儿童，你可以缩短滚球起点到墙的距离，对于年龄大些的儿童，你则可以加长滚球距离。
- 你可以使用恰当的表格或者实施罚球制度。
  - 学生必须用加法来算出自己的分数。
  - 你可以帮助学生使用加法和除法来算出班级的平均分，或者算出具体某个洞的平均分。
  - 班级平均分可以做成图表，这样学生能够看到自己的进步情况。
- 学生可分组活动。一名学生滚球，另一名学生则负责在表上打分，记录分数。一旦目标被击中，两人就互换角色，继续练习。这样，每名学生都能在每一个洞完成练习，并接受搭档的评估。

数学保龄球

目标

用数学技巧继续练习下手滚球。

设备

一名学生一个垒球，一张数字记录卡。

活动

1. 在教学区用胶带给每个滚球站点贴上数字记录卡。你选择的数字取决于学生的年龄以及你打算问的数学问题。
2. 提出一个数学问题（比如"2加7等于多少"）。
3. 学生试着滚球，并且击中正确的答案。

拓展活动

- 学生可以小组合作，互相评估下手滚球的要领，检查答案。
- 如果有人得分，建议给正确展示技能的人1分。
- 你可以根据儿童的技能水平延长或缩短与目标的距离。
- 学生也可以用减法、乘法或除法来解决数学问题，具体取决于学生的年龄和能力。
- 这项活动可以结合其他内容。比如，记录卡可以包括各种形状，让学生挑战击中三角形、正方形和其他形状。或者记录卡可以包括字母，学生可以挑战击中一个元音或辅音字母。你可以问："滚球"这个单词是从什么字母开始？"快乐"这个单词以什么字母结束？
- 学生可以和一名搭档或一个小组做抽卡片游戏。学生抽一张卡片提出问题，通过把球滚向正确的答案来回答问题。

颜色目标

目标

通过击中具体的目标这类活动，为学生提供可以提高滚球准确性的机会。

设备

在体育馆的地板上或者活动区域的地板上，以及每名学生的球上（如垒球或网球），用胶带贴上不同颜色（大约每种颜色有8个或12个相同的目标）的美术纸。

活动

1. 制作一个彩盒，里面放置各种颜色的美术纸板。你准备的美术纸板要比学生的数量多。

2. 选一名学生从彩盒里抽一张颜色纸板。

3. 抽到的颜色纸板就是目标颜色，所有学生必须确认同色的目标，并试着用下手滚球的技术击中这个颜色的目标。

4. 学生一直向选中的颜色滚球，直到老师给出暂停指示。

5. 直到所有学生都从彩盒里抽过美术纸板为止。

拓展活动

- 如果不使用颜色，学生可以从形状盒子里选出不同的形状，从字母盒子里选出不同的字母，从单词盒里选出不同的单词。

- 学生可以和搭档合作。搭档选择用作目标的颜色、形状、字母或单词。滚球者必须尝试击中选中的目标。搭档轮流选择目标，然后滚球。

拼单词

目标

通过下手滚球击中字母来拼单词。

设备

每名学生一个球（垒球或网球），将4套完整的字母表中的字母分散贴在体育馆或活动区域的地板上。有额外的元音和选定的辅音字母（如N、R、S、T）会更好。你需要纸和铅笔或者一个白板和记号笔来充当词库。

活动

1. 老师发出开始指令，学生开始通过下手滚球击中字母表的字母，拼写单词。

2. 一旦一名学生拼出一个单词，他就可以去词库（纸张或白板）写下这个单词。多准备几个词库，这样学生将不必排队等着写他们的单词。

3. 一个单词只能写一次。

4. 如果学生击中一个他用不到的字母，他必须再击一次，才能删掉这个字母。

拓展活动

- 学生可以与搭档合作。一名学生滚球击中字母，拼写出一个单词，同时搭档记录下这个单词，评估这次滚球。除非学生正确完成下手滚球，否则他不可以使用字母。当第一个搭档拼出一个单词，另外一个搭档则获得一次滚球的机会。

- 将纸和铅笔分给组成一个小组的两名学生，用于记录他们击中的字母并记录他们拼写的单词。每位搭档必须滚球，并且击中一个元音字母和两个辅音字母，直到搭档拥有6个字母来拼写单词。小组的两人尝试使用他们击中的一个或更多字母来拼写出6个单词。一旦小组拼出6个单词，他们可以尝试通过用球击中字母的方式拼写出单词。一旦某个单词被拼写出来，这个单词就可以从清单中排除。如果学生击中的字母无法使用，他们必须再次击中这个字母来删掉这个字母，并且选出并击中另一个字母。

合作活动

挑战赛

目标

在各种情形下练习下手滚球。

设备

每两人一组，配备一个垒球、网球或塑料球，以及塑封挑战卡。不同类型的挑战需要额外的设备。

活动

1. 每名学生选择一张挑战卡。
2. 学生根据卡片上的描述完成任务。
3. 挑战可能包括以下任务。

- 用力滚球（轻力）。
- 在地板上沿着一条线滚球。
- 将球滚进一个杯子、标志筒、网或者其他物体内。
- 滚球并击中地板上一个指定区域的目标。

拓展活动

- 将各种颜色的目标或图片放在墙上（或地板上）。额外的目标需放在原目标的对侧墙上或散开在活动区里。这些目标可能包括标志筒、保龄球瓶、篮子或者2升容量大小的空瓶子。让搭档告诉滚球的人要击中哪个目标。
- 搭建游戏柱或排球柱，在柱子之间系一根绳子。在绳子上（与地板平行）悬挂不同的物体，学生挑战去击中这些物体。这些目标可能包括圈、烙馅饼的铝平底锅以及2升容量大小的空塑料瓶。

低桥

目标

使用下手滚球技能，让球在一个较低的物体下面移动。

设备

每组学生一个垒球（或网球）和一个折叠椅。

活动

1. 在两名学生之间放置一个折叠椅。学生间的距离应是10英尺，椅子应面向其中一位学生。
2. 学生轮流下手滚球，球在椅子下面滚动。
3. 搭档小组的成员轮流滚球5次后，所有的学生向后退一步。

拓展活动

- 转动椅子，椅子两侧朝向小组成员。
- 只有当你给出指令时，小组成员才能后退。
- 如果滚球（在椅子下面滚动）成功，滚球的人向后退一步。
- 如果小组中的两人都完成了在椅子下面滚球，那么两个人都可以后退。如果后面有球没有滚到椅子下面，那么小组的两人必须回到起点。

团体活动

疯狂的Omnikin球

目标

在运动场地上完成做下手滚球动作，用一个球移动一个物体。

设备

这个物体可以是一个Omnikin球或者任何比滚球大的球。当目标是类似Omnikin球大小的物体时，被滚的球可以是塑料球或垒球；当目标较小时，被滚的球则可以是网球。

活动

1. 将班级分为4个小组。每个组都要沿正方形活动区域站好，每组的人必须站在线后。
2. 把Omnikin球放置在运动场地的中心。
3. 每组用2个或更多的球开始活动。
4. 听到开始的指令，队员开始滚球，试着击中运动场地中心位置的大球，尝试将大球移到其他小组的线上。
5. 队员继续滚球，直到大球越过一个小组的线。老师收回留在4个小组包围区域内的任何球。
6. 队员可以只用一个滚球触碰这个大球。他们不能用身体接触这个大球。
7. 一旦大球滚过指定的线，活动停止，将大球放回运动场地的中心。
8. 当每组有相同数量的球要滚时，重新开始活动。确定每个队员手里都有球。

拓展活动

- 创建2个小组而不是4个小组。
- 学生用各种各样的球向大球滚动，试图让大球越过其他小组的线。这可能令学生们开始讨论哪些球更适合完成这个任务（如塑料球对网球）。
- 在下一轮活动前或在活动期间，根据指令让小组改变位置。如果学生们在活动中想要改变位置，确保他们在听到你发出的指令后才将一个球滚向大球，并且他们改变方向时不可以带球。

突然袭击

目标

用下手滚球触碰对方球员的脚，让所有球员站在运动场地的一边。

设备

6至8英寸的球（泡沫球或轻橡胶球）。球的数量需根据学生的技能水平而变化。

活动

1. 将班级分为2个小组，2个组的成员站在一个划分好的运动场地的两边。

2. 给每个小组相同数量的球，开始活动。

3. 接到开始的指令，队员滚球，试着击中对方队员的脚。

4. 如果一名队员的脚被打到，他要移动到另一个小组这边。那个队员现在是对面小组的一名成员。当一名队员换边时，他不可以把球搬到对方那一边。

5. 当所有队员都在同一边时，重新开始这个活动。

拓展活动

在学生进行活动时，观察学生是否正确完成下手滚球的动作。如果有学生不能正确完成滚球动作，则让这些学生到练习区与一名搭档合作，或者与一位指定的教师助理合作。

疯狂的标志筒

目标

使用下手滚球来击中对方小组的标志筒。

设备

标志筒、保龄球瓶或者2升容量大小的空瓶和8个塑料球。

活动

1. 将班级分为2个小组，2个组的成员站在一个划分好的运动场地的两边。给每个小组4个塑料球。

2. 在运动场地边线摆放标志筒或保龄球瓶作为目标（见下图）。

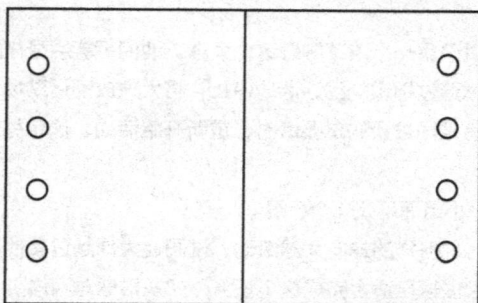

○ 标志筒

"疯狂的标志筒"活动布局图

3. 学生不可以跨过中线。

4. 滚球打倒另外一组的标志筒。防守队员可以用手拦球。如果任何标志筒被意外打倒，这些标志筒不可以重新放回。

5. 当所有组的标志筒都被打倒后，重新开始活动。

6. 在活动进行时观察正确的动作形式。如果一名学生的动作形式不正确，他必须在其中一个练习站点纠正问题。

拓展活动

- 4个小组配4套标志筒。
- 使用各种球（排球或网球）。

创建你自己的活动

目标

让学生创建他们自己的活动，提高下手滚球的动作技能。

设备

每组配一张纸和一支铅笔，以及你预先确定的学生在活动中可以使用的器材清单（如保龄球瓶、标志筒、跳绳或网球）。

活动

1. 每2个或5个学生一组。你可以选择小组，或者学生自己建组。

2. 每组设计一个用下手滚球作为基本技能的活动。要求学生制定规则（包括所有队员），促进正确展现技能，以及解决安全问题。

3. 小组成员在纸上写上自己的名字、活动的规则、需要的器材，然后向你展示他们组织的活动。

4. 你认可这些活动后，小组成员取回必要的器材，开始活动。

5. 你必须批准对所有活动的更改。

拓展活动

- 小组成员可以将活动教给其他组。
- 小组成员可以将活动教给全班。

保龄球

目标

用下手滚球的方式击中另一个小组的保龄球瓶。

设备

每组分配多个球和3个塑料保龄球瓶（见下一页图中的A和B所示）。不同组用不同的颜色标记保龄球瓶（比如使用不同颜色的胶带来标记保龄球瓶）。

活动

1. 设置一个有中线的运动场地，两条起滚线距离中线约12英尺。

2. 把班级学生分为两个小组，小组人数相同，小组成员面对面站在起滚线后面。

3. 沿着运动场地的中线，设置6个保龄球瓶，颜色交替（见下图）。

4. 接到开始的指令，学生们开始滚球，试着击中对方小组的保龄球瓶。学生不可以跨过起滚线。

5. 如果滚球时超过起滚线，击倒球瓶无效。如果学生不小心击倒自己的球瓶，球瓶视为击倒。

6. 所有小组成员的保龄球瓶都被击倒后，重新开始这个活动。

源自：K. Thomas, A. Lee, and J. Thomas, 2000, *Physical education for children: Daily lesson plans for elementary school*, 2nd ed. (Champaign, IL: Human Kinetics), 546.

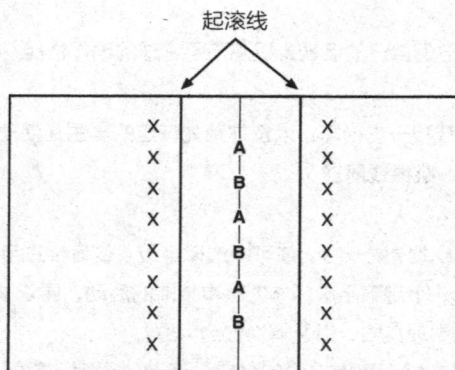

"保龄球"活动布局图

拓展活动

- 使用2升大小的空瓶、重量较轻的标志筒、空麦片盒或者其他物体作为目标。
- 在两个网球柱之间挂一条绳子。在绳子上悬挂重量较轻的物体（如围巾、彩带或皱纹纸），学生挑战击中对方的目标。

源自：K. Thomas, A. Lee, and J. Thomas, 2000, *Physical education for children: Daily lesson plans for elementary school*, 2nd ed. (Champaign, IL: Human Kinetics), 546.

疯狂的圆点

目标

滚球经过对方地板上的圆点，把练习下手滚球和增加准确性的机会结合起来。

设备

直径大约为12英寸的6个红圈和6个蓝圈，每名学生一个球（网球或垒球）。

活动

1. 在每个小组区域内（见下图）随机放置6个彩色的圈，将活动区域一分为二。

2. 将班级学生划分为两个小组。

3. 每名学生从自己这边开始滚球，滚过对方小组那一边的其中一个圆点。

4. 队员可以通过使用身体的任何部分来阻止对方的球经过自己所在小组的"疯狂"圆点。

5. 学生每滚一个球经过"疯狂"圆点，他就可以在指定的纸或白板上做一个计数标记，为小组赢得1分。

6. 快到5分钟的时候，每个小组加出自己小组的分数。

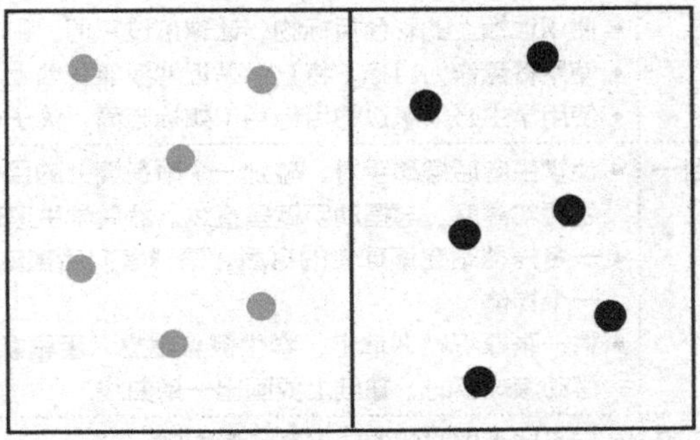

"疯狂的圆点"活动布局图

拓展活动

- 使用更多的"疯狂"圆点。

- 球滚过某个圆点，这个圆点就要被除掉。当一边所有的圆点都被除掉了，那就要开始一个新活动。

运动员的脚

目标

用下手滚球的动作在一根绳子下面滑动一个沙包，试着击中对方队员的脚。

设备

每名学生有两根排球柱、一根绳子、一个沙包。绳子挂在排球柱之间，柱子的高度离地面大约1英尺。

活动

1. 将班级学生分为2个小组，绳子两边各站一组。

2. 给每名学生一个沙包。

3. 队员们听到开始的指令后，开始在绳子下面滑动自己的沙包，试图用沙包击中对方队员的脚。

4. 如果某名队员被击中，他就要移到另一个小组这边，但他不能携带这个沙包，他现在是另一个小组的成员。

5. 当所有队员都在同一边了，则要重新开始游戏。

拓展活动

- 观察学生是否正确施展技能。如果有些学生在完成下手滚球动作方面有困难，就让这些学生去练习区，和一位搭档或者指定的教师助理合作。
- 踩扁这条虫：锻炼眼、脚的协调性，让学生踩住这些沙包，拦住沙包。

源自：Wessel 1974.

下手滚球问题解决表

问题	解决方法
1. 眼睛没有瞄准目标	• 让学生将球滚向一个他所设计的目标物体 • 使用地板上的彩色目标物，让球滚过它们 • 使用餐盘作为目标，将它们贴近地板靠在墙上 • 使用学生必须滚过的目标物（如标志筒、椅子或马蹄环）
2. 手臂没有向后摆到一定高度	• 让学生向后摆动手臂，碰到一个附在墙上的目标物（餐盘）。目标物位于学生腰部高度，与摆动手臂呈直线。然后学生滚球 • 一名搭档站在滚球者的身后，滚球者向后摆动手臂，试着从搭档手中抓取一个物体 • 将一张厚纸贴在墙上。学生侧身站立，手里拿着一根记号笔。当学生向后摆动滚球手时，在纸上要画出一条曲线
3. 学生对侧脚没有向前迈步	• 与滚球手相对侧的腿上系一条围巾 • 用地板上的点或脚印来标示脚落地的恰当位置 • 用胶带把气泡垫贴在地板上。让学生用对侧脚向前迈步踩到气泡垫上发出声音
4. 松手滚球时手没有靠近地板	• 在地板上放一辆玩具卡车，让学生用手保持随球动作往前推这辆车。你也可以把玩具卡车换成网球 • 让学生用一把小扫帚把这个球往前扫
5. 膝盖没有弯曲，让手不能接近地板，或者一侧膝盖触地	• 在地板上滑动沙包而不是滑动球 • 用手电筒或探照灯给学生照亮，让学生在做下手滚球时观察自己的影子 • 在学生不迈步的那条腿前面约1英尺处，放一个6英寸大小的标志筒。让学生不带球练习这个技能，让学生的膝盖触到标志筒
6. 松手滚球时，球弹跳起来	• 在队员松手滚球时，让搭档检查手的位置 • 在两把椅子之间拉一根绳子，绳子离地大约1英尺。让学生在绳子下面松手滚球，而完成下手滚球动作
7. 学生没有向目标迈步	• 在地上设定一条线或胶带，让学生站在线的后面。让学生用迈步脚迈过这条线 • 用胶带把气泡垫贴在地板上，让学生向前迈步踩到气泡垫上发出声音 • 在学生面前分开放两个物体，间距与鞋同宽。物体可以是标志筒、拱形物或泡沫砖等。学生必须向前迈步，脚放在两个物体之间
8. 在保持随球动作时身体姿势不端正	• 告诉学生在保持随球动作时，身体正面朝向目标 • 使用地板上的线或贴胶带。让学生在线的上方松手滚球，同时滚球手向前移动超过地上的线

总结

只要器材大小合适，下手滚球是儿童从小就可以学习的技能。一旦你的学生已经掌握这项技能的要领，你就可以加大任务难度，增加目标距离或缩小目标。之后，你可以加入四步法来过渡到保龄球运动。这将大大地激发学生的学习兴趣。

下手滚球到下手扔球再到上手扔球的技能发展，遵循了一种合理的逻辑顺序。这3种技能都要求学生向后迈步。正如所有体育技能一样，练习和指导可以极大地帮助学生掌握这些关键的基本技能。

下手滚球课程计划

（第一节课）

年龄组：小学低年级的学生。

教学重点：对侧迈步。

教学次重点：在地上松手滚球。

教学目标：80%的时间里练习对侧脚迈步（提示：用你的迈步脚），松手滚球，最少会有4至5次反弹（提示：让球慢慢地接近目标）。

材料和设备：每名学生一个球和一个目标（用胶带把美术纸贴在地板上）。

提前准备：一个学习站点将有助于每名学生。将几张美术纸用胶带贴在体育馆的地板上，大约相隔4英尺。美术纸的数量基于学生的人数。此外，用胶带在地板上设定与目标（美术纸）平行的线，与墙保持恰当的距离。这样每名学生都有自己的练习空间（见下图）。

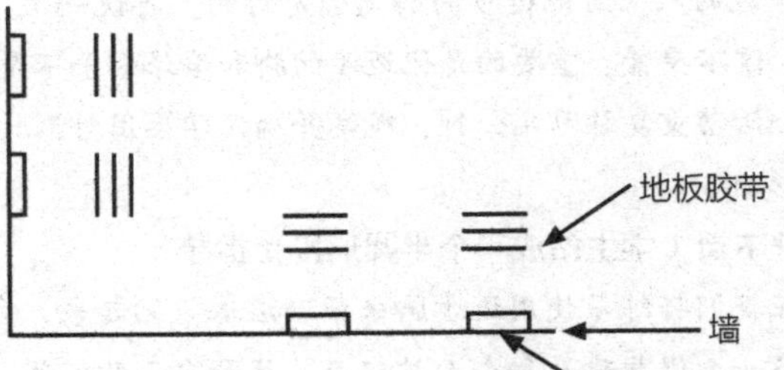

下手滚球活动的提前准备

组织和管理：学生在自己的空间里接受指导，做热身运动。之后，学生将在体育馆里找到自己的学习站点来完成练习。

热身活动

今天我将教你们练习手臂和腿的不同动作。假设你在游行队伍中，你在人群中挥手。每个人挥手（演示）。看看你正在挥动的手，你滚球、扔球也将用这只手。

今天我们将这只手称作滚球手。你们能记住这个叫法吗？它叫作……**滚球手**。

介绍

今天我们将学习下手滚球。大家站起来，滚球手向后伸直。好极了！

现在把与你的滚球手同侧的脚向后迈一步，会做吗？在前面的左脚就是你的迈步脚，你们同意吗？前面的脚叫作什么？

我们再做一次。双脚并拢，滚球手向后摆动时，同侧脚也向后迈步。我们把在前面的脚叫什么？（**迈步脚**）

一些儿童滚球或扔球的手（左手）与大多数儿童不同。只要每个人的迈步脚是在滚球手的另一侧，这就没有关系。

让我们双脚并拢，身体站直。你能举起你的滚球手，然后用你的迈步脚向前迈步吗？现在双脚收回并拢，两只手臂自然地放在身体两侧。再次举起你的滚球手，再次使用你的迈步脚。（**重复几次这项活动**）

观察对侧迈步脚。注意：有时候学生不用他惯用的那只手挥手。如果不确定到底用哪只手，就直接在学生面前的地板上放一个物体，然后让学生捡起这个物体。通常学生会用他惯用的那只手来捡东西。一旦确定了学生的用手习惯，就可以教学生用哪只脚迈步了。

我将播放音乐。现在你们用学到的任何运动技能在公共空间内活动。谁能给我一个所学运动技能的例子？（**学生提出建议**）

好极了！你们先四处活动，然后当音乐停止时，你们就定住，数到三，然后向后摆动滚球手，向前迈出迈步脚。你们清楚我说的方向了吗？（**音乐开始**）

重复几次这项活动。观察学生，确保学生是反向迈步。

现在，当你定住的时候，向后摆动你滚球的手臂，向前迈出你的迈步脚。你们看看自己旁边的人，看他迈步的脚是否是对的。再说一次，如果他们滚球的手和你用的不一样，这不要紧。重要的是他迈步的脚和滚球的手不是在同一边。（**音乐开始**）

这个活动重复练习几分钟，观察并确保学生用对侧脚迈步。

队形

站住不动（学生站成一个半圆形接受指导）。

现在我们将练习使用迈步脚来帮助滚球。站起来，向后摆动滚球手，同时迈出迈步脚，滚一个假想球。每个人站起来，找到自己的空间，面对我。朝后面的墙摆动你的滚球手（你挥动的手臂）。你能用你的迈步脚迈步并且将滚球手放下直到触地吗？要做到这些你可能需要弯曲身体的某个部位。

看着我。我身体哪个部位弯曲才能触地？（**膝盖和腰**）让我们再做一次。确保你们的滚球手可以触地。预备，手臂向后摆，迈步滚球。注意松手滚球的位置点，以及对侧迈步脚。

此刻我们需要考虑随球动作。这意味着松手滚球后带动手臂抬高。让我们再次练习滚球。记住：预备姿势、手臂向后摆、迈步滚球、保持随球动作。

注意松手滚球的位置点，对侧脚迈步，以及保持随球动作。

站住不动。今天我们将有自己的保龄球道。

环顾体育馆。靠墙有几张美术纸和球。你们每个人将找出这些地方中的一个作为自己的保龄球道。你能找出你自己的保龄球道，并且坐在离墙最近的胶带那儿吗？开始。

捡起一个球，站在对着美术纸的一条胶带上。面朝目标，做好预备姿势，手臂向后摆，迈步滚球，并且保持随球动作。拿到你的球，然后返回胶带那里。（重复几次）

让孩子们和你一起反复说提示词。当你觉得孩子们能够自己说出提示词时，就让他们独立练习。

注意松手滚球的位置点，对侧脚迈步。

站住不动。这次我们的保龄球道将有一个秘密任务。我们需要让球悄悄靠近目标。我们不想要目标听到球向它靠近。我们怎样才能做到呢？

在地上松开球。

捡起一个球，站在对着目标的一条胶带上。记住，我们要没有声音。面向目标，做好预备姿势，手臂向后摆，轻轻地迈步滚球，并且保持随球动作。拿回你的球，然后回到你站的胶带处。坚持练习。

站住不动。这个时候我希望你和你旁边的人成为搭档。一个人滚球，另一个人监督。你认为你将发现什么呢？（**在靠近地面的地方松开球，同时向前迈步**）每次滚球后，告诉你的搭档他完成得如何。（滚5至10次后，两人互换位置）

站住不动，时间到。请把你的球放回到墙边固定位置，然后排队。

结束

学生排队离开。

我们如何悄悄地接近我们的保龄球瓶呢？我们怎么知道该迈哪一只脚呢？下次我们将练习从更远的地方滚保龄球，并且我们将使用真的保龄球瓶。

第**4**章

投掷运动

本章将继续探讨以下操控性技能：下手投掷、上手投掷和双手过头投掷。这些技能，尤其是上手投掷，在许多日常健身运动中都能用到，可以从小就开始学习这些技能要领。《美国K–12体育教育的国家标准和年级水平学习成果》（SHAPE America, 2014）提到了下手投掷（S1.E13）和上手投掷（S1.E14）的技能。

下手投掷

尽管许多人相信下手投掷的唯一目的就是扔一个马蹄铁，但事实上，下手投掷是许多运动技能中不可缺少的一部分。下手投掷对于垒球投球非常重要，下手抛球也可以帮助垒球或棒球中的外野手从近距离制造进攻球员出局。此外，下手投球与排球下手发球的要领非常相似。加上球拍，下手投掷对羽毛球运动也非常重要。

通常，下手投掷的关键在于描述如何正确地将球投出。要求高度的活动（如垒球慢速投球和掷马蹄铁）将要求保持夸张的随球动作。如果到目标的距离近，或者如果客观条件是速度，那么手臂连带动作的时间就会短（如垒球快速投球）。本章强调那些与年龄较小的儿童有关的技能——有弧度的投掷。

影响下手投掷初始学习的一个重要因素就是目标的位置。如果目标的水平位置较低，学生应选择滚球而不是掷球。如果目标的水平位置较高，学生更可能养成不正确的投掷习惯。当学生在学习和练习投掷技能时，高度适中的目标是最好的。一旦学生理解了如何完成技能，那么我们鼓励使用放在各种高度的大目标物。

《美国K–12体育教育的国家标准和年级水平学习成果》（SHAPE America, 2014）（表4.1）指出幼儿园小朋友应能够完成下手投掷，同时与投球手对侧的脚向前迈步（S1.E13.K）。一年级学生应能够完成下手投掷，并展示5个关键要领中的2个要领（S1.E13.1）。二年级学生应能够用一种成熟的模式（S1.E13.2）完成下手投掷。三年级学生应能够向搭档或向目标完成下手投掷，并保持一定的准确性（S1.E13.3）。四年级和五年级学生将开始更频繁地使用该技能。

表4.1　下手投掷的各年级水平学习成果（S1.E13）

	幼儿园	一年级	二年级	三年级	四年级	五年级
S1.E13 下手投掷	下手投掷，与投球手对侧的脚向前迈步（S1.E13.K）	下手投掷，并展现成熟模式5个关键要领中的2个（S1.E13.1）	用一种成熟的模式完成下手投掷（S1.E13.2）	向一名搭档或目标完成下手投掷，保持一定的准确性（S1.E13.3）	技能运用（S1.E13.4）	用不同大小和类型的物体，在非动态环境下（封闭性技能）运用成熟的模式进行下手投掷（S1.E13.5a）准确地向一个大目标物进行下手投掷（S1.E13.5b）

源自：SHAPE America-Society of Health and Physical Educators, 2014, *National standards & grade-level outcomes for K-12 physical education* (Champaign, IL: Human Kinetics).

关键要领

预备姿势
膝盖弯曲，面向目标，双脚分开与肩同宽，用惯用手（手掌朝上）持物体放在身前。

手臂后摆
向后摆动投球臂至少到腰部高度。

迈步
投球手对侧的脚向前迈步，投球臂向前。

掷球出手
在膝盖与腰部的高度之间掷球出手。做动作时手臂保持伸直。

手部连带动作
投球手在身体前方继续朝着目标向前伸出，手心朝上。

提示词

你为某项技能的每个阶段所选择的提示词，将取决于学生的年龄以及你所强调的领域。年龄小的学生（幼儿园至二年级）在简洁提示词的指导下会学得更快，因为他们不能处理或记忆大量信息。下面是一些我们用来教下手投掷的提示词。你可以单独使用每个词组，或者根据需要混搭提示词。我们发现让学生在练习技能时大声说出提示词，有助于学生掌握技能。

预备——膝盖弯曲，面向目标，双脚分开与肩同宽，用惯用手（手掌朝上）持物放在身前。

手臂后摆——向后摆动投球臂至少到腰部高度。

迈步与掷球出手——投球手对侧的脚向前迈步，投球臂向前，在膝盖与腰部高度之间掷球出手。做动作时手臂保持伸直。

用你的迈步脚——投球手对侧的脚向前迈步。

掷球出手——投球臂向前，在腰部以下掷球出手。做动作时手臂保持伸直。投球手在身体前方继续向前朝着目标，手心朝上。

保持手部连带动作或者自由女神状——投球手在身体前方继续向前朝着目标，手心朝上。

> **提示词1组：** 预备、手臂后摆、迈步、掷球、保持手部连带动作
>
> **提示词2组：** 手臂后摆、迈步、掷球
>
> **提示词3组：** 预备、手臂后摆、迈步、掷球出手、自由女神
>
> **提示词4组：** 预备、手臂后摆、用你的迈步脚、掷球出手

强化和评估关键要领的活动建议

学生在学习过程中了解技能的表现形式和要领，以及如何正确展示每个要领都非常重要。上一节提供了下手投掷的图片和说明，将下手投掷划分为几个关键要领，并提供了一些可能用到的提示词。第1章提出的一些通用活动，将强化下手投掷的概念，以及所有运动和操控性技能。除了第1章中的内容，下面的内容中列出了一些具体的活动，用于强化下手投掷特有的技能要领。

同伴技能考核

目标

搭档之间评估彼此学习下手投掷的进展。

设备

每组搭档都有同伴技能考核表以及一个球或沙包。如果学生不会读或不会说英文，同伴技能考核表的图片版可能会派上用场。

活动

1. 搭档一方观察另一方的预备姿势是否正确。
2. 如果预备姿势正确，搭档就在对应的方框里填一个"Y"。如果预备姿势不正确，就在对应的方框里填一个"N"。如果预备姿势正确，不识字的学生则在对应的方框里放一个笑脸图片；如果预备姿势不正确，就在对应的方框里放一个哭脸图片。
3. 评估一直持续到每个关键要领评估了5次。
4. 每名学生都使用同伴技能考核表。

拓展活动

- 你可以使用同伴技能考核表来评估每名学生的技能学习情况。
- 你可以把同伴技能考核表和成绩单一起寄给学生家长，或者当学生在技能上取得进步时，你也可以把同伴技能考核表寄给学生家长。

同伴技能考核表

技能：下手投掷

下手投掷者姓名：＿＿＿＿＿＿＿＿　　　观察者姓名：＿＿＿＿＿＿＿＿

❶ 预备

❷ 手臂后摆

❸ 迈步

❹ 掷球出手

❺ 手部连带动作

同伴技能考核表

技能：下手投掷

下手投掷者姓名：＿＿＿＿＿＿＿＿　　观察者姓名：＿＿＿＿＿＿＿＿
观察你的搭档，然后给技能的每项关键要领打分，让你的搭档每个动作做5次。如果搭档做的动作正确，就在对应次数的方框里填个"Y"；如果搭档做的动作不正确，就在对应次数的方框里填个"N"。

开始 | 测试

预备姿势
1. 注视目标。
2. 双膝弯曲。
3. 双脚分开与肩同宽。
4. 物体在身前。

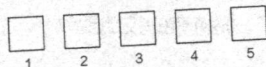

动作

手臂后摆
1. 身体正对目标。
2. 投掷手臂向后摆动。

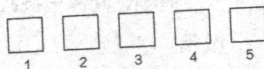

迈步
投球手对侧的脚向前迈步。

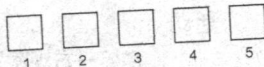

投掷
投球手向前，在膝盖与腰部高度之间掷球出手，手臂保持伸直。

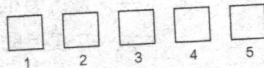

停止

手部连带动作
手臂保持朝着目标的方向。

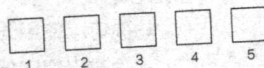

成功构建者

　　成功构建者活动使老师得以满足每个学生的需求。如果学生在个别要领上需要额外的帮助，那么以下列出的活动将帮助学生正确完成技能动作。

目标

　　根据同伴技能考核评估的结果，让同伴改善技能不足之处。

设备

　　参考以下个人站点。我们建议使用一面不易碎的镜子和一张海报，海报上面印有在每个站点下手滚球的每个要领。镜子在这些活动中非常有用，因为孩子们通过镜子可以看到自己的动作。制造海报最简单的方法就是打印放大本书里面的插图。给海报塑封能延长海报的使用年限。

活动

1. 在教学区域给每个关键要领设置一个学习站点。在相应的站点贴上具体要领的说明或一张照片。
2. 每个站点的详细信息如下。

预备

　　弯曲膝关节，面朝目标，双脚分开与肩同宽，眼睛瞄准目标，手持物体在身体前方（手掌朝上）。

设备

　　预备姿势海报、镜子（如果有的话）以及同伴技能考核表。

活动

　　学生做好预备姿势。搭档检查预备姿势是否与海报所示一致。学生可用镜子来看自己的动作是否到位。然后学生四处走动，根据搭档的指令，再次做出预备姿势。如果学生能向搭档成功地演示预备姿势，搭档二人互换角色练习整套技能动作。

手臂后摆

　　将投球手臂向身后摆动，至少到达腰部高度。

设备

　　技能要领海报、镜子（如果有的话）、在墙上画一条与腰部等高的线以及同伴技能考核表。

活动

　　学生演示手臂摆动动作（保持手臂靠近身体），在摆动期间抬高自己的手至少达到腰部高度。搭档检查学生的姿势是否和海报所示一致。为了让同伴看到摆动的高度，学生应站在墙边完成这个任务，墙上画一条线，标记高度和腰部差不多高。学生可以借助镜子来观察自己的动作是否标准。一旦学生能正确展示手臂摆动，则搭档二人互换角色练习整套技能动作。

迈步并投球

　　用投球手对侧的脚向前迈步。

设备

镜子、海报、脚踏线或胶带（地板或美术胶带）、跳绳、两把椅子以及同伴技能考核表。

活动

将脚踏线（地板或美术胶带）固定在地板上。在搭档的帮助下，学生从准备姿势开始，用正确的脚向前迈步。搭档观察学生的姿势是否和海报所示一致。学生可借助镜子观察自己的动作是否标准。

投球出手

投球手臂向前，在膝盖和腰部之间投球出手。在整个运动期间，保持手臂伸直。

设备

镜子、海报、跳绳、两把椅子以及同伴技能考核表。

活动

为那些难以找到合适的投球出手位置的学生提供帮助。在两把椅子中间悬挂一根跳绳，学生练习在绳子下方投球出手。一旦学生能够向搭档正确地展示挥臂动作，搭档二人互换角色练习整套技能动作。

保持随球动作

投球手继续在身前对准目标，手掌朝上。

设备

镜子、海报、篮球筐、连着球的绳子以及同伴技能考核表。

活动

篮球筐上悬挂一个球，与手部连带动作等高。学生练习向前迈步和投球出手（不用球或沙包）。做随球动作时，投球手必须触碰到悬挂的球。搭档观察学生的姿势是否和海报所示一致。学生可借助镜子观察自己的动作是否标准。一旦学生能向搭档展示正确的随球动作，搭档二人互换角色练习整套技能动作。

强化整体技能的高级活动建议

学生要掌握技能要领后才能开始强调准确性。根据《美国K-12体育教育的国家标准和年级水平学习成果》（SHAPE America, 2014）（表4.1），三年级学生应能够保持一定的准确性，并向搭档或一个目标完成下手投掷（S1.E13.3）。四年级学生应能运用下手投掷技能（S1.E13.4）。到五年级时，学生应能用不同大小和类型的物体，在非动态环境下（封闭性技能）用成熟的模式进行下手投掷（S1.E13.5a），并且准确地向一个大目标物完成下手投掷（S1.E13.5b）（表4.2）。一旦开始强调准确性，学生就会瞄准目标，技能要领常常被弱化。因此，学生投掷的目标必须足够大，这样才既能注重技能的关键要领，又能成功击中目标。

表4.2 学生在各年级水平学习成果中完成下手投掷的准确度（S1.E13）

	幼儿园至二年级	三年级	四年级	五年级
（S1.E13） 下手投掷	三年级前没有提到准确性	在保持一定的准确性下，向搭档或一个目标进行下手投掷（S1.E13.3）	运用技能（S1.E13.4）	用不同大小和类型的物体，在非动态环境下（封闭性技能）进行下手投掷（S1.E13.5a） 准确地向一个大目标物进行下手投掷（S1.E13.5b）

源自：SHAPE America-Society of Health and Physical Educators, 2014, *National standards & grade-level outcomes for K-12 physical education* (Champaign, IL: Human Kinetics).

个人活动

彩色目标

目标

提高下手投掷的准确性。

设备

不同颜色的美术纸（大约每种颜色制作8至12个目标，尽可能大），用胶带贴在体育馆或活动区域的墙上，每名学生一个沙包或球（纱球或网球）。

活动

1. 制作一个彩盒，里面放置各种颜色的美术纸。你准备的美术纸要比学生的数量多。

2. 选一名学生从彩盒里抽一张美术纸。

3. 所有学生必须找到选定颜色的美术纸目标，并试着用下手投掷技术击中这个颜色的目标。

4. 学生一直向选中的颜色目标投球，直到老师给出暂停指示。

5. 活动持续到所有学生都从彩盒里抽过美术纸。

拓展活动

- 颜色目标的替代方案可以是从形状盒子里选出各种形状，从字母盒子里选出各种字母，从单词盒里选出各个单词。

- 学生可以和搭档合作。搭档选择用作目标的颜色、形状、字母或单词。投球者必须尝试击中选中的目标。搭档们轮流选择目标，投球。

拼单词

目标

通过下手投掷击中字母来拼单词。

设备

每名学生一个沙包或一个球（纱球或网球），将4套完整的字母（尽可能大）分散贴在体育馆或活动区域的地板上。有额外的元音和选定的辅音（如N、R、S、T）会更好。你将需要纸和铅笔，或者一个白板和记号笔来充当词库。

活动

1. 老师发出开始指令，学生开始通过下手投掷击中字母表的字母，拼写单词。

2. 一旦一名学生拼出一个单词，他就可以去词库（纸张或白板）写下这个单词。准备几个词库，这样学生将不会排队等待写单词。

3. 每个单词在纸上或白板上只可以写一次。

4. 如果学生击中一个他用不到的字母，他必须再击中一次，才能删掉这个字母。

拓展活动

- 学生和搭档合作。一名学生收集字母，拼写出一个单词，同时搭档记录下这些字母，评估这次下手投掷。投掷者正确完成下手投掷，才可以使用字母。当第一个搭档拼出一个单词，另外一个搭档则获得一次掷球机会。

- 将纸和铅笔分给两人一组合作的学生，用于记录他们所击中的字母，并写下他们拼出的单词。每位搭档必须投掷，击中一个元音字母和两个辅音字母，直到搭档有6个字母用来拼写单词。小组两人尝试使用他们击中的一个或更多字母来拼出6个单词。一旦小组两人一起创建并写下6个单词，他们通过用球击中字母，尝试拼写这些单词。一旦拼写出某个单词，这个单词就可以从清单中排除。如果学生不能使用他们击中的字母，他们必须再次击中这个字母来删掉这个字母，并且选出并击中另一个字母。

合作活动

挑战赛

目标

在各种情形下练习下手投掷。

设备

两人一组配备一个纱球、沙包或泡沫球以及塑封了的挑战卡。不同类型的挑战任务可能需要额外的器材。

活动

1. 每名学生选择一张挑战卡。

2. 学生完成卡片上说明的任务。

3. 挑战可能包括以下任务。

- 轻轻地掷球。

- 在一个高或低水平面上出手掷球。

- 掷球让球撞到墙上，你能够接住反弹过来的球。

拓展活动

- 你可以在墙上放置各种彩色的投掷目标、图片或圈。其他投掷目标可以是分散在游戏区域的标志筒或水桶。搭档可以告诉投掷者目标在哪里。

- 搭建游戏杆或者网球柱，之间系一根绳子。在绳子上悬挂不同的物体，学生挑战击中这些物体。投掷目标可以是圈、铝制平底锅或者2000毫升大小的空瓶子。

- 为设置更多固定目标，你可以在体育馆的墙上画出这些目标（见下图）。通常将翻滚垫靠在墙上，盖住并保护这些画好的目标。也就是将投掷目标画在翻滚垫遮住的墙上，不使用这些投掷目标时，你就可以用翻滚垫遮住它们。

- 小组成员记录自己小组正确投掷的次数，老师记录全班正确投掷总数。在接下来的课程中，你可以激励全班学生提高正确投掷的总数。

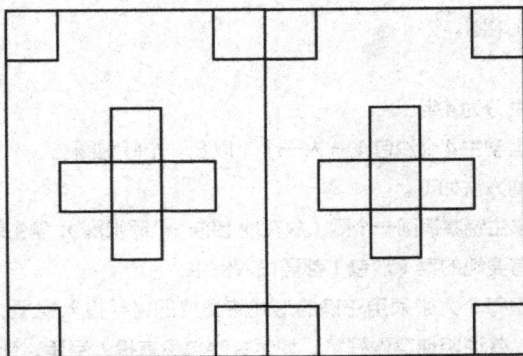

挑战活动布局

接球

目标

向搭档下手投球，搭档用一个塑料杂货袋接球。

设备

每组搭档配备一个纱球、一个沙包和一个塑料杂货袋。

活动

1. 学生站在离搭档不少于10英尺的地方。学生轮流做投掷者和接球手。

2. 投掷者向接球手下手投球，接球手试图用塑料杂货袋接球。

3. 如果投掷者实施了下手投掷的所有要领，并且接球手用塑料杂货袋接到球，那么这次接球就算数。

4. 每名学生有3次机会轮流做投掷者，然后和搭档交换位置做接球手。

拓展活动

- 两人一起数他们在固定时间段内接球的次数或者他们连续接球的次数。

- 每成功投掷一次，搭档就往后退一步。每一轮投掷，每个搭档有3次投掷和3次接球机会。
- 玩具商店出售带有维可罗魔术贴的网球，你可以用这些物品取代塑料袋。塑料铲做塑料袋的替代品也很合适。

团体活动

炖锅

目标

通过将一个沙包投进呼啦圈，正确完成下手投掷动作。

设备

沙包和呼啦圈。

活动

1. 将学生分为4组。

2. 给每组学生4个沙包（一人一个）以及一个呼啦圈。

3. 炖菜的方法如下。

   - 让学生绕着锅画一个圈（放在地上的一个呼啦圈）；学生站在离锅大约2英尺的地方。
   - 所有要炖的菜（沙包）都要投入锅中。
   - 组里每个人必须用正确的形式将要炖的材料投入锅里。如果所有的沙包都投入锅里，就说明炖菜做好了。如果有沙包没有投入锅里，那该小组要将所有沙包取回，然后重新开始投掷。
   - 每炖好一锅，学生就后退一步。再炖好一锅，学生就继续向后退一步。

拓展活动

- 全班学生站成一个完整的大圈。这就好比是一个巨大的炖锅。要想做好这一锅炖菜，所有要炖的肉和蔬菜必须投到锅里。每炖好一锅，学生就后退一步。
- 由于许多沙包颜色不同，可以将不同颜色的沙包分为不同的食物小组（绿色代表蔬菜，红色代表肉，黄色代表意大利面等）。然后教师大声喊出具体的食物名称。孩子们必须判断他们的沙包属于哪一个食物组，然后将沙包投进锅里。比如，当老师大声说胡萝卜（一种蔬菜），有绿色沙包的学生就要将他们的胡萝卜投进炖锅里。

循环/再循环

目标

在两张排球网之间投掷一个纱球的同时，提高下手投掷的准确性。

设备

两根排球立柱、两张排球网以及每名学生一个纱球。一张网应挂在正常的排球高度，另一张网应挂在网球高度（在相同的两根柱子上）。

活动

1. 将学生分为 2 个小组。

2. 2 个小组各站在球网的一边。

3. 学生听到开始指令后在球网之间下手掷球。

4. 学生数出他们能在球网之间掷球的数量。

拓展活动

- 让学生合计整个小组准确投掷的数量。可以记录这些结果，之后将结果做成图表，来展示班级的进步。

- 在球网间投球的学生绕着排球柱转到另一边，成为对方组的成员。

源自：J.A. Wessel, PhD, 1974, *Project I CAN* (Northbrook, IL: Hubbard).

疯狂的 Omnikin 球

目标

在游戏区域用一个塑料球移动一个物体，做下手投掷动作。

设备

被移动的目标可以是一个 Omnikin 球，或者任何比投掷球大的球。如果投掷目标是 Omnikin 球，可以用垒球或排球做投掷物。当目标球是一个更小的球时，就可以用网球投掷。

活动

1. 将学生分为 4 个小组。每组站在一个正方形游戏区域的一边。学生必须站在线后。

2. 将 Omnikin 球或一个大球放在游戏区域中间。

3. 每组用 2 个或 3 个球开始这项活动。

4. 听到开始指令后，组员们开始投球并且试着击中中心的大球，努力将这个球移向另一组的边线。

5. 组员继续投球，直到大球越过一个组的边线。如果球移到 4 个小组围着的那块游戏区域内，老师将取回这个球。

6. 组员可以投一个球来接触大球；他们不可以用身体来接触这个球。

7. 一旦大球跨过指定的线，活动停止，大球可以放回游戏区域的中心。

8. 当每组有同样数量的球要投时，就可以重新开始这项活动，确保每名组员都有机会投球。

拓展活动

- 将学生分为 2 个小组而不是 4 个小组。

- 朝大球投各种各样的球，努力让球越过另一组的边线。这可能导致学生讨论哪些球更适合达成这个目标。

- 让各小组要么在下一轮之前换位置，要么在活动进行时听到指令后换位置。如果学生在活动中要换位置，确保他们懂得必须根据你给出的指令才可以向大球投一个球，并且他们在换位置时不可以带着球。

"扑通"游戏

目标

用下手投掷的方法把一个球投进对方小组后面的目标区域。

设备

2个或者更多的"超级安全"球，或者用软橡胶做成直径为8英尺的球。球的数量取决于学生的技能水平和人数。老师需要胶带或者标志筒，在离游戏区域中心15至20英尺的地方划分出一个大的目标区域。用一块干擦板或者一张纸记录分数。

活动

1. 将学生分为2个小组，2个小组分别站在游戏区域的两边。
2. 给每组学生提供相同数量的球，开始这个活动。
3. 组员们收到开始指令后，组员们用下手投掷将球投进对面小组的目标区域。
4. 如果一名组员将球"扑通"投进对面小组的目标区域，这名组员所在小组加一分。
5. 组员可以接球，阻止球击中目标区域。
6. 如果某小组赢了10分，游戏重新开始。

拓展活动

- 确保学生们在参加活动时，正确完成下手投掷动作。让那些下手投掷动作不正确的学生去练习区，和一名搭档或者一位指定的教师助理合作练习。
- 指定一个特别的球。如果这个特别的球被"扑通"投进目标区域，将奖励给投进这个球的人两分。

创建你自己的活动

目标

让学生创建他们自己的活动，强化下手投掷技能。

设备

每组配一张纸和一支铅笔以及你预先选定可以让学生在活动中使用的器材清单（如保龄球瓶、标志筒、跳绳、网球或泡沫球）。

活动

1. 每2个或5个学生一组。你可以选择小组，或者学生自己建组。
2. 每组设计一个基本技能是下手投掷的活动。要求学生制定规则，能促进正确地完成技能，包括所有组员，以及考虑安全问题。
3. 小组成员在纸上写上自己的名字，活动的规则，需要的器材，然后他们向你展示他们组织的活动。
4. 你认可这些活动后，小组成员取回必要的器材，开始游戏活动。
5. 你必须批准对活动的所有更改。

拓展活动

- 小组成员可以将活动教给其他组。
- 小组成员可以将活动教给全班。

保龄球

目标

用下手投掷击中对方的保龄球瓶。

设备

每组配备球和3个塑料保龄球瓶（见图中A和B所示）。每组用不同颜色来标记保龄球瓶。（比如，使用不同颜色的胶带来标记保龄球瓶。）

活动

1. 搭建一个有中线的运动场地，两条限制线离中线约12英尺。

2. 把班级学生分为2个小组，小组人数相同，小组成员面对面站在限制线后面。

3. 沿着运动场地的中线设置6个保龄球瓶，颜色交替（见下图）。

4. 接到开始指令，学生们开始掷球，试着击中对方小组的保龄球瓶。学生不可以跨过限制线。

5. 如果从限制线的前面掷球出手，击倒球瓶无效。如果学生不小心击倒自己的球瓶，击倒有效。

6. 所有小组成员的保龄球瓶都被击倒后，重新开始这个活动。

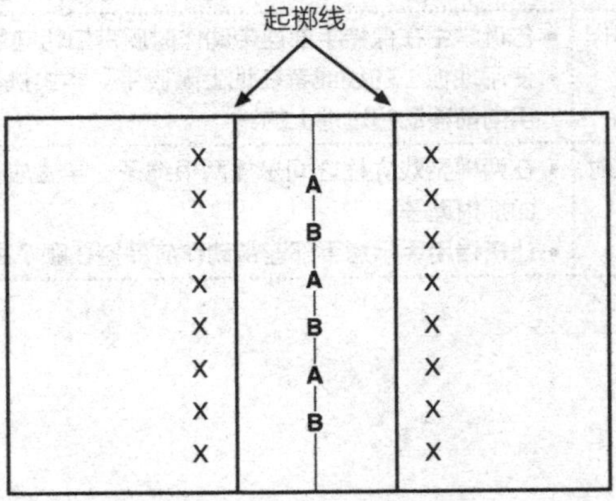

"保龄球"活动布局图

源自：K. Thomas, A. Lee, and J. Thomas, 2000, *Physical education for children: Daily lesson plans for elementary school*, 2nd ed. (Champaign, IL: Human Kinetics), 546.

下手掷球问题解决表

问题	解决方法
1. 眼睛没有瞄准目标物	• 让学生掷球击中一个他设计的目标 • 在墙上贴一个彩色目标 • 使用餐盘作为目标，将它们放在墙上，高度水平适中 • 作为一个户外活动，让学生朝一个目标掷湿海绵，目标浸在水中
2. 手臂没有向后摆到一定高度	• 让学生向后摆动手臂，碰到一个贴在墙上的目标物（餐盘）。目标物高度与学生腰部水平，与掷球臂呈一条直线。然后学生下手掷球 • 一名搭档站在掷球者的身后，掷球者向后摆动手臂，试着从搭档手中抓取一个物体 • 把纸贴在墙上。学生侧身站着，掷球手握一根记号笔。学生向后摆动掷球手时，在纸上画一条曲线
3. 学生没有迈步	• 在与掷球手相对侧的腿上系一条围巾 • 用地板上的点或者脚印来标示脚落地的恰当位置 • 用胶带把气泡垫贴在地板上。让学生对侧脚向前迈步踩到气泡垫上发出声音
4. 学生太早或太晚松手掷球	• 在游戏立柱之间挂两根绳子。学生必须在绳子之间掷球出手。随着学生水平提高，取掉其中一根绳子 • 用搭档的手指示掷球出手的位置
5. 学生没有朝目标迈步	• 在地上放一根线或一条胶带。让学生掷球出手时向前迈步踩线 • 用胶带把气泡垫贴在地板上。让学生向前迈步踩到气泡垫上发出声音 • 在学生面前分开摆放两个物体，间距与鞋子同宽。物体可以是标志筒、拱形物体、泡沫砖等等。学生必须向前迈步，脚落在两个物体之间
6. 在保持手部连带动作时身体位置不当	• 告诉学生在保持手部连带动作时皮带扣朝向目标 • 使用地板上的线或者在地上贴胶带。学生挑战在线上掷球出手，同时掷球手向前移动超过地上的线
7. 手部连带动作结束时位置太高	• 在两根游戏立柱之间悬挂两根绳子。学生应在保持手部连带动作时碰到上面那根绳子 • 让搭档用手示意手部连带动作应保持在哪个高度

总结

儿童从小就开始投掷。儿童可以尝试将一些东西扔进垃圾箱，和祖父母掷马蹄铁，或者向一个玩伴掷球。不管儿童第一次尝试下手掷球的目的是什么，这项技能将成为很多运动的重要组成部分。因此，教师进行指导时要强调技巧的正确性，尤其是对侧脚向前迈步和恰当地出手投掷物体。

掌握了下手投掷的要领，也就为将其正确运用于日常运动技能，比如羽毛球、排球及垒球，打下了基础。为了确保成功，儿童需要各种各样合理的练习和指导机会，这样能大大促进他们掌握这项关键的基础技能。

下手投掷课程计划

（第二节或第三节课）

年龄组：三年级的学生。

教学重点：下手投掷的掷球出手点。

教学次重点：准确性。

教学目标：误堂80%的时间练习在腰部以下出手掷球（提示词：在腰部以下掷球出手），对侧脚向前迈步，由老师来观察衡量学生动作是否标准（提示词：使用你的迈步脚）。

材料和设备：在墙上每隔4英尺贴一个目标以及沙包。

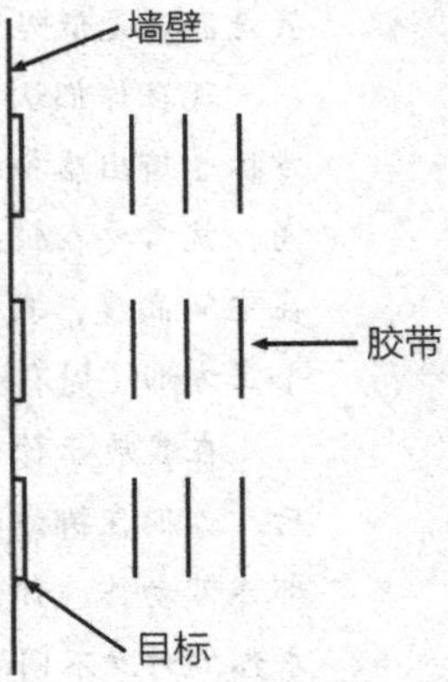

提前准备：每名学生都有一个学习站点非常有益。每个学习站点由3个放置在墙上的目标组成，3个目标间隔距离是4英尺（见右图）。这些目标可以是用胶带制作的各种形状（正方形、圆形或三角形）（见右图）。目标也可以是呼啦圈（用胶带把呼啦圈贴在墙上）、塑封了的图纸或者美术纸。这堂课的目标由5个相邻的正方形组成。最理想的情况是教师给每名学生准备一套目标。目标至少离地面2英

墙壁
胶带
目标
3个目标的学习站点

尺。在每个学习站点放一个沙包或者纱包，在练习的时候画三条线，让学生站在线后面。最近的线离墙5英尺，第二条线离墙6英尺，第三条线离墙7英尺。

组织和管理：学生站在自己的位置，等待老师的指导和热身活动。之后，学生在体育馆内找到自己学习站点开始练习。

热身活动：学生们进体育馆时，音乐已经响起。他们可以在公共空间内做老师教的各种运动动作（如滑步、马步跳、慢跑、走路、跳步、单脚跳或双脚跳）。之后，你可以推荐学生完成一些运动动作方式。学生可以挑战以各种速度、各种水平、各种强度，或者在指定的路径上移动。例如，他们可以在一个高水平面上沿着一条曲线不太

费力地慢跑。

形式：学生找到自己的位置，然后面对教师坐下来。

介绍

今天我们将再次学习下手投掷。大家要好好想一想关于准确性这个问题。我们首先复习一下之前学过的动作。谁能告诉我下手投掷的要领是什么？（**预备、手臂后摆、迈步、掷球出手、保持手部连带动作**）

谁能向我展示一下我们如何迈步？对，我们迈步的脚在身体的另一侧，和掷球手相反。

每个人站在自己的位置上。假装我们的掷球手里有一个沙包。我们一起复习一遍下手投掷的步骤要领：预备、手臂后摆、迈步、掷球出手、保持手部连带动作。

注意对侧脚迈步。

好极了！我们再谈谈准确性的问题。我们掷球的时候要想这个球击中某个目标。这个目标可以是一个人或者一个位置。真正影响球是否能击中目标的一个因素，是我们掷球出手的位置。我会示范掷出一个虚拟的沙包，你们要注意观察我的动作。你们认为沙包飞到的位置是高还是低呢？（在很高的地方掷出虚拟的沙包）

现在你们认为沙包会飞到哪里呢？在高度适中的地方松手掷出虚拟的沙包。因此，如果我们要想沙包飞得高，就需要在较高的地方掷出手。如果我们要想沙包落

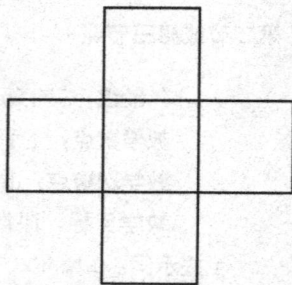

每个站点的5个正方形

在中间高度，我们就在中间高度掷出手。看看给你们安排的学习站点。每个站点有5个正方形（见右图）。

在我展示你们将要做的动作时，你们注意观察。我会让你们站在离目标最近的线后。你们在掷沙包时要大声说出提示词：预备、手臂后摆、迈步、掷球出手、保持手部连带动作。你们的第一个任务将是用正确的方式展现所有的提示词。之后，我会要求你们对准不同的目标掷沙包。当我说开始，找到一个练习位置。开始。

在学生们一边练习技能，一边大声说出提示词时，老师要注意观察学生的动作是否正确。学生完成技能后，让学生参与以下挑战任务。

1. 站在最近的线上，并且完成以下挑战。

- 连续5次击中中间的目标。

- 击中最高处的目标。

- 击中左边的目标。

- 击中右边的目标。

- 击中较低处的目标。

- 在学生掷沙包前，老师大声喊出学生要击中的目标。

2. 站在下一条线后面，重复上面的练习。

3. 站在离目标最远的那条线上，重复上面的练习。

注意掷球出手点和对侧脚迈步。反复提醒学生在膝盖和腰部之间掷出沙包和使用迈步脚。

站住不动。每个人坐在你所在的位置，听我的口令。当我说开始的时候，你们自己找一个搭档，一起坐在一个学习站点。开始。你们每个人要连续完成5次下手投掷沙包。由你的搭档选择目标。你可以选择距离，但你的搭档将告诉你要击中哪个目标。记住你所成功击中的次数。5分钟后我将会问你们合作完成的情况。

对了，还有一个重点，必须正确完成技能。记住我们的提示词——预备、手臂后摆、迈步、掷球出手、保持手部连带动作。只有当你大声说出提示词，用正确的脚迈步，在你的腰部以下位置掷出沙包，并且击中目标，你的投掷才成功。你们理解这些口令了吗？开始。

连续练习。找到对侧脚迈步和合适的掷球出手点。

结束

学生们排队离开时，老师可以做一些提醒。

1. 谁能告诉我怎样正确地下手投掷一个沙包？（**预备、手臂后摆、迈步、掷球出手、保持手部连带动作**）

完成下手投掷的动作。学生告诉你如何纠正错误的动作。再次尝试这项技能，用错误的脚迈步。学生纠正错误的动作。最后，正确完成这项技能。反复重复提示词。

2. 我能怎样改变沙包的落点？（**掷球出手的位置将影响沙包的最终落点**）

3. 明天我们将再次一起练习如何提高下手投掷的准确性。请排队有序离开。

上手投掷

大概没有哪一种操控性技能比掌握上手投掷更重要。不仅是因为几乎在每个团体运动中都需要上手投掷动作,比如棒球投球和排球上手发球,而且掌握上手投掷对提高羽毛球和网球的水平也十分重要。人们通常在掌握下手投掷后开始学习上手投掷,而且二年级以后的学生才能比较好地掌握上手投掷。根据《美国K–12体育教育的国家标准和年级水平学习成果》(SHAPE America, 2014),二年级学生应能展现成熟模式中5个关键要领中的2个(S1.E14.2)。三年级学生应能在距离或力量不变的静态环境中进行上手投掷,展现成熟模式中5个关键要领中的3个(S1.E14.3)。四年级学生应能在静态环境下展现一种成熟的上手投掷模式(S1.E14.4a),并且能够从一定的距离准确地向一个搭档或者目标实施上手投掷(S1.E14.4b)。五年级学生不仅能展现一种成熟的投掷模式,而且能够使用各种大小的球进行上手投掷(S1.E14.5a)。强调准确性(S1.E14/5b),见表4.3。

表4.3 上手投掷的各年级水平学习成果(S1.E14)

	幼儿园	一年级	二年级	三年级	四年级	五年级
S1.E14 上手投掷	适度发展以及发展成果第一次出现在二年级		上手投掷展现了成熟模式中5个关键要领的2个(S1.E14.2)	在距离或力量不变的静态环境下(封闭性技能)进行上手投掷,展现了成熟模式中5个关键要领的3个(S1.E14.3)	在静态环境下(封闭性技能)用一种成熟的模式进行上手投掷(S1.E14.4a)从一定距离准确地向一个搭档或者目标进行上手投掷(S1.E14.4b)	用各种大小和类型的球,在静态环境下(封闭性技能)用一种成熟的模式进行上手投掷(S1.E14.5a)准确地向一个大的目标进行上手投掷(S1.E14.5b)

源自:SHAPE America-Society of Health and Physical Educators, 2014, *National standards & grade-level outcomes for K-12 physical education* (Champaign, IL: Human Kinetics).

以上成果由上手投掷的5个关键要领组成,以一侧对准目标开始。其中包含一个预备姿势,让学生学会侧面对准目标。

关键要领

预备姿势	侧身朝向目标	手臂后摆	迈步	转身	保持手部连带动作
面朝目标，双脚分开与肩同宽，双膝弯曲，注视目标，惯用手持物体放在身前。	双脚原地旋转时，身体转动，与掷球手臂相对的身体一侧朝着目标。	掷球手臂以一种向下的弧线运动向后摆动，掷球手沿着目标方向向后伸展。肘部与肩部等高，或者略高于肩部，为手肘的引导动作做准备。非掷球手指向目标。	掷球手对侧的脚向前迈步。	髋部和肩部朝向目标转动，身体前部面向目标，手臂经过头部向前运动。	掷球手继续保持指向目标，并以对角线向下划过身体。

提示词

技能步骤的提示词取决于学生的年龄和你强调的领域。下面有一些我们用来教上手投掷的提示词。你可以单独使用这些提示词，或者根据需要混合匹配这些提示词。学生一边练习技能一边大声说出提示词，有助于掌握技能。

预备——面朝目标，双脚分开与肩同宽，双膝弯曲，目视目标，惯用手持物放在身前。

侧身朝向目标（转向）——双脚原地旋转时，身体转动，与掷球手相对的身体一侧朝着目标。

手臂后摆——掷球手臂以一种向下的弧线运动向后摆动，掷球手沿着目标方向向后伸展。

向侧后方伸展——身体一侧对着目标，掷球手向身体侧后方伸展。

指向和面向——指向和面向目标。

迈步——掷球臂对侧脚向前迈步。

迈步、掷球、指向或迈步和掷球——掷球臂对侧脚迈步，髋部和肩部朝目标转动，手臂超过头部。

掷球——迈步，掷球出手。

用力掷球——学生用力投掷时，髋部和肩部朝目标转动。

踩扁这只虫——不迈步的那只脚保持不动。学生想象脚下有一只讨厌的昆虫。当学生掷球出手时，不迈步的脚保持不动，但脚转动时会踩扁那只虫。

保持手部连带动作或者拥抱你自己（系上你的安全带）——掷球臂继续朝着目标，以对角线向下划过身体，仿佛学生在拥抱自己（或者在系安全带）。

> **提示词组1：** 预备、转身、迈步、投掷、指向、保持手部连带动作
>
> **提示词组2：** 转身、指向和面向、迈步和投掷、踩扁这只虫
>
> **提示词组3：** 转身、迈步和投掷、拥抱自己
>
> **提示词组4：** 向侧后方伸展、投掷
>
> **提示词组5：** 向侧后方伸展、迈步、用力投掷

强化和评估关键要领的活动建议

在学习过程中，学生了解一个技能的动作、该项技能的关键要领，以及如何正确地实施每个要领，都是非常重要的。前文我们提供了上手投掷的图片和文字说明，将上手投掷划分为几个关键要领，并提供了一些可能用到的提示词。第1章的材料强调了有关所有运动和操控性技能的概念，而接下来的内容将给出一些具体的活动，用于强化专门针对上手投掷的关键要领。

同伴技能考核

目标

搭档之间互相评估上手投掷技能的学习进展，学会评估其他人的技能表现。

设备

每组搭档配备一个球和同伴技能考核表。如果学生不认识，可以使用同伴技能考核表的图片版。

活动

1. 合作搭档一方观察另一方的预备姿势是否正确。

2. 如果预备姿势示范正确，观察者就在对应的方框内填一个"Y"。如果预备姿势不正确，观察者就在对应的方框内填一个"N"。如果预备姿势示范正确，不识字的学生则放一个笑脸图片。如果预备姿势示范不正确，不识字的学生则放一个哭脸图片。

3. 评估一直持续到每项关键要领被测评5次。

4. 每名学生都要使用同伴技能考核表。

拓展活动

- 老师可以使用同伴技能考核表来评估每名学生的技能水平提升情况。

- 老师可以将成绩报告卡、技能提升情况和同伴技能考核表一起寄给学生家长。

同伴技能考核表

技能：上手投掷

上手投掷者姓名：_____   观察者姓名：_____

① 预备
1　2　3

② 侧身朝向目标
1　2　3

③ 转身、手臂向后
1　2　3　4

④ 迈步
1　2　3　4

⑤ 转体
1　2　3　4

⑥ 手部连带动作
1　2　3　4

同伴技能考核表

技能：上手投掷

上手投掷者姓名：_____   观察者姓名：_____

观察你的搭档，然后给技能的每项关键要领打分。让你的搭档每个动作做5次。如果搭档做的动作正确，就在对应次数的方框里填个"Y"；如果搭档做的动作不正确，就在对应次数的方框里填个"N"。

开始		测试
预备姿势 1. 目视目标。 2. 双膝弯曲。 3. 双脚分开与肩同宽。 4. 手持物体放在身前。		1　2　3　4　5

动作		
转身和手臂后摆 1. 侧身朝向目标。 2. 投掷臂身后伸展。		1　2　3　4　5
迈步、转体、投掷 3. 握球手对侧脚向前迈步。 4. 髋部和肩部转向目标所在方向，手指向投掷的方向。		1　2　3　4　5

停止		
手部连带动作 掷球臂继续朝着目标，手斜着划过身体。		1　2　3　4　5

成功构建者

　　成功构建者活动可以使老师满足每个学生的学习需求。如果学生在实施某项关键要领时，需要额外的帮助，那么下面列出的活动将帮助学生强化实施技能要领的概念。

目标

　　根据同伴技能考核结果，让搭档发现并改进不足之处。

设备

　　参考以下个人站点。建议在每个站点安放一面不易碎的镜子以及一张上面印有上手投掷每个关键要领的海报。镜子在这些活动中用处很大，学生可以通过镜子看到自己的动作。制作海报最简单的方式就是打印放大这本书上的插图。给这些海报过塑可以延长其使用年限。

活动

1. 在教学区给每个关键要领都设置一个学习站点。在相应的学习站点贴上具体要领的文字说明或者图片。
2. 下面是每个站点的具体信息。

预备

面向目标，双脚分开与肩同宽，双膝弯曲，目视目标，手持物品放在身前。

设备

预备姿势海报、镜子（如果有的话）以及同伴技能考核表。

活动

学生做好预备姿势。搭档一方查看确认另一方的姿势是否和海报所示一致。学生可以借助镜子来观察自己的动作。然后学生四处走动，听到搭档给出的口令后立刻再次做出预备姿势。如果该名学生几次动作都正确，搭档二人互换角色练习整套技能。

转体，手臂后摆

当双脚原地旋转时，身体也随之转动，同时与掷球臂相对的身体一侧朝向目标。掷球手持物体，手臂伸展。掷球手沿着目标方向向后伸展，手心朝上。非掷球手指向目标方向。

设备

关键要领海报、镜子（如果有的话）以及同伴技能考核表。

活动

学生展示转身的同时，掷球臂向后伸展。搭档查看他的姿势是否和海报所示一致。学生可以借助镜子来观察自己的动作。然后学生执行面对一个既定目标的预备姿势。根据搭档的指令，学生展示转身以及手臂向后伸展姿势。如果这名学生成功示范了几次，搭档二人互换角色练习整套技能。

迈步、转体、投掷

掷球臂对侧的脚向前迈步；投掷时髋部和肩部转动。掷球出手时身体前面应正对目标。

迈 步

设备

示范迈步的海报、镜子（如果有的话）、脚印贴纸或胶带（地板胶带或美术胶带）以及同伴技能考核表。

活动

用力快速跨步——地板上贴脚印贴纸（或胶带）。在搭档的帮助下，学生从预备姿势开始，转身的同时，掷球臂向身体后方伸展，用合适的脚迈步。搭档检查他的姿势是否与海报所示一致。学生可以借助镜子来观察自己的动作。如果这名学生成功示范了几次，搭档二人互换角色练习整套技能。

转体和投掷

设备

示范转体和投掷的海报、镜子（如果有的话）、同伴技能考核表、15 至 20 英尺长的棉绳或尼龙绳、两根游戏立柱、直径为 1 英寸的聚氯乙烯塑料管（切成长度为 4 英寸的小段）。如果可用器材有限，请参考第一个拓展活动。

活动

火箭发射器——两根游戏立柱分开竖立，间隔距离是 10 至 12 英尺。将绳子穿过聚氯乙烯塑料管，然后将其系在两根游戏立柱之间，系绳高度约和学生眼睛高度持平。学生两人一组或者四人一组合作，分开站在立柱两边。要提醒学生搭档投掷时，自己要远离绳子。搭档掷球手持"火箭"（聚氯乙烯塑料管），以转身姿势开始。投掷者迈步、转身、投掷，用力将"火箭"推到对面立柱。站在对面游戏立柱的搭档拿到"火箭"，然后开始迈步、转身、投掷，将"火箭"掷回给搭档。

拓展活动

- 如果空间有限或者没有游戏立柱，可以将绳子系在两把椅子之间。让学生坐在椅子上，非掷球侧朝向搭档所在位置，然后投掷"火箭"。学生应朝着投掷方向双手完成投掷。
- 在靠近游戏立柱的绳子两端系上一条毛巾、一块布或者其他东西，防止"火箭"撞到游戏立柱。

掷球出手点

设备

展示掷球出手点的海报、镜子（如果有的话）、跳绳、两根排球柱以及同伴技能考核表。

活动

投掷吧——将数根跳绳系在两根排球柱之间，跳绳之间的距离大约为 12 英寸。最上面的那根绳子大约应和投掷者肩部等高。让学生练习在绳子之间掷球出手。搭档一方监督并确认投掷者的动作是否和海报所示一致。投掷者可以借助镜子来观察自己的动作。

保持手部连带动作

掷球手继续朝向目标，继续沿对角线斜着向下划过身体。

设备

展示手部连带动作的海报、镜子（如果有的话）以及同伴技能考核表。

活动

让学生朝着一个设定的目标，完成迈步和投掷姿势。学生练习迈步和掷球出手（没有球或者沙包）。搭档一方监督并确认投掷者的动作是否和海报所示一致。投掷者可以借助镜子来观察自己的动作。如果这名学生成功示范几次，搭档二人互换角色练习整套技能。

强化整体技能的高级活动建议

  学生应在掌握关键要领后开始强调投掷的准确性。根据《美国K-12体育教育的国家标准和年级水平学习成果》（SHAPE America, 2014）的要求，儿童在四年级时应能在合理的距离范围内，准确地向搭档或者一个目标进行投掷（S1.E14.4b）。五年级学生应能够准确地向一个大的目标进行上手投掷（S1.E14.5b），见表4.4。如果在儿童掌握关键要领前就向儿童强调投掷的准确性，会导致儿童致力于瞄准目标，而技能的关键要领却被弱化。投掷目标要足够大，使学生既能展示技能的关键要领，又能成功击中目标。

表4.4　上手投掷的各年级准确性水平学习成果（S1.E14）

	幼儿园至三年级	四年级	五年级
S1.E14 上手投掷	四年级开始强调准确性	在静态环境下（封闭性技能）用一种成熟的模式进行上手投掷（S1.E14.4a） 在合理距离处准确地向一个搭档或者一个目标进行上手投掷（S1.E14.4b）	在静态环境下（封闭性技能），能使用不同大小和类型的球，用一种成熟的模式进行上手投掷（S1.E14.5a） 准确地向一个大的目标进行上手投掷（S1.E14.5b）

源自：SHAPE America-Society of Health and Physical Educators, 2014, *National standards & grade-level outcomes for K-12 physical education* (Champaign, IL: Human Kinetics).

个人活动

颜色目标

目标

  通过击中一个指定的目标，提高上手投掷的准确性。

设备

  将不同颜色的美术纸（大约每种颜色做8至12个目标，目标尽可能大）贴在体育馆或者活动区域的墙上，每名学生配备一个沙包或者球（纱球或网球）。

活动

  1. 制作一个彩盒，里面放入各种颜色的美术纸。美术纸的数量要比学生的人数多。

  2. 选一名学生从彩盒里抽一张彩纸。

  3. 学生抽到的颜色就是颜色目标，所有学生必须定位并试着通过上手投掷击中颜色目标。

  4. 学生继续朝选中的颜色目标投掷，直到老师发出停止口令。

  5. 活动一直持续到所有学生都从彩盒里抽过彩纸。

拓展活动

- 除了可以使用不同的颜色，学生还可以采用从形状盒里抽取不同的形状，从字母盒里抽取字母，或者从单词盒里抽取单词。
- 学生可以和搭档合作。搭档选择将用作目标的颜色、形状、字母或单词。然后投掷者必须试着击中选定的目标。小组成员们轮流选择目标，然后进行投掷。

拼单词

目标

通过上手投掷采击中字母，从而拼成单词。

设备

每名学生配备一个沙包或球（网球或纱球）以及4套字母表字母（尽可能大），将这些字母分散张贴在体育馆或者活动区域的墙上。如果有多余的元音字母和选定的辅音字母（如 N、R、S、T）更好。纸和铅笔，或者用作词库的白板和记号笔。

活动

1. 听到老师的开始口令，学生们开始上手投掷，试图击中字母，拼写出单词。
2. 一旦某名学生组成一个单词，他就可以在"词库"（纸或白板）写下这个单词。最好多准备几个"词库"，这样学生就不用排队等待写单词。
3. 一个单词只能在纸上或者白板上写一次。
4. 如果学生击中的字母不能用来拼成单词，他必须再次击中这个字母，删掉这个字母。

拓展活动

- 两人一组合作，一名学生击中拼写单词的字母，另一名学生记录这个字母，并且评估那名学生的上手投掷动作。投掷者必须正确完成上手投掷，才可以使用他击中的字母。当第一个搭档拼出一个单词，另一个搭档就得到了一个投掷机会。
- 小组成员用纸和铅笔记录小组成员击中的字母，写下拼出的单词。每个人必须投掷并击中一个元音字母和两个辅音字母。小组成员现在有6个字母可以用来拼单词。小组成员使用他们击中的一个或多个字母来尝试拼出6个单词。一旦小组成员拼出并写下了6个单词，他们将通过用球击中字母来拼出这些单词。一旦某个单词被拼写出来，这个单词就要从清单中删除。如果学生击中的字母用不到，他们必须再次击中这个字母，删掉这个字母，然后再选中并击中另一个字母。

合作活动

挑战

目标

在各种不同的情况下练习上手投掷。

设备

每组两个学生一个纱球、沙包或者泡沫球以及过塑的挑战卡。不同类型的挑战任务可能需要额外的器材。

活动

1. 每名学生选择一张挑战卡。

2. 学生根据卡片上的说明完成任务。

3. 可能的挑战包括以下活动。

- 用轻力或者大力掷球。

- 掷球，在高度水平适中处（或较高处）掷球出手。

- 掷球触墙，接住反弹回来的球。

拓展活动

- 在墙上或者在游戏区域放置不同颜色的目标物，如篮筐、标志筒或者桶，并且让搭档说明投掷者目标物的位置。

- 设置游戏立柱或者排球柱，在柱子之间系一根绳子。在绳子上悬挂不同的物品，学生挑战击中这些物品。可能的目标物包括篮筐、铝制平底锅、两升容量的空瓶子。

- 为创建更多永久性的目标物，你可以把目标物画在体育馆的墙上。如果你把目标物画在保存翻滚垫的位置后面，这样你不用目标物时，就可以用翻滚垫盖住这些目标。

- 搭档二人记录自己正确投掷的次数，老师计算班级学生正确投掷的总数。在后面的课程中，老师可以让学生挑战增加正确投掷的总数。

壁球

目标

和一位搭档合作，提高上手投掷和接球的水平。

设备

每两名学生一个球（塑料球或排球）。

活动

1. 搭档们站在离墙至少15英尺的地方。

2. 一名搭档对着墙上手投掷一个球。投掷必须至少达到10英尺高。

3. 另一位搭档必须在球触墙后，落地之前接住球。

4. 这位搭档接到球后，在接球的地方再对着墙上手投掷这个球。

5. 搭档数自己所在小组连续成功接球的次数。

拓展活动

- 球反弹过来了再接。

- 在墙上设置一个目标物，让搭档击中这个目标物。

团体活动

疯狂的Omnikin球

目标

在游戏区域内，上手投掷一个球来移动一个物体。

设备

这个物体可能是一个Omnikin球，或者任何一个比投掷的球更大的球。如果目标是Omnikin球，投掷的球可以是塑料球或排球。如果目标比Omnikin球小，那么可以用网球投掷。

活动

1. 将学生分为4个组。每组分别站在正方形活动区域的一边。学生必须站在界线后。
2. 把Omnikin球或者一个大球放在活动区域的中心。
3. 活动开始前每组配备2个或者3个球。
4. 听到老师发出的开始指令后，组员开始上手掷球，试着击中活动区域中心位置的大球，使这个大球朝另一个组的界线移动。
5. 组员继续掷球，直到大球越过其他小组的界线。老师收回任何停留在场地里面的球。
6. 组员只可以通过掷球接触大球；不可以用身体接触大球。
7. 一旦大球越过指定的界限，游戏结束，将大球放回活动区域的中心。
8. 当每组掷球数量相同时，就可以重新开始这项活动。确保每名组员都有掷球的机会。

拓展活动

- 把学生分为2个组而不是4个组。
- 试着朝大球投掷各种各样的球，使大球移动并越过另一组的界线。活动过程中，学生可能会讨论哪些球更适合完成这个任务（如操场上的球和网球进行比较）。
- 在进入下一轮活动之前，或者在活动进行时听老师的指令，让2个小组互换位置。如果2个小组在活动中要互换位置，确保学生必须在老师发出开始指令后才可以开始朝大球掷球。学生在交换场地时不可以带球。

扑通游戏

目标

通过上手投掷，把一个球投掷到对方小组后面的目标区域。

设备

两个或者更多的超级安全球，或者用软橡胶制成直径为8英寸的球。用球的数量将取决于学生的技能水平和人数。用胶带或者标志筒在离游戏区中心15至20英尺的地方划分出一个大的目标区域。用一块白板记录分数。

活动

1. 将学生分为2个组。2个组各站在活动区域的一边，面对面。

2. 活动开始前每组配备相同数量的球。

3. 听到老师发出的开始指令后，组员开始进行上手投掷，把球掷到对方组的目标区域。

4. 如果某个组员把球掷进了对方组的目标区域，该组员所在小组就可以获得1分。

5. 组员可以接住对方组员投掷过来的球，阻止球进入自己所在小组的目标区域。

6. 如果其中一个小组得到10分，那么重新开始游戏。

拓展活动

- 学生在进行活动时，要确保学生正确完成上手投掷。对于那些难以正确完成上手投掷的学生，让他们去练习区和搭档或者一位指定的教师助理一起练习。

- 指定一个特殊的球。如果某小组将这个特殊的球投进目标区域，则该小组可以获得2分。

创建你自己的活动

目标

让学生自己创建能够强化上手投掷技能水平的活动。

设备

每组配备一张纸和一支铅笔，以及教师预先确定能让学生在自己创建的活动中用到的一系列器材（如保龄球瓶、标志筒、跳绳、垒球或网球）。

活动

1. 每组2至5名学生。老师可以选择学生组成小组，或者让学生自己建组。

2. 每组创建一个活动，用上手投掷作为基本技能。要求学生制定规则，促进学生正确实施技能，所有组员都要遵守规则，并考虑相关的安全问题。

3. 各小组成员在纸上写下各自的名字、活动的规则、所需要的器材。然后小组成员向老师展示自己小组创建的活动。

4. 老师批准这些活动后，小组成员们就可以拿到必备的器材，开始进行活动。

5. 老师必须批准学生对活动进行的所有更改。

拓展活动

- 小组成员之间可以互教互学其创建的活动。

- 各小组可以把活动教给全班。

保龄球

目标

用上手投掷来击中对方小组的保龄球瓶。

设备

每组配备一些投掷用球以及3个塑料保龄球瓶（见下图中A和B所示）。每组的保龄球瓶都有一个固定的颜色（例如，使用不同颜色胶带来标记保龄球瓶）。

活动

1. 设置一块有中线的活动场地，两条起掷线离中线大约12英尺。
2. 把学生分为两个人数相同的小组，两小组面对面分别站在起掷线的后面。
3. 沿着活动区域的中线放置6个保龄球瓶，颜色交替（见下图）。

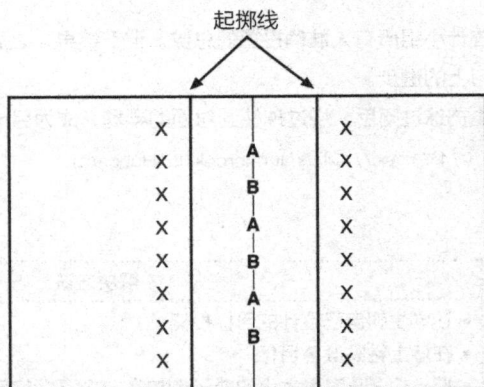

"保龄球"游戏布局图

4. 听到老师发出的开始指令后，组员开始掷球，试着击中对方小组的球瓶。学生不可以越过起掷线。
5. 如果学生越过起掷线掷球出手，击倒保龄球瓶无效。如果学生不小心失误，击中自己所在小组颜色的球瓶，击倒有效。
6. 如果某个小组的保龄球瓶全被击倒，游戏重新开始。

拓展活动

- 使用2升容量大小的空瓶子，重量较轻的标志筒、空的麦片盒或者其他物品作为目标。
- 在两根排球柱之间挂一根绳子。在绳子上挂些重量较轻的目标（如纸张、丝巾、彩带或绸带），学生挑战击中对方小组的目标。

源自：K. Thomas, A. Lee, and J. Thomas, 2000, *Physical education for children: Daily lesson plans for elementary school*, 2nd ed. (Champaign, IL: Human Kinetics), 546.

循环/再循环

目标

通过投掷纱球越过排球网，提高上手投掷的准确性。

设备

两根游戏立柱、一张排球网，每名学生配备一个纱球。排球网挂在标准高度。

活动

1. 把全班学生分为两组。

2. 两组成员各站在排球网一边。

3. 听到老师发出的开始指令后。每个人开始通过上手投掷把球投掷过网。

4. 让学生统计全班成功掷球过网的次数。

拓展活动

- 让学生统计小组所有人准确投掷的总数。记下结果，之后做成图表，用于展示班级在技能学习上的进步。

- 每次学生掷球过网后，绕过球柱到对面的半场，成为另一组的成员。

源自：J.A. Wessel, PhD, 1974, *Project I CAN* (Northbrook, IL: Hubbard).

上手投掷问题解决表

问题	解决方法
1. 没有目视目标	• 让学生朝自己设计的目标投掷 • 在墙上粘贴颜色目标 • 把一个2升容量大小的瓶子倒放在一个高标志筒的顶部，让学生试着通过掷球打掉这个瓶子 • 作为一项户外活动，让学生朝一个浸在水里的目标投掷湿海绵 • 用铝盘作为投掷目标
2. 手臂伸展不足	• 鼓励学生用力投掷物体（学生在做所有活动前都要做热身运动，尤其是在参与这项挑战之前） • 让学生在伸展自己手臂时触到身后的墙壁，然后再把物体投掷出去 • 让一位搭档站在投掷者身后，投掷者向后摆臂，试着从搭档手中拿走一个物品
3. 投掷手投掷时没有经过耳朵	• 让学生在迈步、转身、投掷站点完成"火箭发射器"活动 • 在篮筐上挂一个纱球，让球刚好位于耳朵高度。让学生保持转身姿势（身体一侧朝着目标），用打开的手掌击打球
4. 学生没有用对侧脚迈步	• 在投掷臂的对侧脚上系一块小丝巾 • 使用地板点或者脚印来表明放脚的正确位置 • 把气泡垫粘贴在地板上。让学生用投掷手对侧的脚迈步踩在气泡垫上，发出声音
5. 髋部和肩部转动幅度不够	• 让学生在投掷后检查自己腰带扣的位置。腰带扣应该正对着投掷的目标方向 • 让一位搭档站在投掷者身后。投掷者在做转体动作时，搭档握着橡胶管或者弹力带增加阻力

续表

问题	解决方法
6. 学生没有保持手部连带动作	• 把一个高的标志筒放在投掷者非投掷侧（身体左侧）的前方。标志筒应放得足够远，这样学生在投掷时能迈步和伸展手臂。学生掷球出去，然后在保持手部连带动作时触到标志筒的顶部 • 让学生在身体前倾时，做一个模拟系安全带的动作，手臂斜过身体

总结

　　尽管儿童从小就开始投掷，但如果得不到恰当的指导，他们就不会有一个成熟的投掷模式。对于日后运动技能的发展而言，上手投掷可能是最关键的操控性技能。如果棒球或者垒球队员迈步的脚不正确，会难以完成外场投球，这很可能是因为他们从小在幼儿园练习投掷时就用错误的脚迈步，或者小学二年级时没有学习向后方伸展摆臂。那些在低年级练习形成的动作习惯，会随着学生年龄的增长，变成永久性的运动模式。

　　由于上手投掷的许多方面可以转化为重要的运动技能（如网球和排球发球），因此在小学低年级就应该指导学生如何完成上手投掷。在这个阶段为学生提供恰当的指导，有助于他们成功掌握上手投掷，并且有希望在日后的生活中也能坚持运用上手投掷。应该为年龄较大的儿童尽可能多地增加练习量，练习朝着墙进行上手投掷。学生一旦学会接球，就可以开始练习向同伴掷球。下一章将详述正确接球技能的教学方法。

上手投掷课程计划

（第二节课）

　　年龄组：四年级或五年级的学生。

　　教学重点：上手投掷。

　　教学次重点：手臂伸展和发力。

　　教学目标：课堂80%的时间教学生练习伸展手臂，带动发力（关键词：手臂向后伸展，用力投掷），以及掷球手对侧的脚迈步，由老师进行评估，同伴观察（提示词：使用你的迈步脚）。

　　材料和设备：每名学生配备一个纱球，音乐。

　　提前准备：这节课每名学生都有自己的学习站点。这些学习站点应设置在体育馆四周，将3个目标贴在墙上。这些目标距离地面至少2英尺高，但3个目标所在高度可以各不相同。确保目标的高度适合上手投掷练习，而不是下手投掷或者下手滚球。目标可以是呼啦圈（用胶带把呼啦圈贴在墙上），过塑了的图纸或者美术纸，或者你可以用胶带制作出各种目标（如正方形、圆形或三角形）。在每个站点处放置一个纱包，并画上标记线让学生练习时站在标记线后面。第一条线至少离墙5英尺，剩下的线应在第一条线的后面，并适当增加一定的距离（见右图）。

　　组织和管理：学生站在自己的位置等待老师的指导，做热身活动。之后，学生们将在体育馆内找到自己的学习站点，然后做练习。

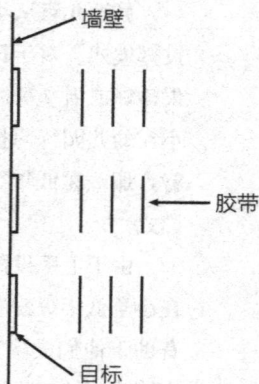

有3个投掷目标的学习站点

　　热身活动

　　今天，我们将练习用手臂完成上手投掷。我开始放音乐，你们开始在公共区域展示任何一种运动技能。谁能说出一项运动技能的名称？（**重复问这个问题直到学生说出垫步跳、滑步、单脚跳、跑步和走路**）

　　音乐停止，你们就站住不动，开始做手臂伸展运动。有哪位同学能向我展示手臂伸展运动呢？（**点几名学生，然后开始放音乐**）

　　观察并确保学生正确地完成和运用各种运动技能。确保学生在活动中充分练习手臂伸展运动。

　　形式：学生找到自己的位置，然后面对教师坐下来。

　　介绍

　　今天我们将继续学习上手投掷。很多游戏中都会用到上手投掷。我们可以运用上手投掷朝人或者目标投掷东西。今天我们将重点练习用力投掷，所以我们将练习对着目标投掷。你们可能会问为什么今天我们将只练习朝着墙投掷，而不朝着人投掷。（**如果我们朝人用力投掷，可能会让人受伤**）

谁能告诉我在进行上手投掷时应迈哪一只脚呢？（**迈步脚**）谁能告诉我上手投掷的步骤呢？（**预备、侧身、迈步、转体、投掷，以及保持手部连带动作**）大家站在自己所在的位置，现在我们一起练习这些步骤。记住用你的迈步脚迈步。

老师大声重复提示词，学生练习上手投掷。老师要特别注意观察学生是否用掷球手对侧的脚迈步。

各位同学站好。请坐下。现在我们一起动脑思考如何用力投掷。在我假装投掷时，你们注意观察我的动作。预备姿势有助于我用力投掷吗？还是使用更大的力投掷？侧身有助于用力投掷吗？是的，就是侧身。因为如果我伸展手臂，当我投掷时我就有更大的力量。想一想一根很小的棒球棒，只有1英尺长（用一把尺子展示具体长度）。你们认为是用1英尺长的棒球棒击球会把球击得更远，还是用一根更长的球棒击球会把球击得更远呢？答案显而易见，更长的球棒肯定更好。同样，如果一根更长的球棒更适合击球，那么更长的手臂也更利于投掷。我们投掷时，投掷臂一定要向后伸展，然后，当我们迈步、转体、投掷的时候，我们就会有更大的力量。

再强调一遍，为什么今天我们只练习朝着墙投掷，而不朝着人投掷？（**我们今天是练习用力投掷，如果我们对着人投掷，可能让人受伤**）我们能试一下用力朝人投掷吗？（**不能**）

当我说开始的时候，你们就自己找一个学习站点，拿一个纱球，站在中线上，练习伸展你的手臂，用力投掷。开始！

观察学生，并确保他们手臂充分伸展，对侧脚迈步。反复说提示词：向后伸展、转体、用力投掷、用迈步脚。

形式

五分钟后，要学生站住不动，然后坐在各自的学习站点处。

你们伸展手臂都完成得非常好。现在我们需要提高上手投掷的准确性。你们前方有三个形状或者目标。在球出手之前你必须喊出你要投中的目标。数数你成功击中的次数。你可以站在三条线中的任何一条线外作为起掷线。开始！

观察学生，并确保学生的手臂充分伸展，对侧脚迈步。反复说提示词：向后伸展、转体、用力投掷、用迈步脚。

停。你们有多少人成功击中的次数达到10次或10次以上？20次或20次以上的有谁？好极了！我说开始的时候，你们就开始找搭档，然后两人坐在一个学习站点处。开始，搭档们！你可以向搭档挑战，击中一个指定的目标，但他可以选择起掷距离。连掷5次后，你们可以互换角色。搭档们，你们必须确保动作正确，尤其是侧身和迈步脚迈步。开始！

观察学生确保学生的手臂充分伸展，迈步脚正确。反复说提示词：向后伸展、转体、用力投掷、用迈步脚。

五分钟后，暂停活动，让学生们坐在各自的学习站点处。

此时，学生和搭档（如果老师同意）可以对挑战做一些改变。学生可以告诉搭档，不仅指定击中的目标，还要指定站在哪一条起掷线处。如果老师不同意这些改变，那也没有关系；坚持练习就行，开始！

结尾

学生们排队离开时，老师提问如下内容。

1. 谁能告诉我如何正确地完成上手投掷？（预备、侧身、手臂向后伸展、迈步、转体、投掷，以及保持手部连带动作）

2. 如何能加大投掷的力量？（侧身、手臂向后伸展、迈步、转体、投掷，以及保持手部连带动作）

双手过头投掷

　　双手过头投掷主要运用在两种体育项目中：篮球和足球。在篮球运动中，双手过头投掷主要用于把球从界外掷入界内，或者是把球掷给同队队员。在足球运动中，队员通过双手过头投掷把球从界外到界内掷给同队队员。

　　虽然《美国 K-12 体育教育的国家标准和年级水平学习成果》（SHAPE America, 2014）没有明确提到双手过头投掷，但根据教学经验，我们发现儿童在二年级时应能够掌握这项技能。因此，双手过头投掷训练应作为掷球的基本方式之一，在小学低年级就开始教学。

关键要领

预备姿势	持球于脑后	迈步和掷球	保持手部连带动作
面朝目标，双脚分开与肩同宽，双膝弯曲，目视目标，双手握住球的侧后方，持球位于胸部。	双手将球举高，位于脑后。双臂弯曲。	单脚向前迈步，同时伸展手臂，朝目标掷球出手。此处有一个抖腕掷球的动作。	掷球出手后，双手旋转，手背相对，拇指朝下。

提示词

这项技能的每个步骤中，老师所选的提示词取决于学生的年龄以及老师要强调的领域。以下提示词组中一部分提示词老师可用来教学双手过头投掷。老师可以单独使用每个提示词组，或者根据需要将这些提示词组合匹配。让学生练习双手过头投掷时，大声说出提示词，有助于学生学习掌握这项技能。

预备——面朝目标，双脚分开与肩同宽，双膝弯曲，目视目标，双手握住球的侧后方，持球位于胸部。

脑后持球——双手将球举高，位于脑后。双臂弯曲。

迈步和掷球——单脚向前迈步，同时伸展手臂，朝目标掷球出手。此处有一个抖腕掷球的动作。

保持手部连带动作——掷球出手后，双手旋转，手背相对，拇指朝下。

向上——双手将球举高，位于脑后。双臂弯曲。

抖腕掷球——掷球出手时，抖腕掷球。双手旋转，手背相对，拇指朝下。

> **提示词组1：** 预备、持球过头、迈步和掷球、保持手部连带动作
> **提示词组2：** 预备、向上、迈步和掷球、保持手部连带动作
> **提示词组3：** 预备、向上、抖腕掷球

强化和评估关键要领的活动建议

在学习过程中，重要的是让学生了解技能的方式及其关键要领，以及如何正确地完成每项要领。在本书前面的内容中，提供了有关双手过头投掷的图片和文字说明，并将其划分为若干要领，还提供了一些可能用到的提示词。除了第1章的材料强调了所有运动和操控性技能的概念，后面的内容还列出了一些具体的活动，用于强化双手过头投掷的关键要领。

同伴技能考核

目标
搭档之间互相评估双手过头投掷的技能进展情况，学会评估其他人的技能水平。

设备
每组配备一个球和同伴技能考核表。如果学生不认识，可以使用同伴技能考核表的图片版。

活动
1. 合作搭档一方观察另一方的预备姿势是否正确。
2. 如果预备姿势示范正确，观察者就在第一个方框内填一个"Y"；如果预备姿势不正确，观察者就在第一个方框内填一个"N"。如果预备姿势示范正确，不识字的学生则放一个笑脸图片。如果预备姿势示范不正确，不识字的学生则放一个哭脸图片。

3. 评估一直持续到每项关键要领被测评5次。

4. 每名学生都要完成同伴技能考核表。

拓展活动

- 老师可以使用同伴技能考核表来评估每名学生的提升水平。

- 老师可以将成绩单和同伴技能考核表一起寄给学生家长。或者当学生在个人技能学习
  上取得进步时寄给学生家长。

成功构建者

成功构建者活动可以使老师满足每个学生的学习需求。如果学生在学习某个特定的关键
要领时需要帮助,那么下面列出的活动将帮助学生正确地学习并完成技能。

目标

根据同伴技能考核结果,让合作搭档发现自身的不足之处并加以改进。

设备

参考以下个人学习站点。建议在每个站点使用一面不易碎的镜子,以及一张上面印有双
手过头投掷每个关键要领的海报。镜子在这些活动中用处很大,因为学生可以通过镜子观察
自己的动作。制作海报最简单的方式就是把这本书上的插图打印出来并放大。给这些海报过
塑可以延长其使用年限。

活动

1. 在教学区给每个关键要领都设置一个站点,在相应的站点贴上具体要领的文字说明
   或图片。

2. 以下是每个站点的具体信息。

预备姿势

面朝目标,双脚分开与肩同宽,双膝弯曲,目视目标,双手握住球的侧后方,持球于胸前。

设备

预备姿势海报、镜子(如果有的话),以及同伴技能考核表。

活动

学生做好预备姿势。搭档一方检查另一方的姿势是否和海报所示一致。学生可以借助镜
子来观察自己的动作。学生四处走动,听到搭档给出的口令后立刻再次做出预备姿势。如果
该名学生几次示范都是正确的,搭档二人互换角色练习整套技能。

举球过头

双手将球举高,位于脑后。双臂弯曲。

设备

举球过头姿势海报、镜子(如果有的话)以及同伴技能考核表。

同伴技能考核表
技能：双手过头投掷

双手过头投掷者姓名：＿＿＿＿＿＿＿＿＿＿＿＿＿＿＿＿　　观察者姓名：＿＿＿＿＿＿＿＿＿＿

1　　2　　3　　4　　5

❶ 预备

1　　2　　3　　4　　5

❷ 脑后持球

1　　2　　3　　4　　5

❸ 迈步和投掷

1　　2　　3

❹ 手臂连带动作

同伴技能考核表
技能：双手过头投掷

双手过头投掷者姓名：＿＿＿＿＿＿＿＿＿＿　　观察者姓名：＿＿＿＿＿＿＿＿＿＿

观察你的搭档，然后给技能的每项关键要领打分。让你的搭档每个动作做5次。如果搭档做的动作正确，就在对应次数的方框里填个"Y"；如果搭档做的动作不正确，就在对应次数的方框里填个"N"。

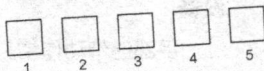
开始

预备姿势
1. 目视目标。
2. 双脚分开与肩同宽。
3. 双膝弯曲。
4. 双手持球放在身前。

□　□　□　□　□
1　2　3　4　5

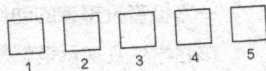
动作

脑后持球
1. 双臂弯曲，脑后持球。
迈步和掷球
2. 单脚向前迈步。
3. 朝目标伸展手臂，掷球出手。
4. 抖腕。

□　□　□　□　□
1　2　3　4　5

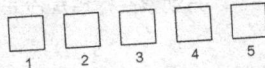
结束

手臂连带动作
手背相对，拇指朝下。

□　□　□　□　□
1　2　3　4　5

活动

学生做好举球过头的姿势。搭档一方检查另一方的姿势是否和海报所示一致。学生可以借助镜子来观察自己的动作。学生然后做出面向目标的预备姿势。听到搭档给出的口令后立刻做出举球过头的姿势。如果该名学生几次示范都是正确的，搭档二人互换角色练习整套技能。

迈步和投掷

单脚向前迈步，同时伸展手臂，朝目标掷球。此处有一个抖腕掷球的动作。

设备

迈步和投掷姿势海报、镜子（如果有的话）、脚印贴纸或者胶带（地板胶带或美术胶带），以及同伴技能考核表。

活动

基本步法——脚印贴纸（或者地板胶带）贴在地上，在搭档的帮助下，学生从预备姿势开始，举球过头，单脚迈步。搭档检查学生的动作是否和海报所示一致。学生可以借助镜子来观察自己的动作。如果该名学生几次示范都是正确的，搭档二人互换角色练习整套技能。

拓展活动

让它飞起来——将几根跳绳系在两根排球柱之间。绳子之间的距离大约为 12 英寸。最上面的那根绳子高度应大约位于投掷者的肩部。让学生练习在绳子之间掷球。搭档一方检查投掷者的动作是否和海报所示相符。投掷者可以借助镜子来观察自己的动作。

保持手部连带动作

掷球出手后，转动双手，手背相对，拇指朝下。

设备

手部连带动作姿势海报、镜子（如果有的话）、同伴技能考核表、一个训练用球以及墙上的投掷目标。

活动

模拟投掷——让学生面对一个既定目标练习迈步和投掷的动作姿势，手上没有球。搭档一方检查投掷者的动作是否和海报所示一致。投掷者可以借助镜子来观察自己的动作。如果该名学生几次示范都是正确的，搭档二人互换角色练习整套技能。

拓展活动

击中目标——学生两人一组合作。告诉学生搭档在投掷的时候，自己要远离投掷目标。搭档一方从举球过头姿势开始。投掷者向一个至少距离 10 英尺远的目标迈步投掷。搭档一方观察并检查是否完成了手部连带动作。

强化整体技能的高级活动建议

学生应在掌握关键要领后再开始强调投掷的准确性。如果在儿童掌握关键要领前就强调投掷的准确性，这样会导致儿童致力于瞄准目标，而弱化了技能的关键要领。投掷目标应该足够大，这样学生就能展示技能的关键要领，并且成功击中目标。

个人活动

颜色目标

目标

通过击中一个指定的目标，提高上手投掷的准确性。

设备

将不同颜色的美术纸（大约每种颜色做8至12个目标，目标尽可能大）粘贴在体育馆或者活动区域的墙上，每名学生配备一个大小适中、重量较轻的球。

活动

1. 制作一个彩盒，里面放入各种颜色的美术纸。美术纸的数量要比学生的人数多。

2. 选一名学生从彩盒里抽一张彩纸。

3. 学生抽到的颜色就是所有学生必须找到并试着通过双手过头投掷击中的颜色目标。

4. 学生继续朝选中的颜色投掷，直到老师发出口令停止。

5. 活动一直持续到所有学生都从彩盒里抽过彩纸。

拓展活动

- 除了可以使用不同的颜色，学生还可以从形状盒里抽取不同的形状，从字母表盒里抽取字母，或者从单词盒里抽取单词。

- 学生们可以和搭档合作。搭档选择将作为目标的颜色、形状、字母或者单词。然后投掷者必须试着击中选定的目标。小组成员们轮流选择目标，然后进行投掷。

拼单词

目标

通过双手过头投掷来击中字母，从而拼成单词。

设备

每名学生配备一个塑料球，4套完整的字母表字母（尽可能大），将这些字母分散张贴在体育馆或者活动区域的墙上。如果有多余的元音字母和选定的辅音字母（如N、R、S、T）更好。纸和铅笔，或者用作词库的一块白板和记号笔。

活动

1. 听到老师的开始口令，学生们开始双手过头投掷，试图击中字母，拼写出单词。

2. 一旦某名学生组成一个单词，他就可以去词库（纸或白板）那里写下这个单词。最好多准备几个词库，这样学生就不用排队等待写单词。

3. 一个单词只能在纸上或者白板上写一次。一旦某个学生写过这个单词，其他学生就不能再写这个单词。

4. 如果学生击中的字母不是创建单词的一部分，他必须再次击中这个字母，删掉这个字母。

拓展活动

- 学生两人一组合作，一名学生击中字母拼出单词，同时另一名学生记录下这个单词，并且评估那名学生的双手过头投掷动作。如果投掷者双手过头投掷动作不标准，即使他击中了字母也不可以使用。当第一个搭档拼出一个单词，另一个搭档就得到了一个投掷机会。

- 搭档用纸和铅笔记录两人击中的字母，写下拼出的单词。每个搭档必须投掷并击中1个元音字母和3个辅音字母。搭档两人现在有8个字母可以用来创建单词，并尝试使用他们击中的一个或者更多个字母来创建6个单词。一旦小组创建并写下了6个单词，他们将通过用球击中字母，尝试拼写出这些单词。一旦某个单词被拼写出来，这个单词就要从清单中删除。如果学生击中的字母用不到，他们必须再次击中这个字母，删掉这个字母，然后再选用并击中一个需要的字母。

合作活动

后退掷球

目标

和一名搭档练习从不同距离进行双手过头投掷。

设备

每两个学生一个塑料球。

活动

1. 学生站在距离搭档约10英尺处。
2. 双手过头投掷球。另一位搭档接住球，然后掷回。
3. 一旦成功完成掷球，一名搭档就向后退一步。
4. 活动一直持续到搭档两人中的一人没有接到球或者球没有掷到搭档的位置，也没有触地。

源自：Based on Bryant and McClean Oliver 1975.

目标投掷

目标

朝不同的目标练习双手过头投掷。

设备

在离地面大约5英尺的墙上贴一张美术纸。每两个学生一个塑料球。

活动

1. 搭档一方站在距离目标约15英尺处。
2. 另一方喊出搭档掷球的位置（例如，在目标上方、目标下方、右方或左方）。
3. 如果球在距离目标1英尺的范围内落地，而且方向正确，该小组可得一分。

拓展活动

- 搭档二人一起加总二人的得分。
- 搭档二人连续记录几天的得分，记录进步情况。

挑战

目标

在各种情况下练习双手过头投掷。

设备

每两个学生一个塑料球以及过塑的挑战卡。不同类型的挑战可能需要额外的器材。

活动

1. 每名学生选择一张挑战卡。

2. 学生完成卡片上描述的任务。

3. 可能的挑战包括以下任务。

- 用轻力或者大力掷球。
- 掷球，在很高的水平上掷球出手。
- 掷球触墙，你能够接住反弹过来的球。

拓展活动

- 在墙上或者在游戏区域放置不同颜色的目标、篮筐、标志筒或桶，并且让搭档指定投掷者击中哪个目标。
- 设置游戏立柱或者排球柱，在柱子之间系一根绳子。在绳子上悬挂不同的物品，学生挑战击中这些物品。可能的目标物品包括篮筐、铝制平底锅、两升容量的空瓶。
- 为创建更多永久性的目标，你可以把目标画在体育馆的墙上。如果你在放翻滚垫后面的墙上画目标，不用这些目标时，就可以用翻滚垫盖住这些目标。
- 搭档二人记录自己正确投掷的次数，老师计算班级学生正确投掷的总数。在后面的课程中，老师可以挑战全班同学增加正确投掷的总数。

源自：Based on Bryant and McClean Oliver 1975.

墙壁传球

目标

和一位搭档合作练习，提高双手过头投掷和接球的水平。

设备

每两名学生一个塑料球（或排球）。

活动

1. 搭档二人站在离墙至少15英尺的地方。

2. 一名搭档朝墙完成一次双手过头投掷。投掷距离必须至少达到10英尺。

3. 另一位搭档必须在球触墙落地反弹之后接球。

4. 当搭档接到球后，再通过双手过头投掷朝墙掷回这个球。

5. 搭档二人计数两人连续成功投掷的次数。

拓展活动

球弹跳几次后再接球。

团体活动

疯狂的Omnikin球

目标

在活动区域通过双手过头投掷来移动一个目标物体。

设备

这个物体可以是一个Omnikin球，或者任何一个比投掷球更大的球。投掷球可能是较轻的足球，投掷目标是一个比足球大的球。

活动

1. 将学生分为4组。每组各站在正方形活动区域的一边。学生必须站在界线后。

2. 把Omnikin球或一个大球放在活动区域的中心。

3. 活动开始前每组配备2个或3个球。

4. 听到老师发出的开始指令后，队员开始双手过头掷球，试着击中活动区域中心的大球，使这个大球朝另一个组的界线移动。

5. 队员继续掷球，直到大球越过其他小组的界线。

6. 队员只可以通过掷球接触大球，不可以用身体接触大球。

7. 一旦大球越过指定的界线，游戏停止，将大球放回活动区域的中心。

8. 当每组要投的球数量相同时，就可以重新开始这项活动。要确保每名队员都有投球的机会。

拓展活动

- 活动开始前每名学生都配备一个球。

- 把学生分为2个组而不是4个组。

- 试着朝大球投掷各种各样的球，使大球移动并越过其他组的界线。活动进行中学生可能会讨论哪些球更适合完成这个任务（如比较塑料球和网球）。

- 在进入下一轮活动之前，或者在活动进行时听到老师的指令，两个小组互换位置。如果两组搭档在活动中要互换位置，确保学生必须在老师发出开始指令后，学生才可以开始朝大球掷球，并且学生在交换场地时不可以带球。

创建你自己的活动

目标

让学生自己创建活动，提高双手过头投掷的技能。

设备

每组配备一张纸和一支铅笔，以及预先确定并允许学生在自己创建的活动中使用的器材清单（如保龄球瓶、标志筒、跳绳、泡沫球或塑料球）。

活动

1. 每组4至5个学生。老师可以指定学生建组，或者让学生自己建组。

2. 每组创建一个活动，用双手过头投掷作为基本技能。要求学生制定规则，促进学生正确完成技能，所有队员都要遵守规则，并考虑相关的安全注意事项。

3. 各小组成员在纸上写下自己的姓名，活动规则，所需要的器材。然后小组成员向老师展示自己小组创建的活动。

4. 老师批准这些活动后，小组成员们可以领取必需的器材，开始活动。

5. 如果学生需要更改创建的活动，需取得老师的批准才能进行更改。

拓展活动

● 小组之间可以互教互学各小组创建的活动。

● 小组可以把活动教给全班同学。

保龄球瓶游戏

目标

用双手过头投掷来击中对方小组的保龄球瓶。

设备

每组配备一些球和3个塑料保龄球瓶（图中用A和B代表）。不同组的保龄球瓶用不同的颜色区分（例如，使用不同颜色的胶带来标记保龄球瓶）。

活动

1. 设置一块带中线的活动场地，两条起掷线距离中线大约12英尺（见下图）。

2. 把学生分为两个人数相同的小组。让小组各自站在起掷线后面，面对面。

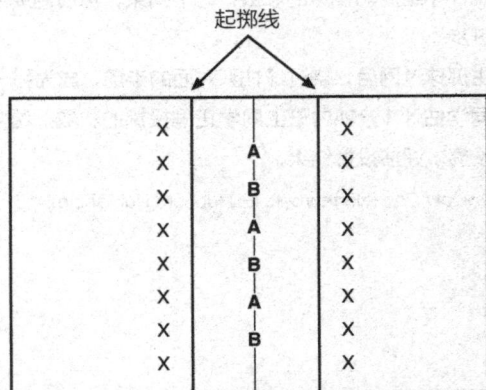

保龄球活动的布局图

3. 沿着活动区域的中线放置6个保龄球瓶，颜色交替。

4. 听到老师发出的开始指令后，队员开始双手过头掷球，试着击中对方小组的球瓶。学生不可以超过起掷线。

5. 如果学生在起掷线的前面掷球出手，击倒的保龄球瓶无效。

6. 如果某个小组的保龄球瓶全部被击倒，那么游戏重新开始。

拓展活动

- 把两升容量大小的空瓶子，重量较轻的标志筒、空的麦片盒或者其他物品放在一个升高的台面上，作为目标。
- 在两根排球柱之间系一根绳子。在绳子上挂些重量较轻的目标（如丝巾、彩带或皱纹纸），学生挑战击中对方小组的目标。

源自：K. Thomas, A. Lee, and J. Thomas, 2000, *Physical education for children: Daily lesson plans for elementary school*, 2nd ed. (Champaign, IL: Human Kinetics), 546.

循环/再循环

目标

通过将泡沫足球掷过排球网，提高双手过头投掷的准确性。

设备

两根游戏立柱、一张排球网，每两名学生配备一个泡沫足球。挂网的高度与排球标准高度一致。

活动

1. 把全班学生分为两组。每组配备数量一样的球。

2. 听到开始指令后。每个人开始通过双手过头投掷把球掷过网。

3. 让全部同学计数成功掷球过网的所有次数。

拓展活动

- 让学生统计小组成功投球的总数。记下结果，然后制成图表，用来展示班级在技能学习上的进步。
- 每次学生掷球过网后，绕过球柱到对面的半场，成为另一组的成员。
- 让全班同学估计1分钟内班上同学正确投掷的次数。给学生安排1分钟的时间完成双手过头投掷。评估投掷结果。

源自：J. Wessel, 1974, *Project I Can* (Northbrook, IL: Hubbard Publishing).

扑通游戏

目标

用双手过头投掷把一个球投掷到对方组后面的目标区域。

设备

两个或者更多的超级安全球，或者用软橡胶制成直径为8英寸的球。用球的数量将取决于学生的技能水平和人数。用胶带或者标志筒在离游戏区中心15至20英尺的地方划分出一个大的目标区域。用一块白板或者一张纸来记录分数。

活动

1. 将学生分为两组，两组面对面各站在活动区域的一边。
2. 活动开始前每组配备相同数量的球。
3. 听到开始指令后，队员开始进行双手过头投掷，把球掷到对方组的目标区域。
4. 如果某个队员把球掷进了对方小组的目标区域，该队员所在小组就可以获得1分奖励。
5. 队员可以接住对方小组的掷球，阻止球进入自己所在小组的目标区域。
6. 如果其中一个小组得分达到10分，那么游戏重新开始。

拓展活动

- 学生在进行活动时，要确保学生双手过头投掷的姿势正确。对于那些难以正确完成双手过头投掷的学生，让他们去练习区和一位搭档或者一位指定的教师助理一起进行练习。
- 指定一个特殊的球。如果某个小组将这个特殊的球投进目标区域，则该小组可以获得2分奖励。

双手过头投掷问题解决表

问题	解决方法
1. 眼睛没有目视目标	• 让学生朝自己设计的目标进行投掷 • 把一个2升容量大小的瓶子放在一个柱形筒的顶部，让学生试着打倒这个瓶子 • 用铝制平底锅作为目标
2. 手的位置不正确	• 在球上画出手的位置 • 让学生把手放在婴儿爽身粉里，然后持球
3. 学生掷球时没有迈步	• 让学生掷球时迈步踩在一块垫子或者毯子上 • 让学生站在一条线（地上的一根绳子或者胶带）的附近。学生掷球时必须迈过这条线
4. 掷球时手臂没有充分伸展	• 让学生练习伸手抓到距离自己身体一臂远的物品 • 在学生前方放一个悬挂着的铝平底锅，让学生试着伸展双手触及平底锅
5. 保持手部连带动作时身体姿势位置不当	• 告诉学生在保持手部连带动作时，自己的腰带扣要朝着目标方向

问题	解决方法
6. 掷击目标的球太高或太低	• 在两根游戏立柱之间系两根绳子。一根绳子高度位于腰部，另一根高度位于颈部，掷球高度在两根绳子之间，这样就能准确地掷球击中目标 • 让学生练习朝墙上的目标掷球 • 球对于学生来说可能太重或太轻。给学生换一个大小合适的球，或者让学生的起掷位置离目标更近（或者更远）

总结

在足球和篮球运动中，将球投掷给同队球员非常重要。双手过头投掷是参与足球运动的必备技能之一，而且在篮球运动中也经常用到。学会恰当准确地掷球给队友，有助于学生在这些运动项目中表现出色。学生和业余运动爱好者一旦领会了运用双手过头投掷的方式和时机，就能有效地运用这个动作。保持正确的身体姿势、迈步掷球、运用恰当的手臂动作，这些都是学生在成功学会双手过头投掷之前必须要掌握的技能要领。

双手过头投掷课程计划

（第一节课）

年龄组：二年级的学生。

教学重点：掷球出手时抖腕。

教学次重点：掌握通过迈步和抖腕发力的技巧

教学目标：完成双手过头投掷动作：举球过头、单脚向前迈步、掷球出手时双臂向前并抖腕。反复练习这些动作4至5次，学生互相观察并评估动作是否规范（提示词：抖腕）。

材料和设备：美术纸制作的目标、泡沫球、给每两个学生配备一张双手过头投掷技能关键要领的示范图以及音乐。

提前准备：数张贴在墙上的美术纸，美术纸下端距离地面大约为5英尺，美术纸之间的距离大约为5英尺，以建立学习站点。在每个美术纸目标旁贴上双手过头投掷关键要领的示范图。每个站点前面有一条与墙平行的线，距离墙大约15英尺。第二条贴在地板上的线距离墙大约25英尺。每个目标的下方放一些不会立刻从墙上反弹的球（如泡沫球）。

组织和管理：学生站在自己所在位置，等待老师的指导，做热身运动。学生在各自的学习站点和一名搭档合作练习双手过头投掷。

说明和热身

今天我们将运用各种移位运动进行热身。你们将在公共区域内活动，同时也要保持自己的空间。音乐开始后，你们就可以开始慢跑。

开始放音乐，学生在活动区域内移动时，老师喊出各种移位运动的指令（如垫步跳、滑步或单脚跳）。

课程计划

停。请各位同学找到自己的位置（个人空间）坐下。今天我们将学习如何完成双手过头投掷。双手过头投掷和上手投掷，以及下手投掷有很多相同之处。这三种投掷方式都可以让我们向队友掷球，而且都运用迈步来发力。你们从双手过头投掷这个名称能猜出这项技能与其他两种投掷方式的不同吗？（**双手过头投掷要使用双手，并且投掷的时候要高过头顶**）没错，这项技能要运用双手，而且要把你的球举过你的头顶。

这些是这项技能的组成部分。（教提示词的时候进行示范）预备、举球位于脑后、迈步投掷、保持手部连带动作。我们迈步时会产生力量，但同时当我们掷球出手的时候抖腕也非常重要。现在我示范一下掷球动作，注意观察我的手。（反复示范几次）。

各位同学起立。现在设想你手中有一个球。当我大声说出提示词时，我们一起练习双手过头投掷动作：预备、举球位于脑后、迈步投掷、保持随球动作。在没有球的情况下先模拟练习几次。

你们做得正确！现在你们可以开始带球练习，每个人要找一个搭档一起合作练习。请找到各自的搭档，然后在我数到三之前和搭档背对背站着：一、二、三。没有找到搭档的同学请站在中间的圈内，我来给你们选定搭档。

好极了！当我指向你和搭档的时候，请开始移动，站在一个目标的前面。不要碰器材。（所有学生都已选好搭档）

你们面前有两条线。投掷者站在离墙近的那条线后。搭档站在离墙远些的那条线后。当我说开始的时候，你们拿起一个球，然后开始练习双手过头投掷。掷球出手时记得抖腕。开始。

让学生练习几分钟。如果可能的话，暂停练习，指出正确完成技能的几名学生。然后重新开始练习。

注意观察学生是否举球位于脑后，单脚迈步，掷球出手时是否抖腕。

停。给你们每个人一张同伴技能考核表和一支铅笔。（教师分发评估表和铅笔。）告诉你的搭档完成好的部分，和需要继续练习的部分。在和搭档互换角色之前，每个人有五次投掷的机会。使用同伴技能考核表有助于你练习，而不只是记录刚才完成的情况。如果你明白了意思，拍手两次。非常好。开始。

让学生练习几分钟。如果可能的话，暂停练习，指出正确完成技能的几名学生。然后重新开始练习。

注意观察学生是否举球位于脑后，单脚迈步，掷球出手时是否抖腕。

停。有没有哪个技能部分你们完成时觉得有困难呢？

确定学生感到困难的动作，然后再教一次。增加额外的练习。

停。这次你的搭档要使用同伴技能考核表，记录你完成每项关键要领的情况。记住，在和搭档互换角色之前，每个人有5次投掷的机会。

让学生开始练习并评估彼此的技能表现情况。

停。时间到！我知道你们才刚刚开始熟悉这项技能，现在请把器材放回原位，排队听老师指令准备下课。

结束：学生排队有序离开。

当我们进行双手过头投掷时，投掷的力气，或者爆发力来自哪里呢？（**迈步和抖腕**）下堂课我们将练习朝着移动中的目标投掷。

第5章

接 球

在小学低年级，最容易被忽视的操控性技能之一是接球。因为接球的前提是掷球，这项技能取决于球掷出或抛出的方式。遗憾的是，教练或老师却经常把重点放在如何投球，而不是教给学生如何接住投球。由于担心被球击中的恐惧心理占据上风，因此有必要在学习初期，适当考虑安全状况，通过自抛或可控的抛掷来传授接球技能（例如，使用柔软的、学生的小手容易接住的器材）。

《美国K-12体育教育的国家标准和年级水平学习成果》（SHAPE America, 2014）（表5.1）指出，幼儿园儿童应当能够在球落地反弹两次之前接住这个球（S1.E16.Ka）。此外，一位经验丰富的人扔出一个较大的球，幼儿园儿童也应该能够接住它（S1.E16.Kb）。一年级学生自己抛出（S1.E16.1a）一个柔软的物体，在物体落地反弹之前，自己可以接住。他们也能接住经验丰富的人抛出（S1.E16.1b）的大小不同的物体。二年级儿童的水平继续提高，能自己抛出并接住方向恰当的投球；学生应当用手接球，而不是利用靠近身体的球篮或球架去接球（S1.E16.2）。三年级之前不强调接球的正确方式。检测结果表明，三年级学生能够接住搭档抛出的力量较小、手掌大小的球，能表现熟练接球模式的5个关键要领中的4项（S1.E16.3）。

学生可以在腰部以上（大拇指并拢，或是大拇指在内侧）或者以下（小拇指并拢，或是大拇指在外侧）接住物体。各年级水平成果显示，四年级学生应该能够区分所接物体的类型，并且在静止状态（S1.E16.4）下，使用接球的成熟模式，在腰部上下接球（S1.E16.4）。到五年级（S1.E16.5），学生才能掌握在运动时接球。

不论年龄大小，应采取适当的安全措施。例如，孩子在学习接球技能时，可以使用纱球、泡沫球或沙包。此外，学生在抛球时，应当教给学生如何在掷球时使用适当的力量，并且在队友集中注意力观察和准备接球时，才能抛出球。

表5.1 接球的各年级水平学习成果（S1.E16）

	幼儿园	一年级	二年级	三年级	四年级	五年级
S1. E16 接球	一个球下落反弹二次之前就能接住球（S1.E16.Ka）能够接住经验丰富的人抛出的较大的球（S1.E16.Kb）	自己抛出柔软的物体，落地之前可以接住（S1.E16.1a）能接住经验丰富的人抛出的不同大小的物体（S1.E16.1b）	用手接住自己抛出的球，或者抛出方向合适的大球，不要用身体围挡或者抱球（S1.E16.2）	接住搭档抛出的力量较轻、手掌大小的球，表现成熟接球模式5个关键要领中的4项（S1.E16.3）	在静态环境下，使用成熟模式接住抛到头顶上方、胸前、腰部及以下部位的球（封闭性运动技能）（S1.E16.4）	在静态环境下，使用成熟模式接住球拍击打到头顶上方、胸前、腰部和接近地面的球（封闭性运动技能）（S1.E16.5a）与搭档在移动中准确接球（S1.E16.5b）在小型动态练习任务中，接球的准确性适中（S1.E16.5c）

源自：SHAPE America-Society of Health and Physical Educators, 2014, *National standards & grade-level outcomes for K-12 physical education* (Champaign, IL: Human Kinetics).

关键要领

准备姿势

面对目标，两脚分开与肩同宽，膝盖弯曲，眼睛注视来球，手肘弯曲接近体侧，双手举在胸前。

迈步和接球

掷球出手时，向投掷者的方向迈步，两臂伸展，调整双手接球。接腰部以上来球时，手举在胸前（手肘弯曲靠近体侧），大拇指并拢。接腰部以下来球时，手举在胸前（手肘弯曲靠近体侧），小拇指并拢（或大拇指分开）。以下口诀能帮助你的学生学会如何接球："来球高，手向天；来球低，手够脚"。

手指接球

只能用大拇指和其他手指接球。不能借助身体接球。

卸力缓冲

双臂屈肘，向身体回缩，吸收来球力量。

提示词

　　学生的年龄和你强调的重点，决定了你在技能的每个阶段选择的提示词。在可用的词组中，我们使用一些提示词来教授接球技能。您可以单独使用一组提示词，或者根据需要组合匹配提示词。我们发现，在学生练习时，大声说出提示词非常有益。

腰部以上接球

　　W形状或准备——两脚分开，膝盖弯曲，肘部靠近身体，双手放在胸前，大拇指朝上，眼睛注视靠近的物体。大拇指指尖接触。食指形成W字母的形状，其余手指向手心弯曲，形成足够大的开放空间来接住物体。

　　向外伸手或伸手——单脚向前迈步，伸展手臂去接住物体。

　　接球或用手指接球——只能用手指接住物体（不要借助身体）。

　　卸力或后拉缓冲——向着身体拉回手臂。

> **提示词组1：**W形、伸手、接球、卸力缓冲
> **提示词组2：**准备、伸手、使用手指、后拉缓冲

腰部以下接球

　　准备或V形状——两脚分开，膝盖弯曲，肘部靠近体侧，双手位于腰部以下，小拇指朝下，眼睛注视靠近的物体。小拇指指尖相触，形成字母V的形状（大拇指朝外）。其余手指向手心弯曲，形成足够大的开放空间来接住物体。

　　向下伸手或伸手——单脚向前迈步，向下伸展手臂去接住物体。

　　接住或抓住——只用手指接住物体（不要借助身体）。

　　卸力或后拉缓冲——向着身体拉回手臂。

> **提示词组1：**V形、向下伸手、接住、卸力
> **提示词组2：**准备、伸手、抓住、后拉缓冲

强化和评估关键要领的活动建议

　　在学习过程中，重要的是让学生了解怎样观察一种技能，有哪些关键要领，以及怎样正确地完成每个要领。在前文中，我们提供了接球的图片以及说明，并把它分为几个关键要领，提出了可以参考的提示词。第1章提供了一般性活动，能够强化如何接球，以及所有运动和操控性技能的概念。除第1章内容以外，后续章节中将提供更多的活动，来巩固接球的每个要领。

展示

目的

给学生机会展示接球的关键要领。

设备

每个学生一个标志筒、一个球和音乐。标志筒高度不等。

练习

1. 标志筒散放在体育馆内。把球放在每个标志筒的顶部。标志筒和球的大小不同。

2. 学生们边听音乐边在体育馆的个人空间内走动。

3. 音乐停止，学生们走向最近的标志筒。

4. 你说提示词W时，学生们保持W的动作姿势。你说向外伸手，学生伸手触球。你说接球，学生从标志筒上取下球。你说卸力缓冲，学生从标志筒上取下球，并把它们拉向身体（提示词可打乱顺序）。

5. 音乐开始时，学生把球放回标志筒上，然后又开始走动。

6. 下次音乐停止时，学生必须去另一个大小不同的标志筒。

7. 运用每个关键要领继续练习活动。

毛巾接球

目的

为了强化对卸力缓冲概念的理解，使用毛巾来接球。

设备

每组搭档一条毛巾，以及用来接的物体（如沙滩球、气球、沙包、塑料球）。

活动

1. 4人一组（两两搭档）。

2. 两搭档各手持毛巾的一端，用来接住物体（球）。

3. 发出指令后，一组搭档向另一组搭档掷球，必须在球落地之前用毛巾接住。

4. 能够用手或者毛巾来掷球。

拓展活动

设置一个排球网，把学生分成人数相等的两组，使用2至3个沙滩球，让学生利用毛巾去掷球过网和接球。

同伴技能考核

目的

在学习正确接球时，让搭档之间互相评估学习进程。

设备

每组搭档一个球和同伴技能考核表。如果有学生不会读或是不会说英语，可以使用同伴技能考核表的图片版。

活动

1. 搭档之间互相观察并判断对方是否正确表现W形姿势。
2. 如果W形姿势正确，就在第一个盒子里放"Y"。反之，在盒子里放"N"。对于识字量很少的学生，如果姿势正确，放一个笑脸图片；反之，则放一个哭脸图片。
3. 评估一直持续到每项要领评价了5次。
4. 每位学生都有一份同伴技能考核表。

拓展活动

- 使用同伴技能考核表测评每个学生的技能提高情况。
- 把同伴技能考核表同成绩单寄给学生家长，或是当个人技能进步时寄给家长。

成功构建者

成功构建者活动可以让老师满足学生的个人需要。在特殊情况下，如果学生额外需要特别帮助，清单上的这些活动将有助于提高学生的表现水平。

目的

根据同伴技能考核表进行评估，目的是改善某些领域中的不足。同时，这可以让老师针对学生的不足之处，进行有针对性的练习，满足个人需要。

设备

参考以下个人学习站点。建议每个学习站点设置一面不易碎的镜子，一张接球各项关键要领的海报。在活动中，这面镜子非常有用，因为这样可以让学生看到自己的动作。制作海报最简单的方法是直接打印并放大书上的图。给海报过塑将延长其使用年限。

活动

1. 在教学区内，针对每个关键要领设立一个学习站点。
2. 每个站点的细节如下。

准备

面对目标，双脚分开与肩同宽，膝盖弯曲，眼睛注视靠近的物体，两个大拇指并拢，双手举起放在体前（手肘弯曲靠近体侧）。接腰部以下来球时，双手举起放在体前（手肘弯曲靠近体侧），两个小拇指并拢。

设备

准备姿势海报、镜子（如果有的话）以及同伴技能考核表。

活动

一位学生做出准备姿势。搭档检查并判断其姿势是否与海报所示一致。学生可以借助镜子观察自己的姿势。之后学生四处走动，得到搭档发出的指令后，再做出准备姿势。一旦这位学生能正确完成准备姿势，搭档二人互换角色练习整套技能。

迈步并伸手

掷球出手后，向搭档迈步，手臂伸展，双手接球。

设备

迈步和伸手姿势的海报、镜子（如果有的话）、28英寸高的标志筒或可调节高度的击球座、网球以及同伴技能考核表。

活动

在标志筒的顶端或者击球座上放一个网球。让学生站在标志筒后面。这个区域应当有充足的空间让学生能够迈步，完全伸展手臂，从标志筒或者击球座上捡起网球。开始后，学生做好准备姿势。搭档发出指令，学生向标志筒迈步，向前伸展手臂，把球从标志筒或者击球座上移走。学生可以借助镜子观察自己的姿势。一旦学生向搭档展示出正确的迈步和伸手姿势后，搭档二人互换角色练习整套技能。

只用手指接球

只能用手指和大拇指接住物体（球）。不能借助身体来接球。

设备

手指接球动作要领的海报、镜子（如果有的话）、气球或者沙滩球，同伴技能考核表。

活动

搭档向空中抛出气球或者沙滩球。接球人需移动至球所在的位置，并且用手指抓住球。搭档应当反复扔多次，确保接球人使用手指接球，而不是手掌或胸部。接球人可以借助镜子观察自己的姿势。一旦学生能够只用手指接球后，搭档二人互换角色练习整套技能。

卸力缓冲

接触物体时，手臂向身体回缩，吸收物体的动力。

设备

卸力缓冲动作要领海报、镜子（如果有的话）、大小不同的球（网球、泡沫球、塑料球）以及同伴技能考核表。

活动

学生在地面上拍一个球，弹起时接住它。接球时要有意识地让球的重量得到缓冲，可以想象如何接住一个鸡蛋。一旦学生学会了如何缓冲球的动力，可以让他往墙上掷球，接住反弹回来的球。为了提高练习水平，可以让学生使用大小不同的球，运用大小不同的力量。学生可以借助镜子观察自己的姿势。一旦学生在接球时学会了如何卸力缓冲，搭档二人互换角色练习整套技能。

强化整体技能的高级活动建议

如前文所述，接球是一项复杂的技能。这项技能的成功与否，取决于如何掷球（如掷球的力度大小，方向偏左或偏右，距离远近），以及掷球的高度水平（如在腰部以上或以下）。在练习中，要想提高这项技能，掷出去的球应该能够被接住。如有需要，一开始，让学生自己对着墙壁抛球，来练习如何接球。此外，球要柔软易接。和往常一样，在练习整套技能时，应强化针对各项关键要领的训练。

个人活动

娱乐时间

目的

为学生提供自己练习接球的机会。

设备

每个学生一个直径9英寸的气球，或者小沙滩球。

活动

1. 学生在用气球或者其他球练习时，为学生创建不同的运动挑战任务。所有接球动作必须用两只手的手指和大拇指来完成。在学生完成这些活动时，强调接球的关键要领。

2. 挑战任务包括以下活动。

   - 在不同高度水平（中、低高度）接住气球。

   - 向前抛出气球，跑到球的下方接住它。

   - 抛出并击打气球飞得较高，接球之前先拍手（或转身、坐下再站起、用手击打脚底、转动大拇指、拍打膝盖）。

   - 向着某个身体部位抛出气球，反弹时接住它。

   - 学生自创的挑战活动也能用于接球练习。

拓展活动

- 完成挑战活动时，使用沙滩球、软橡胶球、橡胶鸡玩具或装水的气球（如果在室外）。

- 在一组掷球数量内或规定时间内，让学生记下自己完成正确的接球次数。

- 让学生使用塑料球，在地面反弹一次再接住它。

- 在长筒袜里放一个6英寸的球。让学生将球拍向地面，弹起时用双手接住。学生应该尝试接住长筒袜而不是球。

悬挂接球

目的

练习摇摆中接球。

设备

绳子，两根游戏立柱，旧的长筒袜或者塑料袋，每个学生一个6英寸的塑料球。在两根立柱之间挂一根绳子，距离地面6至7英尺。把球放入长筒袜或者塑料袋内，挂在绳子上（见右图）。

活动

1. 此项活动适合整个班级，或者作为小组学生的练习站点。

2. 让学生推动小球摇摆而远离自己，但不能超过绳子的高度。

3. 小球回摆时，学生接住小球。

4. 小球悬挂的高度位于肩膀或者腰部，适合练习腰部以上或者腰部以下的接球。

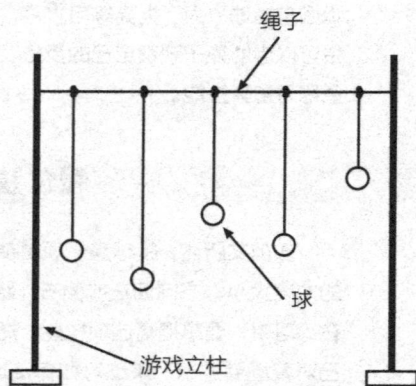

悬挂接球活动的布局图

拓展活动

- 使用6英寸的小球，放在长筒袜里，让学生把悬挂的球弹向地面，当小球弹回来时接住它。做这项训练时，小球悬挂高度位于腰部。

- 两人搭档，分别站在绳子的两侧，相对而立，相互来回摆动小球。后续动作请参考本章摇摆接球技能。

合作活动

挑战赛

目的

在不同环境下练习接球。

设备

每组搭档一个泡沫球、软橡胶球、塑料球和薄塑封挑战卡。

活动

1. 每个学生画一张挑战卡。

2. 学生完成卡片上描述的任务。

3. 挑战任务包括以下活动。

   - 把球弹向搭档，便于他接住。

   - 把球向上抛向空中，搭档接球。

   - 把球抛到或弹到搭档的身侧，他必须移动接球。

   - 向搭档抛出不同高度的球。

拓展活动

- 各组记录正确接球次数，并记录班级接球总次数。在后面的课程中，让全班学生挑战提高正确接球的次数。

- 在墙上或者活动区内放置彩色目标，一个学生把球掷向搭档选定的彩色目标。球必须击中目标，并在弹起后接住它。

- 安放两根游戏立柱或者排球立柱，在中间系上绳子。把呼啦圈挂在绳子上，让学生挑战掷球穿过呼啦圈，搭档在另一侧接住球。接住一球，搭档得一分。

摆动接球

目的

当球摆向你时，练习接球。

设备

利用3根排球柱，在中间悬挂2根绳子，设立更长的训练区域，每组搭档一个装有网球的长筒袜。

活动

1. 把装有网球的长筒袜挂在绳子上。

2. 搭档相对站在绳子的两边。

3. 一位搭档推动小球，让它朝接球人摆动，但不能超过绳子的顶端。

4. 另一边的搭档准备接球。

5. 搭档之间互换推球和接球的角色，继续练习活动。

拓展活动

- 用大小不同的力量释放球。
- 在长筒袜里放入大小不同的球。
- 各组搭档记录正确接球的次数，并记录班级接球总数。在后续课程中，全班学生挑战提高正确接球的次数。

无准备接球

目标

在不同高度下练习接球。

设备

游戏立柱、排球网，每组搭档一个软橡胶球或垒球大小的纱线球。

活动

1. 安装一张排球网，网的顶端距离地面6英尺。
2. 搭档分别从网上和网下向另一位搭档掷球。（有些网的网眼很大，在这种情况下，儿童可以尝试掷球穿过网眼。）
3. 另一侧的搭档尝试用正确的姿势接球（腰部以上或者以下的接球动作），随后，把球掷回让对方接球。
4. 让搭档互相记录正确的接球次数。

拓展活动

- 为了增加难度，学生可以降低网的高度，准备两个28英寸或者更大的标志筒，一根绳子。把绳子固定在两个标志筒的顶端（使用胶带），并把标志筒分开。学生依然从网的上方和下方把球抛给搭档。搭档尝试用正确的姿势接球。
- 用布单（或薄膜）盖在排球网上，让搭档看不到球是从网的上方还是下方过来。掷球之前必须告知对方。（必须使用纱线球或泡沫球）。
- 在网的一边立一面可折叠的垫子（4至6英尺宽）做墙，让搭档把球抛过垫子。
- 搭档互相记录正确接球的次数，并记录班级接球总数。在后续课程中，全班学生挑战提高正确接球的次数。

搭档传球

目的

搭档合作练习，提升接球技能。

设备

每组搭档两个塑料球。

活动

1. 搭档之间用胸前传球动作来回传球（第6章）。
2. 在他们能够完成胸前传球之后，开始练习来回反弹传球。

3. 在学生学会反弹传球和胸前传球后，每位学生选择一种将要完成的传球方式。A运动员可以仅采用胸前传球，B运动员仅采用反弹传球。

4. 听到开始指令后（指令分三步最好，例如准备、姿势、开始），A运动员用胸前传球将球传给B运动员，同时，B运动员用反弹传球把球传给A运动员。

5. 重复几次传球动作，每次传球时使用三步开始指令。

拓展活动

- 搭档之间转变传球方式，例如反弹传球的运动员开始练习胸前传球，反之亦然。
- 让学生在没有口头交流的情况下尝试练习这个技能。
- 学生传球练习应使用大小不同的球。

三球杂技

目的

搭档之间同时控制3个球的交替反弹。

设备

每组搭档3个塑料球。

活动

1. 两人一组搭档练习。

2. 开始，A运动员手持2个球（球1和球3），B运动员持1个球（球2）。

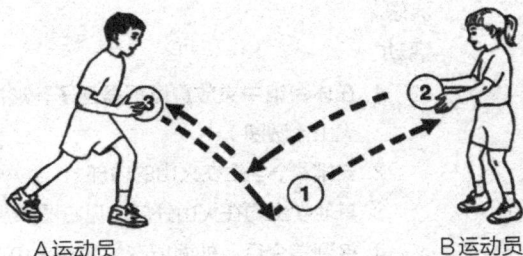

A运动员　　　　　　　　B运动员

3. A运动员利用反弹传球把球1传给B。B在接球1前，要把球2传给A。A在接球2前，要把球3传给B。见上图。

4. 一旦开始，每个搭档手里只能一次拿一个球。

拓展活动

- 一旦搭档之间掌握了3个球抛接的技巧，可以让学生尝试4个或5个塑料球的抛接。
- 让搭档尝试用3个或更多大小不同的球练习同时抛接。

墙面反弹球

目的

和搭档一起练习，提升接球和掷球技能。

设备

每组搭档一个球（塑料球或排球）。

活动

1. 两个搭档都站在离墙15英尺远的位置。

2. 一位搭档至少把球抛到10英尺高。

3. 当球在墙上弹起开始下落，还未落地之前，另一个搭档要接住这个球。

4. 搭档接球后，必须在接球位置把球抛回墙面。

5. 搭档相互记录接球次数。

拓展活动

- 等球弹起一次再接。
- 在墙上设置一个目标，让搭档挑战用球击中它。

团体活动

火山活动

目的

在球落地之前接球。

设备

4个可折叠垫子，每个学生一个纱线球或泡沫球。

活动

1. 在体育馆中央放置可折叠垫子，形成一个火山（圆圈）。

2. 安排4个学生在火山的内部。

3. 其他学生均在火山外部（见右图）。

4. 接到指令后，外面所有学生往火山内部投火山石（球）。

5. 火山内部的学生往外投石。

6. 火山外部的学生计算自己用手接住多少个岩石。

垫子

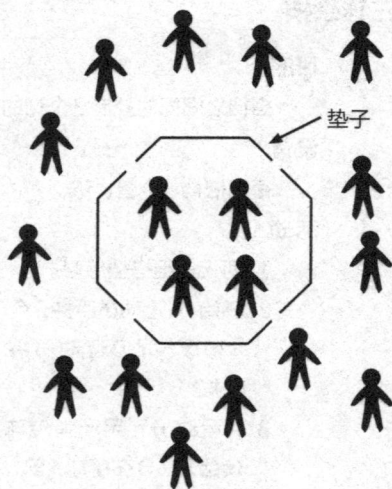

火山活动布局图

拓展活动

- 使用气球或沙滩球代替火山石。
- 指定一种特别的球，如果学生接住它，外部学生就和火山内部的学生调换位置（因为垫子可以移动，才得以实现）。

源自：Based on Nichols 1994.

循环/再循环

目的

在球落地前接住抛来的球。

设备

两根排球立柱，一个排球网，每人一个纱线球。

活动

1. 全班学生分成两组。

2. 两组学生分别站在球网两侧。

3. 开始指令发出后，每个人投球过网。

4. 学生只能用手接球。

5. 学生记录自己的接球次数。

拓展活动

- 学生能够把球从网的中间或者下方投过网，而不是从网的上方投过去。

- 如果有学生只用手接住球，那么这位学生和对面掷球的学生调换位置。

- 如果有学生只用手接住球，那么这位学生绕过立柱加入对方小组。

源自：J.A. Wessel, PhD, 1974, *Project I CAN* (Northbrook, IL: Hubbard).

接球

目的

接住不同高度的来球。

设备

16个直径为6英寸的泡沫球（活动需要10个，练习区6个）和6个飞盘。

活动

1. 把全班学生分成两组，在活动区内两组各站一边。

2. 开始活动时每组5个球。

3. 发出指令后，学生可以掷球，或者把球通过地面弹向对方的区域内。

4. 学生只能用手接球。

5. 如果球落地或者没有用手接住，接球人必须返回练习区。

练习区

1. 每组有3个球，形成练习区域。把球分别放在飞盘里，防止球滚动。

2. 练习时，学生拿起一个球，朝墙上掷球，球反弹回来时接住它。

3. 学生必须连续3次只用手接住球，才能回到活动中。

拓展活动

- 在学生练习时，观察他们的技能表现情况。学生难以正确接球时，带他们到练习区提供指导，并一起练习。这个练习区是双方的共用区域。

- 如果有学生在30秒内没有接到球，他就必须去练习区练习一定的时间。

我成功了

目的

努力接住所有抛过来的球，让对方也加入自己的队伍之中。

设备

2个或更多的泡沫球（直径8英寸）（球的数量取决于学生的技能水平），在两个游戏立柱之间，挂一个网或者一根绳子，拉直，高度大约距地面4至6英尺。用胶带或者标志筒标记一条底线，距绳子或网20至30英尺。

活动

1. 把全班学生分成两组，活动区内两组各站一边。

2. 开始活动时分给每组相同数量的球。

3. 开始指令发出后，拿球的学生在活动区内掷球过网。

4. 如果某个人掷球出界或是被对方接住，那么他就要加入对方小组。

5. 当所有人都成为同一组时，重新开始游戏。

拓展活动

- 学生练习时，确认学生使用正确的姿势接球。对有困难的学生给予指导，让他到练习区同搭档或者助教一起练习。

- 指定一个特殊的球，如果接住这个球，那么掷球人以及老师指定的一个学生，一起加入对方小组。

星形传球

目的

小组练习时提高接球的熟练程度。

设备

每个组的球数比学生数少一个。

活动

1. 5个或更多的学生围成一个圈，其中一个学生手持塑料球。

2. 持球学生说出一位同学的名字，并把球抛给他，不能抛给身体两边的两位同学。

3. 接到球的学生说出另一位同学的名字，并把球抛给他，不能抛给身体两边的同学。

4. 大家循环抛接，直到球回到第一位抛球的学生手中，活动停止。

5. 一旦游戏轮转了两次，第一位抛球的学生再多拿一个球。传球人说出接球人的名字，而接球人正视着传球人，开始传球。

6. 完成两个球的两轮或更多轮传球后，第一位抛球的学生再增加一个球。当球数比学生数少一个的时候，游戏结束。

源自：Based on Fluegelman 1981.

三角传球

目的

小组练习时提高接球的熟练程度。

设备

3人一组，每组2个塑料球。

活动

1. 3个学生站成三角形，A和B持球。

2. A反弹传球给B，B反弹传球给C。

3. 3个人连续循环传球。

拓展活动

- 学生能够用胸前传球代替反弹传球。

- 两组学生形成2个重叠的三角形。每个学生只能在三角形内部传球。第一组的学生只能用反弹传球把球传给本组组员，第二组的学生只能用胸前传球把球传给本组组员（见右图）。

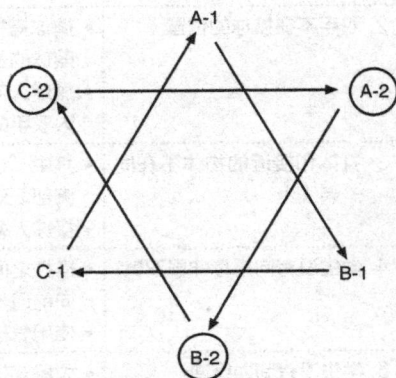

重叠三角形拓展活动布局图

创建自己的活动

目的

让学生自己设计接球活动。

设备

每个小组一张纸和一支铅笔，一份允许学生在活动中使用的预定器材清单（如标志筒、跳绳、泡沫球、沙滩球、纱线球、垒球或网球）。

活动

1. 2至5个学生一组，老师指定，或学生自行组队。

2. 在考虑到所有学生的安全后，以接球作为基本技能，每组设计自己的接球活动。学生必须设定规则来规范接球的正确技能。

3. 每组在纸上写下组员的名字，活动的规则，需要的器材，再向你展示这个活动。

4. 得到老师同意后，每组领取所需的器材后开始活动。

5. 老师必须同意对活动的所有更改。

拓展活动

- 可以将自己小组的活动教给其他组。

- 可以将自己小组的活动教给全班。

接球问题解决表

问题	解决方法
1. 没有目视目标	• 让搭档手举一个球，用不同速度上下移动（取决于学生要接什么类型的球）。学生用眼睛追随球的移动 • 学生用手把气球击打到空中，眼睛追随气球运动
2. 双手不在接球的位置	• 抛球搭档手举一球，依据接球的类型，上下移动。接球人的手必须跟随的位置而移动。（不抛出球） • 抛球人向空中抛出一个气球或者沙滩球，抛球的高度不同。观察接球人双手的位置
3. 身体和接近的物体不在同一条线上	• 其中一位搭档向对方抛出气球、沙滩球或者泡沫球，接球人让球击中胸部。双手放在体侧，不接球 • 接球人朝搭档指定的位置移动
4. 学生没有向来球伸展双臂	• 搭档之间面对面站立，相距一臂。抛球人持球向外伸展双臂。接球人向前迈步，伸展双臂取球 • 使用气球或者沙滩球，让接球人有更多时间向外伸展双臂去接球
5. 学生没有卸力缓冲	• 大象式接球——接球人接球时，假装球像大象一样重，吸收球的动力而缓冲 • 在篮球筐上悬挂一球（最好是系着绳子的球）搭档互相配合，不断互换角色推球和接球
6. 学生借助身体接球	• 臭鼬式接球——学生把球抛向搭档。如果接球时碰到手臂或者胸口，接球人就是被臭鼬喷臭气变成了臭人，问全班同学有谁变成了臭人 • 侦探——接球前，让接球的学生把婴儿爽身粉涂在手上。接球人尝试用手指去接球，这样只有手指印留在球上
7. 球接近时因害怕而转头	• 为了建立自信，一开始用气球，接着用沙滩球，然后使用质地柔软的球 • 让搭档反弹传球给对方。对方接球技能提高后，搭档再采用下手抛球，最后用较小的力量上手抛球

总结

　　大多数体育运动和比赛中，接球是一项重要技能。接球的前提是抛掷一个物体，这就是为什么接球和抛球要同时教学的原因。正因为这些技能是运动和比赛的基础技能，所以应当从幼儿园开始学习，将其纳入其他技能的教学活动，并经常复习。若有恰当的指导，以及合适的器材，孩子到四年级时就能熟练掌握抛球和接球的技能。

　　本章所学的接球技能，对学生在下一章学习传球技能大有帮助。再次强调，恰当的指导，传球时控制力的大小，安全的器材将有助于学生学习这些重要的技能。

接球课程计划

（第一节课）

年龄组：一年级的学生。

教学重点：接住自己抛出的物体。

教学次重点：向前伸手接球。

教学目标：向前迈步，向前伸手接气球（之后是接塑料球），5次尝试中要接到4次（提示词：伸手），只能用手指和大拇指接气球（之后是接塑料球），5次尝试中要接到4次（提示词：使用手指）。

材料和设备：一个气球，一个塑料球，每个孩子一个沙包，以及音乐。

组织和管理：学生在个人空间内进行热身、教学指导和练习。热身时，回顾运动技能的概念。

热身活动：

今天我们将伴随音乐开始热身。音乐开始后，我想让你们在公共空间内走动。音乐停止就立刻在个人空间内静止不动。在公共空间走动时，我们需要注意哪些安全问题呢？（注意自己的位置，和其他人保持距离）（音乐开始）

注意学生安全地走动。

停止音乐，提醒学生走动时注意安全。重新播放音乐，变换移动的方式。

你能把脚抬高走吗？中等高度呢？高度低一点呢？你能走Z字形的路线吗？曲线？直线？你能用力走吗？轻松走？你能靠边走吗？往后退呢？你能慢走吗？快走呢？你能把脚放低慢走吗？

对于这些移动的运动概念，观察孩子存在的问题，在需要时给孩子提供正确的指导并予以纠正。

形式：学生在场馆内找到自己的个人空间，面对你坐下。

介绍

今天我们练习接球。为了正确接球，我们先要学会伸手接球。站在你的个人空间内，向我展示你如何向前伸手。现在向上伸手，向一侧伸手，向另一侧伸手。假装你伸手去抓一只蝴蝶（或是萤火虫）。注意当你向外伸出双臂去抓时，向前迈步。如果你想成功接球，这非常重要。

我会给你们每人一个气球。你坐在自己的位置上，气球放在腿上，手放在膝盖上，之后我会传递气球。当我说开始，你们起立站在自己的位置上，将气球击打到空中，再接住它。记住不要移动位置。开始。

注意让学生站在自己的位置上。

停止。坐下，把球放在腿上，手放在膝盖上。你们在接球的时候，你们有没有伸手？（是的）这次在你们接球之前，需要说出"伸手"这个词。开始。观察学生在接球时是否伸手（同时说"伸手"）。确保学生在自己的位置上。

　　停止。坐下，把球放在腿上，手放在膝盖上。你们接球时我在仔细观察。我看到你们都伸手了。非常棒。你们用身体的哪个部位来接球呢？（学生一般会回答"手"。）不是用手去接，而是要用……（**手指**）。非常棒。我们用手指和大拇指接球时，我们有10次机会能接住球，而且10个手指能帮助我们接球。用手指和大拇指来接球比用手臂接球更好。如果你只用手臂接球，你可能只有两次机会接住球，10次机会比两次机会更多。

　　这次，我说开始后，你们把气球击打到空中，伸手时要说"伸手"，接球时要说"手指"。如果谁认为自己能做到请举手。很好。开始。

　　学生接球时，注意他们伸手时是否说"伸手"，用手指接球时是否说"手指"，确保学生在自己的位置上。

　　停止。坐下，把球放在腿上，手放在膝盖上。你们都在自己的位置上，而且伸出手用手指去接球，做得很好。气球很容易接住，为什么呢？（**气球移动很慢**）。没错。谁做好准备接硬一点的东西呢，请举手。我知道你们都能做到。

　　学生把气球放回到储物箱内。每个学生挑选一个塑料球。选好后，让学生找到自己的位置。

　　我们在接球时，动作要和接气球相同。接气球时，我们要注意哪两个动作呢？（**伸手和用手指接球**）正确。我说开始后，你们要起立站在自己的位置上，将球抛到空中，然后接住它（向学生展示几次）。自己确定伸手和用手指接球。如果你大声说出两个提示词，或许更有帮助。开始。

　　观察学生是否伸手以及用手指接球。

　　停止。站在原地，把球放在两脚之间。这次我会在场馆内走动，寻找伸手并用手指接球姿势好的同学。如果你能做到伸手并用手指接球，我会让你去墙那边，向墙掷球和反弹接球。这是不同的接球方式。但是注意要使用十个手指而不是手臂去接球。开始。

　　请一些接球正确的学生，让他们练习向墙掷球并接球。再次密切观察学生，注意他们没有用伸出的手臂接球，而是用手指和大拇指准确接球。

　　学生成功练习这个技能几分钟后，用沙包代替塑料球。每个学生找到自己的位置，把沙包平衡地放在头上。

　　这次我们把抛和接结合起来练习。我说开始，你们把沙包抛到空中，高度适中（展示一遍），伸出手并用手指接住它。如果我看到有同学做到把球抛到中等高度，并且伸手，用手指接球，那么我会让他尝试把球抛得更高。现在，每个人把球抛到中等高度。听明白了拍下手。开始。

　　观察学生是否按要求抛球，伸手，以及用手指来接住沙包。请表现好的学生尝试把沙包抛得更高。练习快结束前，学生把沙包放回储物盒内，列队等待老师。

　　结束：学生列队离开。

　　孩子们，谁能告诉我接球时要注意什么？（伸手和用手指接球）很好。

　　请注意看我只用手臂接球（展示）。这样做有什么不好呢？没错，我只有两次机会接住球，而不是10次。非常好！你们做得很好。下次我们继续练习接球。

第**6**章

传 球

各种运动的成功表现，必须有精准的传球。这些运动包括橄榄球、水球和团队手球（要求单手传球），以及篮球和足球（双手过头传球）。

本章将重点关注篮球运动中的反弹传球和胸前传球。虽然这两种传球属于不同类型的技能，但却非常相似。这些技能的独特特征，表现在个别说明、关键要领、提示词、几个特定活动、同伴技能考核表以及成功构建活动。

然而，在以上所说的所有活动中，胸前传球和反弹传球都能够有所适用。此外，本章所描述的所有活动都属于一般情况下的传球，如有必要，也可采取其他方法。

反弹传球

　　虽然我们通常认为反弹传球仅用于篮球运动，但是在任何运动场上都能看到不同形式的反弹传球。孩子可以很快理解将球弹给搭档的概念，但他们通常是向下推球而不是向前传球。把反弹传球同其他运动概念联系起来，将会使学生快速理解并掌握。虽然《美国K–12体育教育的国家标准和年级水平学习成果》（SHAPE America, 2014）没有特别明确地说明这项技能，根据以往经验，孩子到二年级就能够掌握反弹传球。因此，从小学低年级就应该开始进行这项操控性技能的教学指导。

关键要领

准备姿势
面向目标，两脚分开与肩同宽，膝盖弯曲，眼睛注视目标，双手持球，大拇指并拢放在球的后侧，其他手指放在球的侧面，持球高度接近胸前。

迈步和推球
单脚向前迈步，同时双臂向前向下伸展，推球出手，尽量把球推到离目标更近的地方，而不要靠近传球人。

保持手部连带动作
推球出手以后，双手翻转，手背相对，大拇指向下。这个动作中需要快速抖腕。

提示词

　　在这个技能的每个阶段，你所选的提示词将取决于你所教学生的年龄，以及你强调的方面。在可用的几套提示词中，有些适合用来教学反弹传球。你可以单独使用某套提示词，或者根据需要混合搭配使用。我们发现，学生在练习技能时，大声说出提示词时会大有益处。

　　准备——面对目标，两脚分开与肩同宽，膝盖弯曲，眼睛注视目标，双手持球，大拇指并拢放在球的后侧，其他手指放在球的侧面，持球高度接近胸前。

　　迈步和推球——单脚向前迈步，同时伸展双臂向着目标推球出手。

　　推球——双手持球，高度接近胸前，大拇指并拢放在球的后侧，其他手指放在球的侧面。推球远离胸前。

保持手部连带动作以及大拇指朝下——推球出手以后，双手翻转，手背相对，大拇指向下。这个动作中需要快速抖腕。

推球出手——单脚向前迈步，同时伸展双臂向着目标推球出手。推球出手以后，双手翻转，手背相对，大拇指向下。这个动作中需要快速抖腕。

> **提示词组1：** 准备、迈步和推球、保持手部连带动作
> **提示词组2：** 准备、迈步和推球、大拇指朝下
> **提示词组3：** 推球、推球出手

强化并评估反弹传球关键要领的活动建议

在学习过程中，重要的是学生应该了解某个技能的动作形式，有哪些关键要领，以及怎样正确完成每项要领。前文中有反弹传球的图片和说明，并将其划分为一些关键要领，以及可用的提示词。第1章介绍了一般性活动，能够强化反弹传球以及所有运动和操控性技能的概念。除了第1章的内容，后续章节提供了具体的活动，以强化反弹传球所特有的关键要领。

同伴技能考核表

目的

让搭档互相评价学习技能的进程。

设备

同伴技能考核表，每组搭档一个球。如果学生不能阅读或是不会说英语，可以使用同伴技能考核表的图片版。

活动

1. 搭档观察对方是否做出正确的准备姿势。
2. 如果准备姿势正确，搭档在第一个空格里放"Y"；如果准备姿势不正确，则放"N"。对于识字量很少的学生，如果搭档准备姿势正确，可以放一个笑脸图片；反之，则放进一个哭脸图片。
3. 继续评估，直到每个关键要领都被评价5次。
4. 每个学生都要使用同伴技能考核表。

拓展活动

- 使用同伴技能考核表来测评每个学生技能学习的提高情况。
- 把同伴技能考核表同成绩单寄给学生家长，或是个人技能学习取得进步时寄给家长。

同伴技能考核表
技能：反弹传球

反弹传球者姓名：_____ 观察者姓名：_____

❶准备

1　2　3　4　5

❷迈步和推球

1　2　3　4　5

❸手部连带动作

1　2　3

同伴技能考核表
技能：反弹传球

反弹传球者姓名：_____ 观察者姓名：_____
观察你的搭档，然后给技能的每项关键要领打分。让你的搭档每个动作做5次。如果搭档做的动作正确，就在对应次数的方框里填个"Y"；如果搭档做的动作不正确，就在对应次数的方框里填个"N"。

开始	测试

准备姿势
1. 面向目标。
2. 膝盖弯曲。
3. 两脚分开与肩同宽。
4. 双手持球放在胸前。

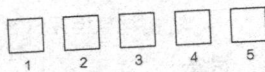

1　2　3　4　5

动作

迈步和推球
1. 单脚向前迈步。
2. 皮带扣正对目标。
3. 伸展双臂。
4. 向外向下推球。

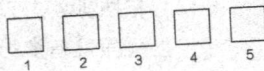

1　2　3　4　5

停止

手部连带动作
大拇指朝下。

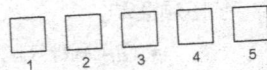

1　2　3　4　5

成功构建者

成功构建者活动能够让老师满足学生的个别需求。如果学生在某项关键要领上需要额外帮助，在此列出的活动将有助于提升表现水平。

目的

提升同伴技能考核表中的不足之处。

设备

见以下各个练习站点。我们建议在每个练习站点放一面不易碎的镜子，一张印有反弹传球关键要领的海报。镜子特别有助于所有活动，因为它能让学生看到自己的动作。制作海报最简单的方式是放大打印这本书上的图片。给海报塑封能够增加使用年限。

活动

1. 在教学区域内，为3个关键要领分别设置练习站点。

2. 在每个站点贴上相应关键要领的海报或图片说明。

准备

面向目标，两脚分开与肩同宽，膝盖弯曲，眼睛注视目标，双手持球，大拇指并拢放在球的后侧，其他手指放在球的侧面，双手持球，高度位于胸前。

设备

准备姿势海报、镜子（如果有的话）以及同伴技能考核表。

活动

学生做好准备姿势，搭档检查并观察其姿势是否与海报相符。学生可借助镜子观察自己的动作。学生随意走动，听到搭档发出的指令，再次做好准备姿势，一旦学生能够正确完成持球的标准动作（大拇指在球的后侧，高度接近胸前），搭档二人互换角色练习整套技能。

迈步和推球

单脚向前迈步，同时双臂向前向下伸展，推球出手，尽量把球弹到离目标更近的位置，而不要靠近传球人。

设备

镜子、海报、胶带（地板胶带或美术胶带），或者在地面上设置一个圆形目标，同伴技能考核表，两个椅子之间悬挂一根绳子。

活动1

学生向前迈步，把球向前推向地面上的目标。做此动作时，应当双臂和双手一起推向目标。搭档检查动作是否和海报相符。学生借助镜子观察自己的动作。一旦学生能够向搭档展示正确的迈步和推球动作，搭档二人互换角色练习整套技能。

活动2

学生尝试把球从绳子下面反弹传给搭档。

活动3

学生尝试改变站立位置和搭档间的距离（远或近），仍然能够把球从绳子下面反弹传给搭档，并且在球多次弹起之前，搭档必须能够接住它。

保持手部连带动作

推球出手以后，双手翻转，手背相对，大拇指向下。这个动作中需要抖腕。

设备

镜子、手部连带动作海报、投影仪（或其他照亮学生的方法）以及同伴技能考核表。

活动

学生在镜子前或灯下展示手部连带动作。学生展示这个关键要领时，搭档观察其是否有抖腕动作。搭档检查对方姿势是否与海报相符。学生借助镜子观察自己的动作。一旦学生能够向搭档展示正确的手部连带动作，搭档二人互换角色练习整套技能。

强化整体反弹传球技能的高级活动建议

在强调准确性之前，学生应该先掌握技能的关键要领。如果过早强调准确性，那么学生会瞄准目标，而在练习时忽视技能的关键要领。设置的目标应该足够大，才能让学生实施技能的关键要领，并成功击中目标。

合作活动

不在我身边

目的

推动一个物体越过搭档的界线，从而提高反弹传球的技能。

设备

一个球（塑料球或较轻的橡胶球），一个拱形标志筒或球落在上面能滑下来的物体，两位搭档之间有两条界线（球场边界线或美术胶带，相距大约3英尺）。

活动

1. 两位搭档站在界线以后，面向对方，拱形标志筒放在两条线中间。

2. 每个人完成反弹传球，并试着击中标志筒，推动其越过对方界线。只能用反弹传球让物体移动。

3. 如果有人使用了其他传球方式移动标志筒，标志筒应放回起始位置，重新开始活动。

4. 当标志筒完全被推过一方界线，活动停止。再重新开始活动。

拓展活动

- 使用空的麦片盒、纸盘、扁平塑料球、呼啦圈或其他物体代替拱形标志筒。
- 利用呼啦圈增加难度，让学生击中呼啦圈的某个指定部位（例如，呼啦圈外侧边缘，呼啦圈的内侧边缘）。

三球杂技

目的

搭档轮流控制3个球的反弹。

设备

每组搭档3个塑料球。

活动

1. 两人搭档练习。

2. 开始时，A持两个塑料球（球1和球3）。B持一个球（球2）。

3. A开始通过反弹传球把球1传给B。B在接球1前，通过反弹传球把球2传给A。A在接球2前，通过反弹传球把球3传给B。

4. 活动进行过程中，每人手中只能有一个球（见下图）。

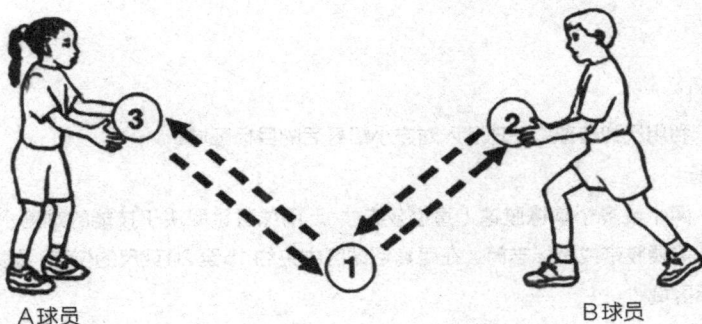

A球员　　　　　　　　　　　　　　　B球员

三球抛接活动布局图

拓展活动

● 两人掌握了3球抛接技术后，尝试4至5个塑料球的同时抛接。

● 用3个或更多个大小不同的球完成活动。

团体活动

是你的球，不是我的

目的

运用反弹传球把所有物体推向对方的一侧。

设备

8至10个塑料球或较轻的橡胶球，12至15个球击中后会滑落到地上的其他物体（如圆环、拱形标志筒、空盒子）。

活动

1. 划定一个活动区，设置一条中线，以及距离中线约8英尺的两条界线。

2. 将全班学生平均分为两组，每组学生站在界线以后，面向对方。

3. 沿着中线放置较多目标物体（见右图）。

4. 给每组4至5个球。

5. 发出开始指令后，学生通过反弹传球尝试让球击中中线上的目标物体。反弹传球时，学生不能超过界线。

6. 学生尝试击中目标，推动其越过对方的界线。

7. 当所有目标物体都被推入一个小组的活动区域内，重新开始活动。

拓展活动

设置活动时间。计数规定时间内击中或移动的目标物体。

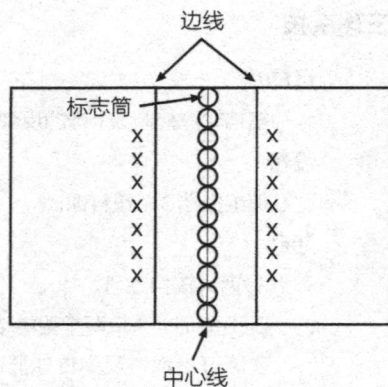

创建"是你的球，不是我的"活动

扑通游戏

目的

利用反弹传球，使球落入对方小组身后的目标区域。

设备

两个或多个软橡胶球（直径8英寸）。用球数量取决于技能的难度水平和学生的数量。你将需要胶带或者标志筒，在距离活动区中央约15至20英尺的位置，划出一个范围较大的目标区域。

活动

1. 把班级平均分为两组，两组学生站在活动区两端，面向对方。

2. 每组提供相同数量的球，开始活动。

3. 发出开始指令后，学生运用反弹传球，让球落入对方小组的目标区域内。

4. 如果球落入对方的目标区域内，传球人所在小组得1分。

5. 学生可以接球，防止球落入己方目标区域。

6. 若一组率先得10分，则活动重新开始。

拓展活动

● 活动进行时，确保学生正确完成反弹传球动作。对那些难以完成反弹传球的学生应给予指导，或是让他们去练习区，同搭档或者助教老师一起练习。

● 指定一个高分球。如果这个球落入目标区域，奖励2分。

疯狂的 Omnikin 球

目的

通过反弹传球让某个物体越过活动区域。

设备

这个物体可以是 Omnikin 球，或是任何比所用传球大一些的球。用来传球的球可以是塑料球、篮球或排球，用这些球击打 Omnikin 球。

活动

1. 全班学生分为 4 个组。4 个组分别站在正方形活动区域的一边。学生须站在线后。

2. 在正方形活动区域的中心放一个 Omnikin 球或更大的球（见右图）。

3. 每组用 2 个或更多的球开始活动。

4. 发出开始指令后，让学生尝试用反弹传球，将手中的球击打场地中间的大球，目的是让它往其他小组的边线移动。

5. 直到大球越过一方小组的边线，停止传球。老师捡回落在正方形活动区域内的球（用于传球的球）。

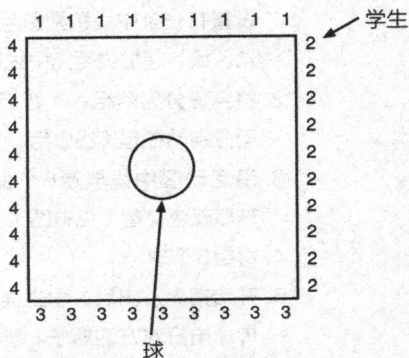

疯狂的 Omnikin 球活动布局图

6. 只能让学生用传球去击打中央的大球，而不能借助身体。

7. 一旦大球越过规定的边线，活动停止，大球被放回场地中央。

8. 当每组拥有相同数量的球可传球时，重新开始活动。确保每位学生有机会传球。

拓展活动

- 分成 2 个小组，而不是 4 个小组。

- 尝试使用各种球传球，并击中大球让其滚动，越过一方小组的边线。这样可能引导学生讨论，哪种球更适合完成这个任务（例如，篮球与泡沫球相比）。

- 下一轮活动开始之前，或者在活动中发出指令，两组调换位置。如果是在活动中调换位置，确认学生明白在发出指令换位置前不能击打中央的大球；调换位置时也不能带球。

保龄球

目的

利用反弹传球，击打对方的保龄球瓶。

设备

每组3个球，3个塑料保龄球瓶（图中用A和B表示）。每个组要给保龄球瓶做颜色标记（例如，使用不同颜色的胶带给保龄球做标记）。

活动

1. 设置有一条中线和两条起掷线的活动区域，起掷线距离中线约8英尺。

2. 将全班分为两组，人数相等，面对面分别站在起掷线以后。

3. 沿活动区中线放置6个保龄球瓶，球瓶颜色交替（见右图）。

4. 每组3个球。

5. 开始指令发出后，学生尝试用反弹传球击打对方的瓶子。学生不能越过起掷线。

6. 如果越过起掷线传球，击倒瓶子为无效。

7. 当一组的瓶子全部被击倒后，则重新开始活动。

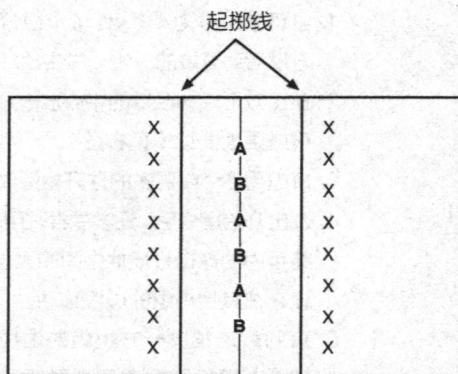

保龄球活动布局图

拓展活动

- 使用2升的空瓶，较轻的标志筒，空的麦片盒或其他物体作为目标。

- 在两根排球立柱中间悬挂一根绳子，绳子上挂着较轻的目标物（如围巾、彩带、皱纹纸），让学生挑战击打对方的目标。

源自：K. Thomas, A. Lee, and J. Thomas, 2000, *Physical education for children: Daily lesson plans for elementary school*, 2nd ed.（Champaign, IL: Human Kinetics），546.

关于反弹传球的其他活动，可参见本章后文中关于强化整体反弹传球和胸前传球技能的高级活动建议。

反弹传球问题解决表

问题	解决方法
1. 眼睛不看目标	• 让学生把球传到自己设定的目标上 • 让学生把球传到墙上不同颜色的目标上 • 在一个高的标志筒上放一个2升空瓶，让学生尝试把它击落下来 • 把铝质餐盘挂在墙上作为目标
2. 手放在球上的位置不正确	• 在球上画出手的正确位置 • 让学生手上涂满婴儿爽身粉，之后放在球上留下印迹 • 使用市面上销售的印有手印的球
3. 学生传球时不向前迈步	• 学生传球时，让他向前迈步踩在垫子或毯子上 • 让学生站在一条线旁（可以用绳子或者地板胶带做线）。学生传球时，必须让脚向前迈步跨过这条线 • 用胶带把泡沫垫固定在地面上，让学生传球时向前迈步踩在上面发出声响
4. 传球时手臂没有完全伸展	• 让学生练习向外伸手，去抓一个距离身体一臂远的物体 • 在学生面前悬挂一个铝质餐盘，在他向外伸手完成反弹传球时，让他尝试击打这个盘子
5. 保持手部连带动作时，身体位置不正	• 告诉学生在保持手部连带动作时，皮带扣正对目标 • 在手部连带动作中，让搭档检查并确保胸部与迈步脚持平
6. 球没有在合适的落点弹起（落点距离目标太近或太远）	• 在两位搭档之间的地面上放两个目标（几条胶带或呼啦圈），让他们击打。他们应该瞄准击打距离对方较近的目标 • 让两位搭档从绳子（或者排球网）下面传球 • 在两位搭档之间放一个拱形标志筒。让每位搭档尝试传球击打标志筒，并且推动它越过对方

胸前传球

胸前传球通常认为只适用于篮球运动，但是在其他运动中也能发现它的踪迹，例如手球和一些快速球类运动。我们建议先学会反弹传球后再去教学胸前传球。胸前传球往往需要运用更大的力量，因此对于年幼的儿童来说，更具有挑战性（因为胸前传球必须向外推球，而不是向下）。此外，胸前传球也比反弹传球更难接，训练难度较大。

儿童在练习时应该选用自己能恰当控制的球。塑料球比较适合年幼的儿童。如果球过大或过重，儿童传球时，手会放在球的下方，传球呈弧线，而不是直线。

虽然《美国K-12体育教育的国家标准和年级水平学习成果》（SHAPE America, 2014）没有提及胸前传球，我们发现儿童在三年级就能掌握这项技巧。应该在儿童能够完成接球技巧时，向他们教授胸前传球，如果可能的话，应该在小学低年级课程中尽早实施这项技能的教学。

关键要领

准备姿势
面向目标，两脚分开与肩同宽，膝盖弯曲，眼睛注视目标，双手持球，大拇指并拢放在球的后侧，其他手指放在球的侧面，持球高度贴近胸前。

迈步和推球
手臂向前伸出后，单脚向前迈步，双臂向前伸展，向着目标推球出手。

手部连带动作
推球出手以后，双手翻转，手背相对，大拇指向下。这个动作中需要抖腕。

提示词

教学这个技巧的每个阶段中，你所选的提示词将取决于你所教学生的年龄以及你强调的方面。在便于使用的几套提示词中，有些适合用来教学胸前传球。你可以单独使用某一套提示词，或者根据需要混合搭配使用。我们发现，大声说出提示词有益于学生练习。

准备——面向目标，两脚分开与肩同宽，膝盖弯曲，眼睛注视目标，双手持球，大拇指并拢放在球的后侧，其他手指放在球的侧面，持球高度贴近胸前。

推球——双手持球贴近身体，高度约在胸前，大拇指并拢放在球的后侧，其他手指放在球的侧面。把球从胸前向外推出。

迈步和推球——单脚向前迈步，伸展手臂，向着目标推球出手。

手部连带动作以及大拇指朝下——推球出手以后，双手翻转，手背相对，大拇指指向下方。这个动作中需要抖腕。

> **提示词组1：** 准备、迈步和推球、手部连带动作
> **提示词组2：** 准备、迈步和推球、大拇指朝下
> **提示词组3：** 准备、向外推开
> **提示词组4：** 推球、向外推开

强化及评估胸前传球关键要领的活动建议

在学习过程中，重要的是让学生了解一种技能的形式，有哪些关键要领，以及怎样正确地完成每个要领。在前文中，我们提供了胸前传球的图片及说明，并把它分为几个关键要领，提出了可以使用的提示词。第1章提供了一般性活动，能够强化胸前传球，以及所有运动和操控性技能的概念。后续章节中将提供更多的具体活动，来巩固胸前传球的每个要领。

同伴技能考核

目的

让搭档互相评估个人技能学习的进程。

设备

同伴技能考核表，每组一个球。如果学生不能阅读或是不会说英语，可以使用同伴技能考核表的图片版。

活动

1. 搭档观察对方的准备姿势是否正确。
2. 若准备姿势正确，搭档在第一个方框里放一个"Y"；如果准备姿势不正确，则放一个"N"。对于识字量很少的学生，如果搭档准备姿势正确，可以放一个笑脸图片；反之，则放进哭脸图片。
3. 每个关键要领被评价5次后，停止同伴评估。
4. 每个学生都要使用同伴技能考核表。

拓展活动

- 使用同伴技能考核表来测评每个学生技能水平的提高。
- 把同伴技能考核表同成绩单寄给学生家长，或是在个人技能水平提高时寄给家长。

同伴技能考核表
技能：胸前传球

胸前传球者姓名：_____

观察者姓名：_____

①准备

1　　2　　3　　4　　5

②迈步和推球

1　　2　　3　　4　　5

③大拇指向下

1　　2　　3

同伴技能考核表
技能：胸前传球

胸前传球者姓名：_____　　观察者姓名：_____

观察你的搭档，然后给技能的每项关键要领打分。让你的搭档每个动作做5次。如果搭档做的动作正确，就在对应次数的方框里填个"Y"；如果搭档做的动作不正确，就在对应次数的方框里填个"N"。

开始		测试

准备姿势
1. 目视目标。
2. 膝盖弯曲。
3. 两脚分开与肩同宽。
4. 双手持球放在胸前。

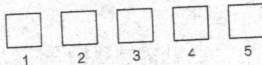
1　　2　　3　　4　　5

动作

迈步和推球
1. 单脚向前迈步。
2. 皮带扣正对目标。
3. 双臂伸展。
4. 向外推出球。

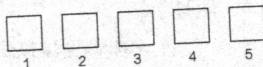
1　　2　　3　　4　　5

停止

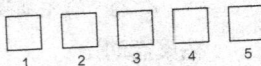

手部连带动作
大拇指朝下。

1　　2　　3　　4　　5

成功构建者

成功构建者活动能够让老师监督学生的进程，并满足学生的个别需求。如果学生在某个关键要领上需要额外帮助，下面列出的活动将有助于提高正确表现水平。

目的

改善同伴技能考核表上的不足之处。

设备

见以下各个练习站点。我们建议在每个练习站点放一面不易碎的镜子和一张印有胸前传球每项要领的海报。在这些活动中，镜子的用处很大，因为它能让学生看到自己的动作。制作海报最简单的方法是放大打印这本书上的图片。给海报塑封能延长其使用年限。

活动

1. 在教学区内，为3个关键要领分别设立一个练习站点。在相应的站点张贴具体要领的说明和图片。
2. 每个站点的细节如下。

准备

面向目标，两脚分开与肩同宽，膝盖弯曲，眼睛注视目标，双手持球，大拇指并拢放在球的后侧，其他手指放在球的侧面，持球高度位于胸前。

设备

准备姿势海报、镜子（如果有的话）和同伴技能考核表。

活动

学生做好准备姿势，搭档检查并观察其姿势是否与海报相符。学生借助镜子观察自己的动作。然后学生随意走动，搭档发出指令后，再次做好准备姿势，一旦学生能够向搭档展示正确的准备姿势，搭档二人互换角色练习整套技能。

迈步和推球

单脚向前迈步，同时双臂伸展，向着目标推球出手。

设备

镜子、迈步和推球海报、胶带（地板胶带或美术胶带）或者在地面上设置一个圆形目标、同伴技能考核表。

活动1

学生展示向前迈步，把球推向墙上的目标。做此动作时，学生应该双臂和双手一起推向目标。搭档检查并观察其姿势是否与海报相符。学生借助镜子观察自己的动作。一旦学生能够向搭档展示正确的迈步和推球动作，搭档二人互换角色练习整套技能。

活动2

在墙上设立几个目标。由搭档选择一个要击打的目标。学生向前迈步把球推向合适的目标。一旦学生能够向搭档展示正确的迈步和推球动作，搭档二人互换角色练习整套技能。

手部连带动作

推球出手以后，双手翻转，手背相对，大拇指指向下方。这个动作中需要抖腕。

设备

镜子、手部连带动作海报、投影仪（或其他让亮光照到学生身上的方法，将他的影子投到墙上）以及同伴技能考核表。

活动

学生在镜子或灯光前展示手部连带动作。学生展示这个动作时，搭档观察其是否抖腕。搭档检查并观察其姿势是否与海报相符。学生借助镜子观察自己的动作。一旦学生能向搭档展示正确的手部连带动作，搭档二人互换角色练习整套技能。

强化反弹传球和胸前传球技能的高级活动建议

在强调准确性之前，学生应该先掌握技能的关键要领。如果过早强调准确性，儿童就会开始瞄准目标，而忽视技能的关键要领。因此，目标应该足够大，学生才能实施技能的关键要领，并成功击中目标。

个人活动

颜色目标

目的

击中特定的目标，提高传球的准确性。

设备

将不同颜色的美术纸（每种颜色做8至12个目标）贴在场馆或者活动区域的地面上，每个学生一个球（塑料球或泡沫球）。

活动

1. 制作一个彩色盒，里面有各种颜色的美术纸，颜色纸要多于学生的人数。

2. 挑选一名学生从盒子里抽取一张颜色纸。

3. 选中的颜色纸作为颜色目标，所有学生必须在地面上确定这个颜色目标，用反弹传球击中这个目标。

4. 在你发出停止指令之前，学生不断地向选定的颜色目标传球。

5. 直到所有学生都有机会从盒子里抽出目标颜色后，活动停止。

对于胸前传球：目标应该放置在墙上，而不是地面上。向墙传球的距离适中，并取决于学生的能力和安全因素。

拓展活动

- 除了用不同颜色，学生也可以从形状盒里抽选不同的形状，字母盒里抽选不同的字母，或是单词盒里抽选不同的单词。

- 学生两人搭档。搭档选择不同的颜色、形状、字母或单词目标。传球人必须尝试击中这个选定的目标。搭档之间轮流挑选目标并且练习传球。目标随意放置在活动区域内，搭档可以接住传球。
- 目标可以放在地面上或是墙上，这样学生就能站在适当的距离，通过反弹传球击中地面上或是墙上的目标。

拼单词

目的

通过反弹传球或胸前传球击中字母，拼写单词。

设备

每个学生一个球（泡沫球或塑料球）。4套完整的字母，散放或贴在场馆或活动区的墙上。最好有额外的元音和特定的辅音字母（如N、R、S、T）。你可能需要纸和铅笔，或是白板和记号笔作为词库。

活动

1. 发出开始指令后，学生通过反弹传球或胸前传球击中目标字母，拼写单词。
2. 一旦学生拼出一个单词，就去词库（纸和白板）写下单词。最好提前准备多个词库，学生不必排队等待写单词。
3. 每个单词在纸或白板上只能写一次。
4. 如果学生击中的某个字母不能用来拼成一个单词，他必须再次击中这个字母来删除这个字母。

拓展活动

- 学生两人搭档。一个学生击中字母拼出单词，另一个学生记录单词，并评估传球者的传球技巧。传球人的技能动作正确，才可以使用击中的字母。最先开始的学生拼成一个单词后，轮到搭档练习。
- 学生两人搭档。提供纸和笔来记录他们击中的字母，写下拼出的单词。每个人必须通过传球击中一个元音字母和两个辅音字母，直到他们拥有6个字母来组成单词。两人尝试使用击中的两个或更多的字母来拼出6个单词。如果拼出并写下6个单词，就开始用球击中这些字母拼成单词。一旦完成一个单词的拼写，在清单里划去这个单词。如果学生用不上击中的字母，就必须再次击中这个字母来删除它，再重新选择并击中其他字母。

合作活动

棘手的问题

目的

胸前传球穿过圆环，提高传球的准确性。

设备

在一个篮球筐上或两根立柱之间系一条绳子，在绳子上挂一个呼啦圈，每组搭档一个球。

活动

1. 两位搭档分别站在悬挂的呼啦圈两侧。

2. 发出开始指令后，利用胸前传球让球穿过呼啦圈。

3. 在一定的时间内，搭档互相记录球穿过呼啦圈的次数。

4. 学生只记录传球动作正确时，球穿过呼啦圈的次数。

拓展活动

- 活动没有时间限制，没有速度要求，你可以特别强调正确的技能表现。

- 使用两张网代替悬挂的呼啦圈，一张网悬挂在网球网的高度，另一张网悬挂在排球网的高度，让学生通过胸前传球，让球穿过两张网中间的空隙。

后退

目的

增加搭档之间的距离，提高传球技巧。

设备

每组搭档一个球（塑料球或较轻的橡胶球）。

活动

1. 搭档面对面来回传球。

2. 如果能轻松地传球和接球，那么搭档各向后退一步，再次开始练习来回胸前传球。

3. 每次成功传球和接球后，搭档再各自向后退一步。

4. 直到两人之间的距离过大，不能传接球，或者不能正确完成动作时，停止活动。此时，搭档回到起始位置，重新开始练习。

拓展活动

- 说明测量方法，搭档在他们能够传球的最远距离处，分别放置一个标志筒（或其他物体）做标记。他们可以用胶带来测量并确定具体的距离。记录测量结果，与全班或后续结果做对比，也可以制成图表展示在公告栏中。

- 如果能轻松地传球和接球，那么抛球的学生向后退一步。每次成功地接球与传球后，抛球人都要向后退一步。直到两人之间距离过大，不能传接球时，停止活动。此时，两人回到起始位置，重新开始练习。

源自：Based on Bryant and McLean Oliver 1975.

挑战赛

目的

在各种环境下练习传球。

设备

每组搭档一个塑料球、轻的橡胶球或篮球，塑封挑战卡。不同类型的挑战或许需要额外的器材。

活动

1. 每人选择一个挑战卡。

2. 学生完成卡片上说明的任务。

3. 挑战可能包括以下任务：

- 大力传球（轻力）。
- 向你搭档的胸前传球。
- 传球击打墙面反弹回来时，你或搭档接球。
- 传球击打墙上的目标，目标的高度位于胸前。
- 传球穿过位于胸部的、搭档手持的呼啦圈，或者悬挂的呼啦圈。

拓展活动

- 在活动区域内或者墙面上（胸部高度）放置一些各种颜色的目标、呼啦圈、标志筒或者水桶搭档指定传球人要击中的目标。
- 设立两个游戏立柱或者排球柱，在立柱之间系一根绳子。在绳子上悬挂不同颜色的目标，让学生挑战击中目标。可能的目标包括呼啦圈、铝质餐盘、两升容量的塑料空瓶。
- 制作一个永久性的目标，可以把目标画在场馆的墙上。通常为了方便储存，折叠摔跤垫是靠墙放置的，可以把这些目标画在摔跤垫后面的墙上，在不用时就能把它们覆盖住。
- 搭档互相记录正确的传球数，你记录班级传球的总数。下次课上让全班继续挑战增加正确传球的次数。

移动和传球

目的

提高运动中传球的准确性。

设备

每组一个球（塑料球、排球或篮球）。

活动

1. 搭档面对面，来回传球。

2. 第二次传球后，两人开始运动（朝同一方向），停下来，再次传球。

3. 可以在整个场馆的范围内重复练习这项活动。

拓展活动

- 不停地移动传球，不能停止。
- 搭档面对面，运两次球，再传给搭档。第二次传球后，两人开始运动（朝同一方向），停下来，再次运球并传球。 可以在整个场馆的范围内重复练习这项活动。

过网传球

目的

传球穿过目标，提高传球的准确性。

设备

每组搭档2个排球立柱，一张排球网，一个呼啦圈，绳子、线和一个塑料球。网挂在正常的排球网高度，把呼啦圈挂在网下。

活动

1. 搭档分别站在呼啦圈的两侧。
2. 搭档必须来回传球穿过呼啦圈。
3. 搭档必须让球弹一次才能接球。
4. 学生记录传球穿过呼啦圈的次数。

拓展活动

- 学生记录整个小组完成的传球次数，结果可以制成图表。
- 学生每次传球过圈，就向后退一步。直到学生不能传球过圈，活动停止。再重新开始。

团体活动

循环/再循环

目的

提高运动中传球的准确性。

设备

两根排球立柱，两张排球网，每个学生一个塑料球。网挂在正常的排球网高度。

活动

1. 全班分为两组。
2. 小组分别站在网的两侧。
3. 发出开始指令后，每个人利用反弹传球把球从网下传到对方场地。
4. 学生记录网下传球成功的次数。

对于胸前传球：在立柱之间挂第二张网，高度为网球网的高度。学生在两张网之间运用胸前传球。

拓展活动

- 学生记录整组成功传球的次数，结果可以制成图表，展现出班级的进步情况。
- 每次学生从网下（或两网之间）成功传球过网，就可以绕过立柱加入对方小组。

源自：J.A. Wessel, PhD, 1974, *Project I CAN* (Northbrook, IL: Hubbard).

创建自己的活动

目的

让学生自己创建活动，以提升传球技巧。

设备

每组一张纸和一支笔，你预先确定允许学生在活动中使用的器材清单（如保龄球瓶、标志筒、绳子、塑料球或轻橡胶球）。

活动

1. 2至5个学生一组。你可以自己选定小组，或者学生自己建组。

2. 每组将传球（反弹传球或胸前传球）作为基本技能设计活动。学生必须制定活动规则，确保正确完成传球，以及包括所有参与者和安全考虑。

3. 每个小组在纸上写下组员的名字、活动规则、所需器材，随后向你展示活动。

4. 经你同意后，小组领取所需器材，活动开始。

5. 你必须同意对活动的所有改变。

拓展活动

- 小组可以教给其他组自己设计的活动。

- 小组可以教全班学生如何完成自己设计的活动。

三角传球

目的

团体练习，提高传球的熟练程度。

设备

3人一组，每组两个塑料球。

活动

1. 3个学生站成三角形，A和B各拿一个球。

2. A反弹传球给B，B反弹传球给C。

3. 此时，在B反弹传球给C的时候，C再反弹传球给A。

拓展活动

- 用胸前传球。

- 如果可能则由2个小组组成2个重叠的三角形。每个三角形内的学生只能和同组组员传球。即第一组的学生只能用反弹传球把球传给本组队友，第二组的学生只能用胸前传球把球传给本组队友（见右图）。

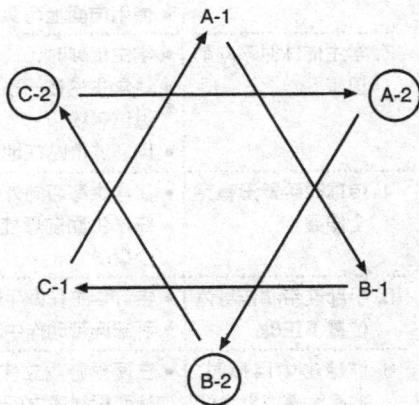

拓展活动：第2个三角形布局图

星形传球

目的

团体练习，提高传球的熟练程度。

设备

球的数量比小组学生人数少一个。

活动

1. 学生围成圆形，其中一个学生手持一个塑料球。

2. 持球的学生说出一位同学的名字，并反弹传球给他，不能传给自己旁边的两位同学。

3. 接到球的学生说出另一位同学的名字，并把球传给他，同样不能抛给身边的同学。

4. 直到球又回到第一个传球的学生手中，结束循环。

5. 一旦游戏轮转了两次，第一位传球的学生再多拿一个球。

6. 完成两个球的轮流传球后，第一位抛球的学生再次增加一个球。当球的数量比学生人数少一个时，游戏结束。

拓展活动

- 可以用胸前传球。
- 可以搭配使用反弹传球和胸前传球。

源自：Based on Fluegelman 1981.

胸前传球问题解决表

问题	解决方法
1. 没有目视目标	• 让学生把球传到自己指定的目标上 • 让学生把球传到墙上不同颜色的目标上 • 用铝质餐盘作为目标
2. 手放在球上的位置不正确	• 在球上画出手的位置 • 让学生手上涂满婴儿爽身粉，之后印在球上 • 使用市面上可买到的印有手印的球
3. 学生传球时不向前迈步	• 学生传球时，让他向前迈步踩在垫子或毯子上 • 让学生站在一条线旁（可以用绳子或者地板胶带）。学生传球时，必须让脚跨过这条线 • 用泡沫垫贴在地面上，让学生传球时向前迈步踩在上面发出声响
4. 传球时手臂没有完全伸展	• 让学生练习向外伸手去抓一个距离身体一臂远的物品 • 在学生面前悬挂一个铝质餐盘，在他进行胸前传球向外推球时，尝试击打这个盘子
5. 手部连带动作身体位置不正确	• 告诉学生在做手部连带动作时，皮带扣正对目标 • 手部连带动作中，让搭档检查并确认传球人的胸部与迈步脚持平
6. 推球击中目标时，高度太高或者太低	• 在两根游戏立柱之间系上两根绳子，绳子的高度分别位于颈部和腰部，以便从两根绳子之间传球击中目标 • 让学生练习传球击中墙上的目标 • 对学生来说，球可能太重或太轻。给学生大小更合适的球，或者让儿童距离目标更近（或更远）

总结

篮球现已成为美国最为流行的运动之一。有很多职业女子和男子篮球队，不论男孩还是女孩，所有学生都能在这些队里担当可能的角色。学生在假期内、家里、青年训练营或者校园内打篮球，他们模仿职业运动员打球。没有正确的指导，学生无法学习并实施正确的技能动作。之后再修正这些错误动作将困难重重。

在场上运球最有效的方法之一是传球。学生要想在篮球运动中取得成功，恰当地教学，以及将球精确地传给搭档或队友则非常重要。一旦学生和业余球员了解了传球的方式和时机，他们就能够有效地运用反弹传球和胸前传球。传球时保持正确的身体姿势，向前迈步，向外推球，这些都是学生在反复体验成功传球之前必须掌握的关键要领。

教师通常是学生所能接触到的，通过传授关键要领以及技能提示词给予学生指导的第一人。我们应该认真把握这个机会。如果你帮助学生成为熟练的运动员，他们可能更有兴趣参与体育教学课程之外的体育运动。

反弹传球课程计划

（第一节课）

年龄组：一年级。

教学重点：传球人向外推球。

教学次重点：力量和方向的运动概念（向下或向外）。

教学目标：运用反弹传球向外推球，球弹向距离接球人更近的位置，而不是距离传球人更近。同伴观察评估（提示词：推开）。

材料和设备：一个塑料球，一个呼啦圈，每个学生一个击球目标。每组搭档一个圆顶标志筒（或者其他能够在地面上推动的物体）。

提前准备：在场馆内四处放置目标。目标可以是呼啦圈、美术纸或其他物体。每个学生都需要一个目标。目标距离地面不超过3英尺。在距离目标约8至10英尺处贴上地板胶带（或美术胶带）。

组织和管理：学生在个人空间进行指导和热身练习。之后，学生在场馆内找到自己的练习站点。

说明和热身：

今天我们将学习一些传球的方向概念并练习如何运用。表示方向的词有向上、向下、离开和靠近。音乐开始，按照我喊出的移位运动技能，在场馆的公共空间内运动。音乐停止后，我会要求你们到达指定地点，按要求让双臂向上、向下、靠近或远离身体。你们明白这些指令了吗？音乐开始，喊出慢跑、跳跃、快跑、行走或滑步。

音乐停止，再喊出向上、向下、靠近或远离这些方向词。观察并纠正学生的运动技能表现，以及纠正方向错误。

停止不动。现在你们假装手里拿着一个球。向我展示怎样让球向下、向上、推离和靠近。很好！现在我们将再次使用运动技能，当音乐停止时你们停止不动，按照我说的指令想象传球的方向。你们明白这些指令了吗？（音乐开始）

观察并纠正学生的运动技能表现，以及纠正方向错误。

停止不动。找个个人空间并坐下。这次我们将使用真球来练习这些方向的运用。

先学习反弹传球。完成这个技巧时，先起立，持球放在胸前，**向前迈步并向下推球远离身体**。球远离身体这一点非常重要。注意看我如何在墙边完成反弹传球。（在墙边向学生示范向地面传球）

注意看我让球在地面反弹并且击中墙上的目标。为了达到这个效果，我必须把球**推离**身体。要想保持身体平衡，传球时必须单脚向前迈步。无论哪只脚向前迈步都可以。这样做的目的是什么呢？（**保持平衡**）很棒。

大家看场馆内，墙上贴着很多美术纸还挂着很多球。你们每个人选定自己的位置来练习反弹传球。你们选好想击打的目标，并且坐在目标前面的胶带上了吗？开始。

拿起一个球，站在正对墙上目标的胶带上。面对目标，做好准备姿势，向前迈步向外推球远离身体，尝试击中目标。拿回你的球，站回胶带处。（**重复几次**）儿童要和你一起反复念提示词。如果他们能自己说出提示词（推开），就可以单独练习。

观察学生练习推球远离身体的过程。

停止不动。如果你们能够连续击中目标3次，就向后一大步。无论什么时候你能连续击中目标3次，就可以再向后退一大步。你们明白这些指令吗？开始。

观察学生练习向外推球远离的过程。经常重复提示词"推开"。

停止不动。原地坐下。如果你能轻松完成反弹传球，就可以尝试下一个挑战任务。（一边说明一边示范动作）把一个呼啦圈放在离墙一步远的地方，你需要让球弹向呼啦圈内的地面，再弹起击中墙上的目标。你明白这些指令吗？有谁已经做好准备，请举手。（把儿童分成小组，领取呼啦圈）所有人回到自己的目标位置。开始。

观察学生练习向外推球远离的过程。经常重复提示词"推开"。

停止不动。每个人找一个搭档并坐下。你们能正确完成推球远离，准备好尝试下一个挑战任务吗？你和搭档只需要一个球和一个圆顶标志筒。一个人拿着呼啦圈把它放在桩上，捡起标志筒。另一位搭档把球传给你。（儿童按小组领取和放回器材）非常好。

现在注意看（学生）我如何完成这项技能。我们之间有个标志筒。我们要向后退，距离标志筒两步。我要**向外推球**，让球击中标志筒，并让标志筒向你们（学生）移动得更近。学生尝试用反弹传球让标志筒离我越来越近。我说开始后，你和搭档在场馆内找个位置，把你们的标志筒放在地上，各人向后退两步。每个人尝试用反弹传球努力让标志筒远离自己。你们明白这些指令吗？开始。

观察学生练习向外推球远离的过程（次要关注点是触及标志筒）。经常重复提示词"推开"。

停止不动。时间到。把器材放回原来的位置，排队等候老师。

结束：学生列队离开。

你们认为在反弹传球时，向下推球和向外推球哪个更重要？（**向外推球**）我们用了很多时间练习向外推球。如果某个学生和我搭档，我反弹传球给他（学生），正确的传球是球落在地上的位置，应该离我近还是离学生近？（**学生**）

下次我们将练习向着运动目标传球。

第**7**章

击 球

击球是很多体育运动中不可缺少的技巧。击球有以下几种形式：下手击球，如同排球发球；侧面击球，如同网球正拍；双手侧面击球，如同棒球击球。

儿童在第一次尝试击球时，往往无法准确控制而猛击或击中一个物体。当技能提高以后，在击球时才能掌握猛击。遗憾的是，第一次学习击球时，儿童往往使出最大的力气来击打物体。这对教师来说是个挑战，因此要提供合适的提示词和活动来帮助儿童控制击球动作。这样有助于他们控制击打的力量，以及击打物体的方向。

本章介绍了3种基本的击球方式：下手击球（排球发球）、侧面击球（网球正拍）和双手侧面击球（棒球击球）。由于每种击球技巧都很复杂，而且涉及借助或不借助器材，因此掌握每项技巧的年龄并不相同。《美国K–12体育教育的国家标准和年级水平学习成果》强调下手击球（S1.E22），即下手截击球。此外，还说明了涉及短柄器材（S1.E24）或长柄器材（S1.E25）的击球。然而在本章中，我们讨论的侧面击球和双手侧面击球并没有具体强调器材的长度。在相应内容中有针对每个成果的具体说明。

下手击球

在排球运动中，下手抛球的关键要领和下手击球和下手发球非常相似。一旦儿童熟练掌握了下手抛球，他就能轻松地学会下手击球的技能。学会这个运动技巧以后，借助其他器材，这项技巧也适用于羽毛球的发球。

《美国K–12体育教育的国家标准和年级水平学习成果》（SHAPE America, 2014）没有直接提及击球。然而，标准中提到的下手截球就是本章中提及的下手击球（表7.1）。这个标准指出幼儿园儿童能够击打较轻的物体（气球），让物体向上运动（S1.E22.K）。一年级学生能够用张开的手掌击打物体，让物体向上运动（S1.E22.1）。二年级学生能够连续击打（S1.E22.2）物体，让物体向上运动。三年级学生能够用下手击球的方式击打物体，让球向上运动并越过网、弹向墙面，或越过一条线传给搭档，能展示出熟练击球模式下5个关键要领中的4个要领（S1.E22.3）。四年级和五年级学生（S1.E22.4和S1.E22.5），能够在运动状态中熟练运用技能。

我们发现，直到三年级或四年级时，学生才能熟练掌握下手击球。但是应该从幼儿园就开始学习这项技能。

表7.1 下手截球的各年级水平学习成果（S1.E22）

	幼儿园	一年级	二年级	三年级	四年级	五年级
S1.E22 下手截球	截击一个较轻的物体（气球），让物体向上运动（S1.E22.1）	用张开的手掌截击物体，让物体向上运动（S1.E22.1）	连续击打物体，让物体向上运动（S1.E22.2）	用下手击球或侧面击球的方式截击物体，让物体向上运动并越过网、弹向墙面，或越过一条线传给搭档，能展示出成熟击球模式下5个关键要领中的4个要领（S1.E22.3）	运动状态中熟练运用成熟的下手截击技能（如2×2、4×4手球）（S1.E22.4）	运用技能（S1.E22.5）

源自：SHAPE America-Society of Health and Physical Educators, 2014, *National standards & grade-level outcomes for K-12 physical education* (Champaign, IL: Human Kinetics).

关键要领

准备姿势	手臂后摆	迈步和摆臂	击打	手部连带动作
面向击球的目标方向，两脚分开与肩同宽，眼睛注视球，非惯用手持球，持球高度约在腰部。	向后拉动击球臂，高度至腰部。	惯用手在身体前方击球的同时，击球臂对侧的脚前倾并向前迈步。击球高度在腰部。	击球手对侧的脚向前迈步的同时，用手掌根部击打球的下方。	击球手沿着击球方向继续运动，但不超过肩高。

提示词

这项技能的每个阶段，你所选的提示词将取决于你所教学生的年龄，以及你强调的方面。在可以使用的几套提示词中，有些适合用于教学下手击球。你可以单独使用某套提示词，或者根据需要混合搭配使用。我们发现，学生在练习时大声说出提示词非常有益于技能的学习。

准备——面向击球的目标方向，两脚分开与肩同宽，眼睛注视球，非击球手在身体前方持球，持球高度约在腰部。

开始——面对击球方向，两脚分开与肩同宽，眼睛注视前方。

手放低和伸展手臂——非击球手在身体前方持球，手臂伸展，持球高度约在腰部。

迈步——击球手对侧的脚向前迈步。

击球——击打球的下方。

手臂后摆——向后直线拉动击球臂，高度至腰部。

迈步和摆臂（迈步和击球）——击球手对侧的脚向前迈步。击球手在身体前方腰部或以下位置触球。用手掌根部击打球的下方。

手部连带动作——击球手沿着击球方向继续移动，但不超过肩高。

> **提示词组1：** 准备、迈步、击球
>
> **提示词组2：** 手放低、迈步、击球
>
> **提示词组3：** 开始、伸展、迈步和摆臂、手部连带动作
>
> **提示词组4：** 准备、手臂后摆、迈步和击球、手部连带动作

强化和评估关键要领的活动建议

在学习过程中，重要的是让学生了解怎样观察一种技能，有哪些关键要领，以及怎样正确地完成每个要领。在前文中，我们提供了下手击球的图片以及说明，并把它分为几个关键要领，提出了可以参考的提示词。除了第1章的内容强化了如何下手击球，以及所有运动和操控性技能的概念以外，后续章节中将提供更多具体的活动，来巩固下手击球的每个要领。

同伴技能考核

目的

让搭档互相评估技能学习的进程。

设备

同伴技能考核表，笔，每组搭档一个球。如果学生不能阅读或是不会说英语，可以使用同伴技能考核表的图片版。

活动

1. 搭档观察对方是否做出正确的准备姿势。
2. 如果准备姿势正确，搭档在第一个方框里放一个"Y"；如果准备姿势不正确，则放"N"。对于识字量很少的学生，如果搭档姿势正确，可以放一个笑脸图片；反之，则放哭脸图片。
3. 每个关键要领被评估5次后，停止评估。
4. 每个学生都要使用同伴技能考核表。

拓展活动

- 使用同伴技能考核表来衡评每个学生技能学习的进步。
- 把同伴技能考核表和成绩单寄给学生家长，或是在学生个人技能取得进步时寄给家长。

同伴技能考核表
技能：下手击球

下手击球者姓名：_____
观察者姓名：_____

❶准备
1　2　3　4　5

❷手臂后摆
1　2　3　4　5

❸迈步和摆臂
1　2　3　4　5

❹击球
1　2　3

❺手部连带动作
1　2　3

同伴技能考核表
技能：下手击球

下手击球者姓名：_____　观察者姓名：_____
观察你的搭档，然后给技能的每项关键要领打分。让你的搭档每个动作做5次。如果搭档做的动作正确，就在对应次数的方框里填个"Y"；如果搭档做的动作不正确，就在对应次数的方框里填个"N"。

开始　　　　　　　　　　　**测试**

预备姿势
1. 眼睛注视目标。
2. 两脚分开与肩同宽。
3. 非击球手持球。
4. 持球位于身体的前侧方，
　　高度在腰部。
1　2　3　4　5

动作

手臂后摆
1. 击球臂向后拉回，高度至
　　腰部。
1　2　3　4　5

迈步和摆臂
2. 身体略微前倾。
3. 击球手侧的脚向前迈步。
1　2　3　4　5

击球
4. 击球手向前摆动，用手的
　　底端击打球的下方。
1　2　3　4　5

结束

手部连带动作
击球手沿击球方向移动，但
不超过肩高。
1　2　3　4　5

成功构建者

成功构建者活动可以让老师满足学生的个人需求。如果学生在个别关键要领上需要额外的帮助,此处列出的这些活动将提高学生正确表现的水平。

目的

通过同伴技能考核表,搭档之间互相评估并改善不足之处。

设备

详见以下个别练习站点。我们建议在每个练习站点设置一面不易碎的镜子,一张有下手击球各个关键要领的海报。在活动中,这面镜子非常有用,因为可以让学生看到自己的动作。最简单的海报制作方法是直接放大打印书上的图。给海报塑封可以延长其使用年限。

活动

1. 在教学区内,为5个关键要领分别设立一个练习站点。在相应站点贴上针对具体要领的图片和说明。

2. 每个练习站点的细节如下。

准备

面向目标,双脚分开与肩同宽,眼睛注视前方,非惯用手在身体前方持球,高度约在腰部。

设备

准备姿势海报、镜子(如果有的话)和同伴技能考核表。

活动1

一位学生做出预备姿势。搭档检查并观察其姿势是否与海报一致。学生借助镜子观察自己的姿势。学生模拟击球,搭档发出指令后,再次做出准备姿势。一旦学生能向搭档展示正确的准备姿势,搭档二人互换角色练习整套技能。

活动2

儿童有时会在持球时弯曲手臂,这不利于正确击球。在练习时戴上护肘或许能够帮助学生感觉到手肘的弯曲,提醒学生要保持手臂伸直。让学生尽可能不带护肘练习击球。

手臂后摆

将击球臂向后拉,超过身体中线,高度至腰部。

设备

手臂后摆的海报。

活动

让学生背靠墙站立,将惯用手向后摆动触墙。与搭档一起练习时,可以向后伸臂尝试触碰搭档的手。一旦掌握了这个动作,搭档二人互换角色练习整套技能。

迈步和摆臂

惯用手在身体前方，腰部或以下位置击球的同时，对侧的脚向前迈步。

设备

迈步和摆臂海报、胶带（地板胶带或美术胶带）以及同伴技能考核表。

活动

学生做出迈步姿势，击球手对侧的腿向前迈步，假装大步向前的姿势。（如有必要，在地面上贴上地板胶带或美术胶带，或者其他能看到的提示方式，帮助学生用对侧的脚向前迈步。）学生应该先练习这个姿势，然后练习从双脚并拢到对侧脚向前迈步。一旦学生能够向搭档展示正确的迈步和摆臂动作，搭档二人互换角色练习整套技能。

击球

击球手对侧的脚迈步的同时，用击球手掌根部击打球的下方。

设备

击球姿势海报，塑料球或排球，以及同伴技能考核表。

活动

用记号笔在球上画一个直径为3英寸的圆。学生持球时便于用击球手轻松击中这个圆。让学生练习击球，让他看到击球手掌根部击中画在球上的圆。

手部连带动作

击球手沿击球的方向移动，但不超过肩高。

设备

手部连带动作海报、投影仪、不易碎的镜子以及同伴技能考核表。

活动1

学生站立在投影仪和墙之间。一位学生练习时，搭档把他的影子投射在墙上。学生练习下手击球，击球之后，搭档在墙上贴一片胶带，标明击球手移动的距离。搭档二人继续练习手部连带动作，直到击球手每次都停在肩膀以下的位置，再停止练习。

活动2

学生在无球的情况下，面对镜子练习下手击球。学生从镜子里观察并确定手部连带动作停止的位置。搭档也能评估其动作。

强化整体技能的高级活动建议

在强调技能的准确性之前，学生应该先完全掌握关键要领。如果过早强调准确性，那么学生在练习时将会关注瞄准目标，而忽视了技能的关键要领。设置的目标要足够大，学生才能正确实施技能的关键要领，并成功让球击中目标。

个人活动

彩色目标

目的

击打特定的目标，提高下手击球的技能。

设备

不同颜色和大小的美术纸（每种颜色做8至12个目标），贴在场馆或活动区域的墙上，每个学生一个球（排球、塑料球或泡沫球）。

活动

1. 制作一个颜色盒，取每种颜色美术纸各一张，作为样本放进盒子里。颜色纸的数量要多于学生的人数。

2. 挑选一名学生从盒子里抽一张颜色纸。

3. 选中的颜色就作为颜色目标，所有学生必须用下手击球击中这个目标。

4. 在你发出停止指令之前，学生持续击打选中的颜色目标。

5. 直到所有学生都有机会从盒子里选出颜色目标后，活动停止。

拓展活动

- 学生也可以从形状盒里抽选不同的形状，字母盒里抽选不同的字母，或是单词盒里抽选不同的单词，来取代不同的颜色目标。

- 学生两人搭档练习。搭档选择不同的颜色、形状、字母或者单词作为目标。学生必须使用下手击球来击中选定的目标。搭档之间轮流挑选目标并练习击球。

拼单词

目的

使用下手击球击打字母拼出单词。

设备

每个学生一个球（排球、塑料球或泡沫球）。4套完整的字母，用胶带分散贴在场馆或活动区域的墙上。最好有额外的元音字母和指定的辅音字母（如N、R、S、T）。你可能需要纸和铅笔或是白板和记号笔作为词库。

活动

1. 发出开始指令后，学生通过下手击球击中不同的字母，拼出单词。

2. 一旦学生拼出一个单词，就去词库（纸或白板）写下单词。最好提前准备多个词库，学生不必排队等待写单词。

3. 每个单词在纸或白板上只能写一次。

4. 如果学生击中某个字母，但是不能用来拼写单词，那么他必须再次击中这个字母，以删除这个字母。

拓展活动

- 学生两人搭档。其中一个学生击打字母拼出单词，另一个学生记录单词，并评估击球人下手击球的动作是否正确。击球人下手击球的动作正确，才能使用击中的字母。击球人拼出一个单词后，搭档才有机会练习用下手击球选定字母。

- 学生两人搭档。给每个人纸和铅笔来记录他们击中的字母，写下拼出的单词。每个人必须通过下手击球击中一个元音字母和两个辅音字母，直到搭档二人拥有6个字母拼单词。两人尝试使用击中的一个或更多的字母来拼出6个单词。如果二人拼出并写下6个单词，他们就可以用下手击球击中这些字母拼单词。一旦拼出一个单词，就在清单里划去这个单词。如果学生用不上所击中的字母，就必须再次击中这个字母来删除它，再重新选择并击中其他字母。

合 作 活 动

挑战赛

目的
在不同环境下提升下手击球的技能。

设备
每组一个排球或塑料球，塑封挑战卡

活动

1. 每个学生挑选一个挑战卡。
2. 学生完成挑战卡上描述的任务。
3. 挑战任务包括以下活动。

- 大力击球（用力小）。
- 让球击中不同高度的目标（高、适中）。
- 和搭档同时击球。

拓展活动

- 在墙上贴各种颜色的目标，搭档指定一种颜色目标，击球人击中目标。

- 在两根游戏立柱或者排球立柱之间系上绳子或者排球网。击球人必须击球过网或者越过绳子。可以调整网和绳子的高度。

- 在立柱之间系一根绳子。在绳子上挂各种物体（例如两升容量的空塑料瓶、呼啦圈或铝质餐盘）。学生必须先喊出一个目标，再击球。

对墙击球

目的

击球触墙，提升下手击球的技巧。

设备

每组一个球（塑料球或排球）。

活动

1. 搭档二人都站在离墙15英尺处。

2. 一位搭档利用下手击球让球击中墙壁。

3. 球触墙弹起还未落地前，另一个搭档接住球。

4. 搭档接球后，必须在原接球点同样使用下手击球让球击中墙壁。

5. 搭档记录轮流击球接球的成功次数。

拓展活动

- 球在地上弹起一次再接球。

- 在墙上放置一个目标，让搭档用球击中它。

后退击球

目的

增加搭档之间的距离，向搭档击球，提升下手击球技巧。

设备

每组一个球（如排球，直径8英寸的泡沫球）。

活动

1. 搭档面对面站立，相距约10英尺。

2. 一位学生向搭档用下手击球传球，对方必须接住球。

3. 搭档接住球后，再用下手击球把球传回，对方必须接住球。

4. 完成两轮击球接球后，一人向后退一步，重复以上活动。

5. 如果击球不正确或接球出现问题，必须返回起始位置重新开始。

拓展活动

- 正确的击球之后，可以等球弹起一次再接，不用返回起始位置重新开始。

- 可以借助排球网（绳），让学生击球过网传给搭档。

源自：Based on Fluegelman 1981.

穿过呼啦圈

目的

下手击球穿过呼啦圈，提高下手击球的准确性。

设备

在超过身高的支架上悬挂一个呼啦圈（如游戏立柱、篮球板），每个学生一个塑料球或排球。

活动

1. 搭档二人分别站在呼啦圈的两侧。

2. 搭档轮流尝试下手击球，让球穿过呼啦圈。

拓展活动

1. 在规定时间范围内，搭档记录球成功穿过呼啦圈的次数（例如，1分钟内）。

2. 下手击球动作正确和接球成功，才能计数。

团体活动

创建自己的活动

目的

为了提升下手击球的技能，让学生自己创建活动。

设备

一张纸和一支铅笔，预先确定的、允许学生在活动中使用的器材清单（如保龄球瓶、标志筒、绳子、呼啦圈、排球、悬挂的排球网或泡沫球）。

活动

1. 2至5个学生一组。你可以选学生建组，或学生自己建组。

2. 每组学生把下手击球作为基本技能，来设计活动。考虑到所有学生和安全措施，学生必须制定规则，确保正确地表现技能。

3. 每个小组在纸上写下组员的姓名、活动规则、所需设备，随后向你展示活动。

4. 经你同意后，小组领取所需的器材，活动开始。

5. 你必须同意小组对活动的所有改编。

拓展活动

- 可以将自己小组的活动教给其他组。

- 可以将自己小组的活动教给全班。

循环/再循环

目的

击球过网，提升下手击球的技能。

设备

两根排球立柱，一张网，悬挂至排球网的高度，每个学生一个柔软的球［如超级安全球（super safe ball）、鳄鱼皮球、沙滩球或泡沫球］。

活动

1. 全班分为两组。

2. 两组分别站在网的两侧。

3. 发出开始指令后，每个人用下手击球过网。

4. 学生记录击球过网的次数。

拓展活动

- 学生记录整个小组正确击球过网的次数，结果制成图表，展示班级的进步情况。

- 每次学生击球过网后，绕过立柱，加入对方小组。

源自：J.A. Wessel, PhD, 1974, *Project I CAN* (Northbrook, IL: Hubbard).

下手击球问题解决表

问题	解决方法
1. 没有在身体前方持球	• 在学生的前面放一个镜子，自己能看到胳膊和手的位置 • 搭档相互配合，学生做好正确的姿势后，搭档再把球放在他手中
2. 手臂后摆距离不足	• 两根游戏立柱之间系一根绳子或一张网，挂一个气球。让学生站在网前，手臂后摆直到触碰气球。学生也可以背对墙站立，手臂后摆直到触墙 • 在墙上贴一张较大的纸，让学生站在纸的旁边，标记出腰部的高度。学生手臂后摆，搭档在纸上画出他手臂后摆的弧线，以便他观察
3. 学生没有向前迈步或者迈错脚	• 在对侧腿上系一条围巾 • 在学生前方画一个点或脚印。学生击球前必须向前迈步踩在点或脚印上 • 在地面上贴泡沫垫。让学生用对侧脚迈步，踩在上面发出声音
4. 击球前，学生将球抛向空中	• 让搭档抓住学生持球的手臂，并施加足够的阻力，让其手臂保持稳定 • 两根立柱之间系一个绳子或一张网，挂一个气球。让学生手持气球并且击打。如果学生击球前抛出气球，他会看到绳子弯曲
5. 学生没有使用手掌根部击球	• 两根游戏立柱之间系一根绳或一张网，挂一个湿海绵。让学生用手掌根部击打海绵。检查手上该位置是否有水 • 搭档相对站立，其中一人伸出手，手掌向下。做出下手击球动作，力度较轻，另一位摆动手臂用手根部击打搭档的手
6. 没有摆臂手部连带动作	• 在游戏立柱之间系一张网或一根绳子，绳子底部到达学生肩膀的高度。让学生在无球状态下摆动手臂，直到手掌根部触网 • 搭档二人面对面站立。一人手掌向下，向外伸手到达肩膀高度。另一人用较小的力量，以下手击球的动作摆动手臂，用手掌根部击打第一人的手

总结

对于那些年龄较大，且不懂下手击球技能的学生来说，排球运动似乎令人备受挫折。许多人不能完成一次基本的下手发球。我们发现这些学生在触球前往往持球高度较高，以至于击球垂直飞向高处。另一个主要问题是儿童在击球时持球手臂弯曲，从而导致击球失败。在小学期间，所有这些动作的问题都很容易解决，但是在小学以后，运动模式却很难改变。最初指导小学学生时，不需要他们挑战击球过网。在对墙练习或者与搭档练习时，合理的指导和大量的练习机会必然提高他们的动作技巧，也有益于高年级阶段的学习。

下手击球课程计划

（第二节课）

年龄组：三年级的学生。

教学重点：非击球臂伸展。

教学次重点：身体部位的弯曲和伸展，对侧脚向前迈步。

教学目标：下手击球触球之前，完全伸展非惯用臂，老师在一旁观察评估。（提示词：伸展手臂，手臂伸直，手放低）

材料和设备：每个人一个超级安全球或沙滩球（或类似的球）。

组织和管理：学生在个人空间进行热身、指导和练习。在墙边放一个球，作为教学站点，距离墙15英尺处设一条平行于墙的线。

热身：

今天我们将伴随音乐来热身。音乐开始，你们要在场馆公共空间内慢跑。音乐停止后，原地停止不动。注意学生安全运动。

（音乐停止）所有人站在原地并看向我。我会教给你们一些词，弯曲和伸展，加大你们的热身难度。看我怎么弯曲手臂，现在又伸直手臂。你们能弯曲一条腿吗？你们能让腿伸直吗？你们能弯曲手腕吗？你们能让手腕伸直？很好。

这一次，我们在热身时将用到刚才所学的词语，热身活动的难度更大。用我喊出的移位运动进行热身，音乐停止就原地不动，按我所说的身体部位名称进行弯曲和伸展活动。（选两名学生演示跳跃，停止不动，完全伸展手臂）你们明白我们将做什么了吗？开始。

观察学生动作是否正确完成移位运动，是否按照命令正确地弯曲和伸展身体部位。练习中途可以几次叫停，改变移位运动方式，改变弯曲或伸展的部位。

形式：学生找到个人空间，面对教师坐下来。

介绍

今天，我们在练习下手击球时要用到弯曲和伸展两个词语。谁能告诉我怎样下手击球？（使用老师教授的技巧，复习准备、手臂后摆、迈步和摆臂、击球、手部连带动作这些关键要领，特别强调对侧脚向前迈步）很好。所有人起立。想象手里有一个球。

准备、手臂后摆、对侧脚向前迈步、击球、手部连带动作。（儿童多练习几次）

观察学生对侧脚是否向前迈步和手部连带动作。

很好。今天我们热身时，练习了身体不同部位的弯曲和伸展。为了正确完成下手击球动作，我们必须要完全伸展一条手臂，这是我们今天练习的重点。所有人站在自己的位置上。面对我，击球臂后摆。另一条手臂在身前向下伸展，让手形成字母L的形状（见右图）。

手臂几乎完全伸直，这一点非常重要。很好。

观察学生的手臂是否在身体前方完全伸直。

假装手里有球。伸展手臂，让它伸直。你们能向前迈步、击球，并且继续手部连带动作吗？让我们想象手里有球，多试几次这些动作。

观察学生是否在身体前方伸展手臂，对侧脚向前迈步，以及手部连带动作。

注意手呈"L"形

停止，你们做得很好。回忆一下，我是怎么持球的？（手臂伸直）很好。现在你们准备持球练习。看我如何击球。（演示几次）谁知道我击球的位置在哪里？（下方一半处。）很好！你们看到我的脚了吗？（对侧脚向前迈步，或者你用了迈步脚。）那么我持球的手臂呢？（伸展开了）

现在开始练习。靠墙放了很多球，前面画线。当我说开始，你们去找一个站点，拿起球，站在线上，面对我。（学生分组）

非常好。我说开始，你们开始对墙击球。记住伸展手臂把球放低。开始。

观察学生是否伸展手臂，对侧脚向前迈步。儿童要练习3至5分钟。

停止不动。每个人找一个搭档坐在线旁。开始。现在，两人一球，其中一人放回一个球，并回到原来的位置。开始。

这次你们互相帮助练习技能。你的搭档对墙完成下手击球，你观察他是否开始时把球放低，并且用正确的脚向前迈步。你也要确保你的搭档做到这些要求。我会告诉你们什么时候交换角色。你们明白这些指令吗？开始。

观察学生手臂伸展，对侧脚向前迈出。儿童练习2至3分钟，之后互换角色。

停止不动。所有人都做得很好。这次你和搭档一起完成合作活动，墙面反弹球。注意看我（向学生）示范。我将对墙完成下手击球，当球从墙面弹回来时，学生接住球。球在墙上只弹一次，再接住就是成功。但是我必须击中墙并让学生接住球。之后，轮到学生击球我来接球。我们要记录二人轮流完成的次数。你们必须和搭档配合。你们明白指令了吗？开始。

观察学生手臂伸展，对侧脚向前迈步，以及接球动作是否正确。如果练习时发现问题，全部停止并重新教学。儿童练习5至7分钟。

结束：学生列队离开。

所有人，谁能告诉我如何用手持球？（手呈L形，完全伸展手臂）我击打球的什么位置？（下方一半处）我击球时哪只脚向前迈步？（对侧脚或者迈步脚）下次我们将练习击球打中目标。

侧面击球

侧面击球可以通过击球出手后完成动作，例如排球中侧面发球，手球中的反弹球。第一次学习一种技能时，儿童在没有器材时表现较好。取得进展后，就需要增加短柄装备（球棒）。一旦掌握了短柄装备击球，就可以建议使用长柄装备（如网球拍）。原则上，学生应该循序渐进地使用大小合适重量适中的装备。

增加装备后，侧面击球成为匹克球（短柄装备）或者网球（长柄装备）中的正手击球。然而对年龄较小的儿童来说，用装备击打物体的难度较大。然而，他们却能够熟练使用侧面击球的技术去击打一个反弹的塑料球。下面章节讨论了不使用装备的侧面击球技巧。之后，当儿童的手眼协调性提高以后，就能用更小的球、球棒、球拍来进行练习。《美国K-12体育教育的国家标准和年级水平学习成果》（SHAPE America，2014）提及了用短柄或长柄装备击球，但没有具体说明侧面击球。

关键要领

准备姿势
身体正对目标，眼睛注视目标，两脚分开与肩同宽，膝盖弯曲，双手平行，手掌相对，手指朝前。

T形
双脚原地旋转，以转动身体，侧面朝向目标，手臂伸展形成T形。手掌朝外，向击球方向相反的方向伸展击球手。非击球手持球朝向目标，松手让球下落。让整个动作过程中，眼睛注视球。

迈步和击球
击球臂对侧的脚向着目标迈步。摆动手臂，髋部和肩膀向目标旋转，让身体正面面对目标。

手部连带动作
击球手继续向击球方向移动。

提示词

你在这项技能的每个阶段所选用的提示词，取决于所教学生的年龄和你强调的方面。在列出的可用的提示词组中，有一些可用于侧面击球的教学。您可以单独使用一组提示词，或者根据需要混合搭配提示词。我们发现，在学生练习时大声说出提示词，是很有帮助的。

准备——面对目标，两脚分开与肩同宽，重量平均分配在两只脚上，非击球手持球。

开始和落球——非击球侧朝向目标，两脚分开与肩同宽，重量平均分配在两只脚上。击球手后摆到与地面平行。非击球手松手，让球下落。整个运动过程中，眼睛注视球。

T形——双脚原地旋转，以转动身体，侧面朝向目标，手臂伸展形成T形。手掌朝外；向击球方向相反的方向伸展击球手。非击球手持球朝向目标，松手让球下落。在整个动作过程中，眼睛注视球。

迈步——与击球手相对的脚朝目标向前一步。摆动手臂，髋部和肩膀朝目标旋转，让身体正面面对目标（使用提示词"皮带扣"来强化正确的身体姿势）。

开始——对侧脚向前迈步的同时，击球手向前摆动。

迈步和击球——击球手对侧的脚向着目标迈步。髋部和脊椎旋转，手臂向前摆动。用手击打物体。

击球和重击——用惯用手击球。

手部连带动作——击球手继续向击球方向移动。

手抬高——击球手继续向击球方向移动抬高。

> **提示词组1：** 准备、T形、迈步、手部连带动作
>
> **提示词组2：** 准备、开始、击球
>
> **提示词组3：** 落球、开始、重击
>
> **提示词组4：** 开始、迈步和击球、手抬高

强化和评估关键要领的活动建议

在学习过程中，重要的是让学生了解一种技能的形式，有哪些关键要领，以及怎样正确地完成每个要领。在前文中，我们提供了侧面击球的图片及说明，并把它分为几个关键要领，提出了可以使用的提示词。第1章中的材料能够强化所有运动和操控性技能的概念。后续章节中将提供更多的具体活动，来巩固侧面击球所特有的每个要领。

同伴技能考核

目的

让搭档互相评估技能学习的进程。

设备

同伴技能考核表，铅笔，每组一个球。如果学生不能阅读或是不会说英语，可以使用同伴技能考核表的图片版。

活动

1. 搭档观察对方的准备姿势是否正确。

2. 若准备姿势正确，搭档在第一个方框里放一个"Y"。如果准备姿势不正确，则放一个"N"。对于识字量很少的学生，如果搭档准备姿势正确，可以放一个笑脸图片；反之，则放进哭脸图片。

3. 每个关键要领被评价5次后，停止同伴评估。

4. 每个学生都要使用同伴技能考核表。

拓展活动

- 使用同伴技能考核表来测评每个学生技能水平的提高。

- 把同伴技能考核表同成绩单寄给学生家长，或是在个人技能水平提高时寄给家长。

同伴技能考核表

技能：侧面击球

侧面击球者姓名：_____

观察者姓名：_____

① 准备

② T形

③ 迈步和击球

④ 手部连带动作

同伴技能考核表

技能：侧面击球

侧面击球者姓名：_____ 观察者姓名：_____

观察你的搭档，然后给技能的每项关键要领打分。让你的搭档每个动作做5次。如果搭档做的动作正确，就在对应次数的方框里填个"Y"；如果搭档做的动作不正确，就在对应次数的方框里填个"N"。

开始	测试

准备姿势
1. 眼睛注视目标。
2. 膝盖弯曲。
3. 两脚分开与肩同宽。
4. 双手分开，放在身体前方。

1　2　3　4　5

动作

T形
1. 侧面朝向目标。
2. 击球手后摆，另一只手指向目标。

1　2　3　4　5

迈步和击球
3. 对侧腿脚向前迈步。
4. 髋部和肩膀朝目标旋转，手掌朝向击球方向。

1　2　3　4　5

停止

手部连带动作
击球过后，手臂继续抬高，皮带扣朝向目标。

1　2　3　4　5

成功构建者

成功构建者活动能够让教师满足学生的个人需求。如果学生在某个关键要领上需要额外帮助，下面列出的活动将有助于提高正确表现水平。

目的

改善同伴技能考核表上的不足之处。

设备

见以下各个练习站点。我们建议在每个练习站点放一面不易碎的镜子和一张印有侧面击球每项要领的海报。在这些活动中，镜子的用处很大，因为它能让学生看到自己的动作。制作海报最简单的方法是放大打印这本书上的图片。给海报塑封能延长其使用年限。

活动

1. 在教学区内，为4个关键要领分别设立一个练习站点。在相应的站点张贴具体要领的说明和图片。
2. 每个站点的细节如下。

准备

身体正面朝向目标，眼睛注视目标，两脚分开与肩同宽，膝盖弯曲，非惯用手持球。

设备

准备姿势海报、镜子（如果有的话）以及同伴技能考核表。

活动

学生做好准备姿势，搭档检查并观察其姿势是否与海报相符。学生借助镜子观察自己的动作。然后学生模拟击球动作，搭档发出指令后，再次做好准备姿势，一旦学生能够向搭档展示正确的准备姿势，搭档二人互换角色练习整套技能。

T形

双脚原地旋转，以转动身体，侧面朝向目标，手臂伸展成T形。手掌朝外，向击球方向相反的方向伸展击球手。非击球手持球朝向目标，松手让球下落。在整个动作过程中，眼睛注视球。

设备

T形姿势海报、胶带（地板胶带或美术胶带）以及同伴技能考核表

活动1

转身，在非击球侧转向目标，击球手对侧的腿向前迈步，做出迈步姿势（如有必要，在地板上贴地板或美术胶带，或是其他能看见的提示帮助学生完成对侧脚向前迈步）。手臂伸展成T形。学生应该先从这个姿势开始练习。取得进步后从两脚并拢（准备姿势）开始，然后旋转身体形成T形（准备姿势，T形）。一旦学生能够向搭档展示正确的准备姿势，搭档二人互换角色练习整套技能。

活动2

有时儿童在击球时会出现手臂弯曲现象，这可能造成击球动作不正确。在练习中，带上护肘能够帮助学生感觉到手肘弯曲，提醒学生击球时要保持手臂伸直。尽可能鼓励学生不带护肘练习击球。

迈步和击球

击球手对侧的脚向着目标迈步。髋部和脊椎旋转，手臂向前摆动。身体正面面对目标（使用提示词"皮带扣"有助于保持正确的身体姿势）。

设备

迈步和击球海报，底部有防水胶带的餐盘（可以让盘子固定在学生的衬衫上），3至4英尺长的PVC塑料管或木钉以及同伴技能考核表。

活动1

学生从T形姿势开始活动，非击球侧朝向镜子或者搭档。学生面向目标，双手握住PVC管末端，放在脖子后面。学生旋转髋部和肩膀，让管子与镜子或搭档保持平行。在开始练习整套技能之前，应反复练习几次这个动作。

活动2

学生把餐盘固定在衬衫上，搭档相互配合。学生从T形姿势开始活动，非击球侧朝向镜子或者搭档。搭档发出开始指令后，学生旋转髋部和肩膀，击球臂向前摆动，学生旋转到餐盘朝向搭档后停止运动。如果使用镜子，镜子应该放在搭档所站的位置。在开始练习整套技能之前，应反复练习几次这个动作。

手部连带动作

击球手继续向击球方向移动。

设备

手部连带动作海报、不易碎的镜子以及同伴技能考核表。

活动

学生在无球状态下，面向镜子，练习侧面击球。学生观察镜子中自己的动作，决定手部连带动作的位置。搭档评估学生的动作。

强化整体技能的高级活动建议

在强调准确性之前，学生应该先掌握技能的关键要领。虽然《美国K-12体育教育的国家标准和年级水平学习成果》（SHAPE America, 2014）并没有提及侧面击球，但是在介绍下手截击成果时简单地提到过这项技能。该标准成果说明三年级学生能够使用侧面击球的模式，将一个物体传过网或是击中墙壁，越过线传向搭档（S1.E22.3）。

对于所有操控性技能，在强调准确性之前，学生应该先掌握技能的关键要领。当准确性成为首要目标时，学生就会追求准确性的技术。因此，三年级以前不要强调准确性。因此，所用目标应该足够大，学生才能实施技能的关键要领，并成功击中目标。

个人活动

彩色目标

目的

击中特定的目标，提供更多的机会来练习侧面击球。

设备

将不同大小和颜色的美术纸（每种颜色做8至12个目标）贴在场馆或者活动区域的墙上，每个学生一个球（排球、沙滩球或泡沫球）。

活动

1. 制作一个彩色盒，里面有各种颜色的美术纸样本，颜色纸要多于学生的人数。

2. 挑选一名学生从盒子里抽取一张颜色纸。

3. 选中的颜色纸作为颜色目标，所有学生必须定位这个颜色目标，用侧面击球击中这个目标。

4. 在你发出停止指令之前，学生不断地向目标击球。

5. 直到所有学生都有机会从盒子里抽出目标颜色后，活动停止。

拓展活动

- 除了用不同颜色，学生也可以从形状盒里抽出不同的形状，字母盒里抽出不同的字母，或是单词盒里抽出不同的单词。

- 学生两人搭档。搭档选择不同的颜色、形状、字母或者单词作为目标。学生必须尝试击中这个选定的目标。搭档之间轮流挑选目标并击球。

拼单词

目的

通过侧面击球击中字母，拼写单词。

设备

每个学生一个球（排球、沙滩球或泡沫球）。4套完整的字母，散放或贴在场馆或活动区的墙上。最好有额外的元音和特定的辅音字母（如N、R、S、T）。你可能需要纸和铅笔，或是白板和记号笔作为词库。

活动

1. 发出开始指令后，学生通过侧面击球击中不同的目标字母，拼写单词。

2. 一旦学生拼出一个单词，就去词库（纸或白板）写下单词。最好提前准备多个词库，学生不必排队等待写单词。

3. 每个单词在纸或白板上只能写一次。

4. 如果学生击中的某个字母不能用来拼成一个单词，他必须再次击中这个字母来删除这个字母。

拓展活动

- 学生两人搭档。一个学生击中字母拼出单词，另一个学生记录单词，并评估击球人的侧面击球技能。击球人的侧面击球动作正确，才可以使用击中的字母。最先开始的学生拼成一个单词后，轮到搭档练习。
- 学生两人搭档。提供纸和笔来记录他们击中的字母，写下拼出的单词。每个人必须通过侧面击球击中一个元音字母和两个辅音字母，直到他们拥有 6 个字母来组成单词。两人尝试使用击中的一个或更多的字母来拼出 6 个单词。如果拼出并写下 6 个单词，就开始用侧面击球来击中这些字母拼成单词。一旦完成一个单词的拼写，在清单里划去这个单词。如果学生用不上击中的字母，就必须再次击中这个字母来删除它，再重新选择并击中其他字母。

合作活动

挑战赛

目的

在不同环境下练习侧面击球。

设备

每组搭档一个球（如塑料球、泡沫球或排球），塑封挑战卡。

活动

1. 每个学生挑选一个挑战卡。
2. 学生完成挑战卡上描述的任务。
3. 挑战任务包括以下活动。

- 大力击球（用力小）。
- 让球击中不同高度的目标（中和低）。
- 和搭档同时击球。

拓展活动

- 在墙上放置多种颜色的目标（不高于地面 5 英尺），搭档指定一种颜色让击球人击打。
- 两根游戏立柱之间系一根绳子。在绳子上系上各种物体（例如两升容量的空塑料瓶、呼啦圈或铝质餐盘）。学生必须先喊出一个物体作为目标，再击球击中目标。

后退

目的

在不同的距离，用侧面击球向搭档击球。

设备

每组搭档一个球（如排球、塑料球或泡沫球）。

活动

1. 搭档面对面站立，相距约 10 英尺。
2. 一位学生通过侧面击球把球传给搭档，球弹起一次后，搭档必须接住球。

3. 搭档接住球后，必须通过侧面击球再把球传回给第一位学生，他也必须在球弹起一次以后接住球。

4. 完成两轮击球和接球以后，其中一人向后退一步，重复以上过程。

5. 如果击球或接球不正确，必须返回起始位置重新开始。

拓展活动

- 正确的击球以后，可以等球弹起来超过一次再接，不用返回起始位置重新开始。

- 可以借助排球网（或绳子），让学生向着搭档击球过网或过绳。

源自：Based on Bryant and McLean Oliver 1975.

穿过呼啦圈

目的

击球穿过悬挂的呼啦圈，提高侧面击球的准确性。

设备

每组搭档一个大号呼啦圈和一个球（如沙滩球、泡沫球或排球）。呼啦圈要挂在超过头顶高度的支架上（如排球立柱或篮球筐），距离地面大约2英尺。

活动

1. 两位搭档分别站在悬挂的呼啦圈两侧。

2. 搭档轮流采用侧面击球，让球穿过呼啦圈。

拓展活动

- 在规定时间内（例如，1分钟内），搭档互相记录成功击球穿过呼啦圈的次数。

- 要求搭档击球之前接球成功，才能记录次数。

团体活动

创建自己的活动

目的

为了提升侧面击球技能，让学生自己创建活动。

设备

每组搭档一张纸和一支笔，你预先确定的、允许学生在活动中使用的器材清单（如保龄球瓶、标志筒、绳子、呼啦圈、沙滩球、塑料球、排球、泡沫球或网球）。

活动

1. 2至5个学生一组。你可以自己选人建组，学生自己也可以建组。

2. 每组把侧面击球作为基本技能来设计活动。考虑到所有参与人员和安全因素，学生必须制定规则保证正确完成技能动作。

3. 每个小组在纸上写下成员的姓名、活动规则和所需设备，随后向你展示活动。

4. 经你同意后，小组领取所需器材，开始活动。

5. 你必须同意小组对活动的所有改变。

拓展活动

- 小组可以教给其他组自己设计的活动。
- 小组可以教全班学生如何完成自己设计的活动。

循环/再循环

目的

击球过网，提升侧面击球技巧。

设备

两根排球立柱，一张网悬挂至网球网高度，每个学生一个泡沫球。

活动

1. 全班分为两组。
2. 两组分别站在网的两侧。
3. 发出开始指令后，每个人用侧面击球方式击球过网。
4. 学生记录击球过网的次数。

拓展活动

- 记录整组学生成功完成侧面击球，并击球过网的次数，结果制成图表，展示班级的进步情况。
- 每次有学生击球过网后，绕过立柱，加入到对方小组。
- 另外再悬挂一张网，至排球网高度，让学生挑战击球穿过两张网的中间。

源自：J.A. Wessel, PhD, 1974, *Project I CAN* (Northbrook, IL: Hubbard).

保持进行

目的

击球过网，练习侧面击球。

设备

两根排球立柱，一张网悬挂至网球网高度，4人一组，每组一个泡沫球。

活动

1. 把学生分成4人一组的小组。
2. 用来回穿梭的形式把学生编好队：两个学生一组，站立在网的一侧，前后站立成一条线；另外两个学生站立网的另一侧，同样前后站立呈一条线。
3. 站在最前面的第一个学生开始击球。
4. 第一位学生击球过网后，立刻移动至同侧第二位学生的身后。
5. 球过网后必须从地面上弹起。网对面的第一位学生必须把球击打回来。
6. 随后，第一位学生再移动至同侧第二位学生的身后。
7. 球弹起一次后，不能击打回来，活动结束。

拓展活动

- 学生记录整组正确完成侧面击球的数量，结果制成图表，展示班级的进步情况。

- 6至8人一组。每次有学生击球过网后，就绕过立柱，加入对方小组。如果球没有过网，学生可以再次击球。

侧面击球问题解决表

问题	解决方法
1. 学生的眼睛没有始终注视着球	• 把一个2升容量的空瓶倒放在标志筒上，让学生尝试用击球把它打下来 • 在球上画一个图片，学生看球时让视线集中在图片上。如果球上有字，视线就集中在字上 • 搭档用较小的力量将球反弹传球给这位学生，学生必须移动让球碰到皮带扣
2. 学生没有转身侧面朝向目标	• 当学生做好站立准备姿势时，在学生双脚前面的地面上，画两个相互垂直的箭头。让学生练习用两个脚掌旋转，身体一侧朝向目标 • 当球接近学生时，让搭档给出转身的口头提示 • 让搭档给学生传球，学生在接球时必须转身，让球碰到身体的一侧
3. 击球臂没有后摆	• 让学生转身，用击球手触碰身后的墙 • 搭档站在学生身后，一只手举起击球手应该到达的最高位置。学生转身，击球臂后摆直到碰到搭档的手掌
4. 学生没有向前迈步	• 在地面上设置一个点或一个足印，指示学生在击球时对侧脚应该放在什么位置 • 让学生在击球前用对侧脚跨过一条线或者扁平的物体 • 在学生迈步脚的前面放一只不跳的小"臭虫"（地面上的一个小点），让学生击球时踩这只臭虫 • 在对侧腿上系一条围巾 • 用胶带把泡沫垫贴在地面上。让学生用对侧脚踩上去发出声音
5. 髋部和肩膀没有转动到位	• 击球后，让学生检查皮带扣的位置，皮带扣应该朝向目标 • 当学生转动身体时，让搭档使用橡皮管或者弹力带来增加阻力
6. 击球臂没有伸展到适当位置	• 在两根游戏立柱之间系一张网或者绳子，挂一个物体（小风铃、床单或餐盘）。让学生用击球臂向前摆动时触碰这个物体 • 让搭档举着一个物体（呼啦圈、沙包或塑料瓶）。让学生用击球臂向前摆动，拿走这个物体
7. 学生没有继续手部连带动作	• 在篮球筐上悬挂一个气球。学生完成击球动作后，让他用击球手触摸气球

总结

对于学生来说，侧面击球的最大障碍是他们不能转体以侧身朝向目标。如果忽略第一个动作，那么整套技能的其余动作不会正确执行。遗憾的是，这一不良运动模式可能是由于教学方法不当而导致的。在教学的初始阶段，在学生练习其他技能要领的同时，应该让学生对侧面方向有所了解。在学生掌握这些技能的同时，应确保其中包括转身。一旦学生掌握了转身动作，即可增加他们击球所需的移动距离。这样的练习顺序可以确保技能水平取得合理的进步，也能让练习像游戏更加具有趣味性，还能让学生更好地转入以后的专业运动领域。

侧面击球课程计划

（第一节课）

年龄组：一年级的学生。

教学重点：落球并击球。

教学次重点：对侧脚向前迈步，控制力量，接球。

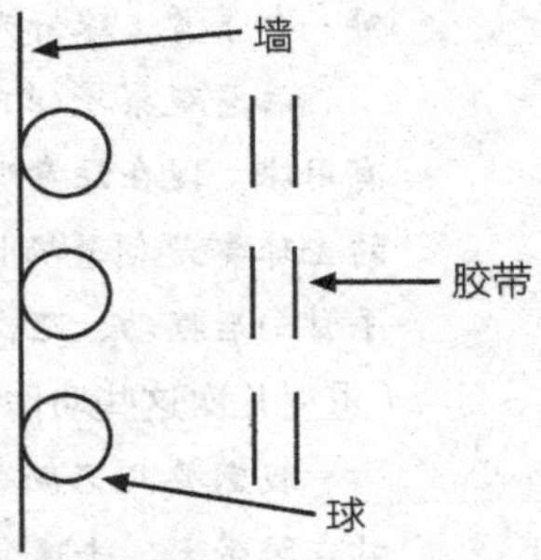

教学目标：落球，用惯用手击球，5次练习能完成4次，老师观察并评估（提示词：落球、迈步和击球）。对侧脚向前迈步，老师评估动作（提示词：用迈步脚）。

材料和设备：每个人一个沙滩球或泡沫球。

提前准备：如果有可能，每个学生设置一个练习站点。在地面上贴两条地板胶带或美术胶带。学生人数多，就多贴几组胶带。这些胶带应该与墙平行，距离墙壁15英尺，胶带之间相距约1英尺。这样安排可以让学生有自己的空间进行练习。为了方便分发器材，在每个站点放一个塑料球或排球（见上图）。

课程布局图

组织和管理：学生在个人空间进行热身、指导和练习。

热身：学生进入场馆，找到自己的个人空间。

今天我们将复习两个学过的运动技能，快跑和慢跑。先说快跑。谁能给我们示范正确的快跑？（选两位学生示范快跑。强调关键要领，如保持一只脚在前，以及非常规的两脚并排）

音乐开始，你们在公共空间内快跑。音乐停止后，等待下一个指令。你们明白吗？（音乐开始）

注意是否做到一只脚在前或者两脚并排的要领。音乐停止。

停止不动。现在，谁能向我们示范慢跑？（选择两位学生示范慢跑。强调关键要领，如眼睛注视前方和双臂来回摆动）

音乐开始，你们在公共空间内慢跑。音乐停止，在原地停止不动，等待下一个指令。你们明白了吗？（音乐开始）

注意眼睛注视前方，正确摆动手臂。音乐停止。

停止不动。快跑和慢跑你们都表现得很好。现在，我们进行一项趣味活动。音乐开始，你们就快跑。音乐停止，你们开始走动，音乐再次开始后，开始慢跑。音乐再次停止，你们开始快跑。每次音乐停止，你们都要改变运动模式。现在，我们从哪项技能开始？（快跑）很好。你们还有问题吗？（音乐开始）

注意学生是否正确完成技能，中间暂停几次音乐，让学生改变运动模式。

介绍

停止不动。每个人找到个人空间并坐下。很好。今天我们要学习如何用手击球。

现在，假装你在游行，挥手致意。很棒。之前我们学习了如何滚球和抛球，我们把这条手臂称为抛球臂或发力臂。这条手臂也是击球臂。

击球和下手滚球有所不同。这次，我们要转体侧身朝向目标，让击球臂远离墙的方向。（示范）

为了实施这个动作，我们必须让身体的一侧对着墙，一手持球，用另一只手击球。哪一个手臂击球好呢？（**最有力的手臂**）

注意观察场馆内有很多练习站点。每个点有一个球，地面上有两条胶带。刚才没有用球，现在注意观察我的动作。（站在胶带上，惯用手向后伸展）你们注意观察，我的击球臂是朝着场馆中央区域，远离墙壁的方向。我的两只脚分别踩在胶带上。我的手臂向后摆动，距离墙最近的脚朝墙壁迈步。当我向前迈步的时候，击球臂向前摆动。（重复几次这些动作和提示词"迈步和击球"）。

我需要几名助手。（挑选5名学生，其中一个是左利手）每个人找一个练习站点，站在胶带上，击球臂朝场馆中央向后摆动。（观察手臂伸展）非常好。现在，你们注意到有一位学生的击球臂和其他人不同。很好。重要的是运用你自己的击球臂。你不必和其他人相同，你要运用自己的击球臂。

让我们检查一下这些学生的迈步和击球情况。（儿童练习时重复动作3次或更多次）

很好。现在所有人开始练习。当我喊出你们衣服上的颜色时，你们要找到一个练习站点，站在胶带上，击球臂朝场馆中央向后摆动。（儿童到达某个练习站点前，反复喊出这种颜色）确保让自己的击球臂朝场馆中央摆动。观察学生手臂伸展姿势是否正确，分别站在两条胶带上。

做得非常好。现在，让我们开始练习迈步和击球。和下手滚球和抛球类似，我们必须用迈步脚向前迈步。当我说出提示词迈步和击球，就用离墙最近的那只脚朝墙迈步——这就是你的迈步脚——同时击球臂向前摆动。（重复提示词"迈步"和"击球"，至少5次）

观察手臂是否正确伸展，确保儿童朝墙迈步。

非常好，我相信你们已经做好准备尝试更难的动作了。现在假装你们另一只手里有个球，假装松手让球落下，向前迈步并击球。注意我的示范。（示范动作并说提示词"落球、迈步和击球"）记住我们必须同时向前迈步和击球。所有人起立，我说提示词，你们做动作。

重复几次提示词"落球、迈步和击球"。同时注意学生落球、手臂伸展、朝墙迈步是否正确。

停止不动。我想你们准备好把所有动作连贯起来了。注意我一只手持球，并把击球臂向后摆动。我的两只脚分别踩在胶带上，现在我让球落下（而不是抛出或者弹出），向前迈步，用击球臂击球。

示范几遍，重复提示词"落球、迈步和击球"。

让我们看看是不是所有人都准备好了。（挑选5名学生练习落球、迈步和击球，并

且重复关键词。注意并纠正强调的动作姿势）

注意观察，有的球从墙上弹起来的力度过大。我们怎么解决这个问题呢？（力气较小些）正确。事实上有一个规则，在接球之前必须让球反弹一次。这样你就必须用较小的力量。

当我说开始，你们每个人捡起一个放在墙边的球，站在两条胶带上，击球臂向后摆动，另一只手持球。先不要落球。你们明白这些指令吗？开始。

注意观察学生击球臂是否伸展，身体一侧是否朝着墙。

现在，当我说开始，你们让手中的球落下，迈步，然后击球。确保在接球前让球反弹一次。开始。

观察学生击球臂是否伸展，身体一侧是否朝墙，是否松手让球落下（而不是抛出或弹出），是否用伸展的手臂击球。

停止不动。做得非常好。现在，我要求你们在练习时大声说出提示词：落球、迈步和击球。每次反复大声说出落球、迈步和击球时，你必须不停地击球、接球、再击球。记住用力要小。在接球之前，只能让球反弹一次。你们明白这些指令吗？开始。

停止不动。这次我希望你们记录往墙面上击球和接住球的次数。记住球只能反弹一次。开始。

观察学生击球臂是否伸展，身体一侧是否朝墙，是否松手让球自己落下（而不是抛出或弹出），是否用伸展的手臂击球。

停止不动。你们中多少人能接住5次球？8次？10次？很好。如果你能接住10次，你就能够练习对墙击球。找一位搭档。先观察学生和我的动作示范。（在讲解的同时示范）我把球击向墙面，它反弹回来，（学生）接住它。然后学生向墙面击球，轮到我来接球。我们必须用身体的一侧朝墙，迈步脚向前迈步，让球落下。我们的目的是让搭档能够接住球，所以击球时用力要小。

如果你不能接住10次，后面几分钟内依然要自己练习这个动作，所有人都明白指令吗？开始。

观察搭档二人击球臂是否伸展，身体一侧是否朝墙，是否让球自己落下（不是抛出或弹出），是否用伸展的手臂击球。

停止不动。如果你们有人在单独练习，现在可以找个搭档一起练习对墙击球。开始。

活动持续3至5分钟。

停止不动。时间到。把球放回墙边的原来位置。列队。

结束：学生列队离开。

（学生），告诉我准备击球时该做什么。（让儿童教学示范）让另外一名学生按照儿童的说明做动作。在学生能正确完成侧面击球动作之前，不断改变动作并提问。

现在，让我们回忆并记住用过的提示词。（落球、迈步和击球）很好。下次我们会练习双手侧面击球。

双手侧面击球

双手侧面击球常用于球棒击球。在针对儿童的各项活动中，所用器材的大小尺寸和重量应合适，尤其是使用长柄器材。当儿童使用的球棒过重时，他们会采用横拍握法（双手分开）。因此他们挥棒几次后就会感到疲乏。儿童应该用他们能掌控的球棒击球，我们建议初学时使用塑料球棒，熟练之后再换用较重的球棒。

所有运动技能都要注意安全，尤其是使用球棒。除了使用塑料球棒，我们建议最好使用纱球、泡沫球、布球或者柔软的橡胶球。标准的垒球和棒球不适用于体育教育课程。

教学之前一定要教授并练习安全措施。年幼儿童经常会兴奋地找回自己击打出去的球，而不注意自己的运动位置。你必须时刻提醒儿童如何安全地握住球棒，挥棒之前观察周围情况，注意自己的运动位置。我们建议在击球人周围设置清晰标记的区域，防止儿童进入击球区域。通过合适的训练课程，你能大幅减少学生受伤的风险。

《美国K-12体育教育的国家标准和年级水平学习成果》（SHAPE America, 2014）在长柄器材（S1.E25）击球这一章节中提到了双手侧面击球。这章内容包括了球棒、高尔夫球棍和曲棍球棒。然而，仅在本书中才详细介绍了有关双手侧面击球的标准成果。根据这项成果显示，二年级以后才适合练习侧面击球；因此建议二年级学生能学习正确握棒，以及适当的侧身击球，用球棒把球从球座或标志筒上击落（S1.E25.2）。三年级学生能够正确握棒，用球棒击球，让球向前运动。四年级学生能够用球棒击球，展示出成熟技能模式5个关键要领中的3个要领（握棒、准备姿势、身体朝向、挥棒和手部连带动作）（S1.E25.4）。五年级学生能够运用成熟的技能模式（S1.E25.5a），用球棒击中投球，并在小型比赛中综合运用击球、接球和运球技能（S1.E25.5b）。因为此项技能需要多次的反复练习，我们所推荐的练习和活动都要用到球座。

关键要领

脚的位置	准备姿势	迈步和挥棒	击球	手部连带动作
找一个适合的站立位置，前脚与球座在一条线上，学生伸展双臂，让球棒最粗的部位触到球座。学生朝击球目标相反的方向迈出一小步。身体的一侧朝向击球区域。	握棒时，惯用手放在另一只手的上面，与腋下平行。下巴贴在肩膀上，看向击球飞行的方向。球棒在肩膀后面，远离目标，后面手臂的手肘与地面平行。	惯用手对侧的脚向前（击球方向）一步，后脚不动，当髋部和肩膀开始旋转时，重心从后脚移至前脚。	伸展手臂，在身体的前方击球，前脚与球在一条线上，用球棒的前半部分击球。	球棒继续越过击球点，后肩移至下巴下方，双手握住球棒。

提示词

你在技能学习每个阶段所选择的提示词，取决于学生的年龄和你强调的重点。在此列出的可用的提示词组，有一些可以教学双手侧面击球。你可以单独使用一组提示词，或者根据需要混合搭配。我们发现，在学生练习时，大声说出提示词非常有益。

准备和球棒后摆——站立，非惯用侧朝向目标方向。握棒时，惯用手放在另一只手的上面，与腋下平行。下巴贴在肩膀上，看向击球飞行的方向。球棒在肩膀后面，远离目标，后面手臂的手肘与地面平行。

迈步和挥棒——惯用手对侧的脚向前迈步，后脚不动，当髋部和肩膀开始旋转时，重心从后脚转移至前脚。

迈步——最靠近目标的一只脚向前迈步。

挥棒——髋部和肩膀旋转时，球棒向前挥动击球。双臂完全伸展。

迈步和击球——最靠近目标的一只脚向前迈步，髋部和肩膀旋转，球棒触球。

击球——伸展双臂，在身体前方击球，球与前脚在一条线上，用球棒的前半部分击球。

手部连带动作——球棒继续越过击球点，后肩移至下巴下方，双手握住球棒。

肩膀——球棒继续越过击球点，后肩移至下巴下方，双手握住球棒。

挥棒击球——最靠近目标的一只脚向前迈步，髋部和肩膀旋转，球棒击打球的中心。球棒继续越过击球点，后肩移至下巴下方，双手握住球棒。

> **提示词组1：** 准备、迈步和挥棒、击球、手部连带动作
>
> **提示词组2：** 准备、迈步、挥棒
>
> **提示词组3：** 球棒后摆、迈步和击球、肩膀
>
> **提示词组4：** 准备、挥棒击球

强化和评估关键要领的活动建议

在学习过程中，重要的是让学生了解一种技能的形式，有哪些关键要领，以及怎样正确地完成每个要领。在前文中，我们提供了双手侧面击球的图片及说明，并把它分为几个关键要领，提出了可以使用的提示词。除了第1章中的内容可以强化所有运动和操控性技能的概念，后续章节中将提供更多的具体活动，来巩固双手侧面击球特有的关键要领。

同伴技能考核

目的

让搭档互相评估技能学习的进程。

设备

同伴技能考核表，铅笔，每组一个球棒和球。如果学生不能阅读或是不会说英语，可以使用同伴技能考核表的图片版。

活动

1. 搭档观察对方的准备姿势是否正确。

2. 如果准备姿势正确，搭档在对应的方框里放一个"Y"；如果准备姿势不正确，则在对应的方框里放一个"N"。对于识字量很少的学生，如果搭档准备姿势正确，可以放一个笑脸图片；反之，则放进哭脸图片。

3. 每个关键要领被评价5次后，停止同伴评估。

4. 每个学生都要使用同伴技能考核表。

拓展活动

- 使用同伴技能考核表来测评每个学生技能水平的提高。

- 把同伴技能考核表同成绩单寄给学生家长，或是在个人技能水平提高时寄给家长。

同伴技能考核表

技能：双手侧面击球

双手侧面击球者姓名：＿＿＿＿＿＿

观察者姓名：＿＿＿＿＿＿

① 脚的位置

② 准备

③ 迈步和挥棒

④ 击球

⑤ 手部连带动作

同伴技能考核表

技能：双手侧面击球

双手侧面击球者姓名：＿＿＿＿＿＿

观察者姓名：＿＿＿＿＿＿

观察你的搭档，然后给技能的每项关键要领打分。让你的搭档每个动作做5次。如果搭档做的动作正确，就在对应次数的方框里填个"Y"；如果搭档做的动作不正确，就在对应次数的方框里填个"N"。

开始	测试

脚的位置

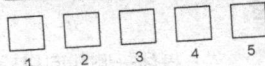
1　2　3　4　5

准备姿势
1. 身体侧面朝向目标。
2. 下巴在肩膀上方。
3. 双手握棒。
4. 手肘抬高。

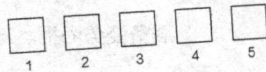
1　2　3　4　5

动作

迈步和挥棒
1. 一只脚向目标迈步。
2. 皮带扣正对目标。

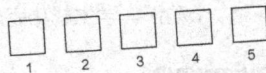
1　2　3　4　5

击球
3. 用球棒击球。
4. 球棒击球时双臂伸展。

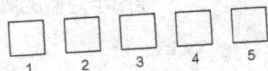
1　2　3　4　5

结束

手部连带动作
肩膀在下巴下方。

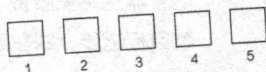
1　2　3　4　5

187

成功构建者

成功构建者活动能够让教师满足学生的个别需求。如果学生在某个关键要领上需要额外帮助，下面列出的活动将有助于提高正确表现水平。

目的

改善同伴技能考核表中的不足之处。

设备

见以下各个练习站点。我们建议在每个练习站点放一面不易碎的镜子和一张印有双手侧面击球每项关键要领的海报。在这些活动中，镜子的用处很大，因为它能让学生看到自己的动作。制作海报最简单的方法是放大打印这本书上的图片。给海报塑封能延长其使用年限。

活动

1. 在教学区内，为每个关键要领分别设立一个练习站点。在相应的站点张贴具体要领的说明和图片。
2. 找一个适合的站立位置，前脚与球座在一条线上，学生伸展双臂，让球棒最粗的部位触到球座。学生朝击球目标相反的方向迈出一小步。身体的一侧朝向击球区域。
3. 每个站点的细节如下。

准备

身体一侧朝向目标。握棒时，惯用手放在另一只手的上面，与腋下平行。下巴贴在肩膀上，看向击球目标的方向。球棒在肩膀后面，远离目标，后面手臂的手肘与地面平行。

设备

准备姿势海报、球棒、镜子以及同伴技能考核表。

活动

学生做好准备姿势，搭档检查并观察其姿势是否与海报相符。学生借助镜子观察自己的动作。搭档要求学生把球放下开始准备，反复练习准备姿势，直到学生能够连续5次完成这个动作。学生成功完成准备姿势后，搭档二人互换角色练习整套技能。

迈步和挥棒

惯用手对侧的脚向前迈步，后脚不动，当髋部和肩膀旋转时，重心从后脚转移至前脚。

设备

迈步和挥棒海报、球棒、地板胶带以及同伴技能考核表。

活动

学生站在胶带上，双脚分开与肩同宽，非惯用侧朝向目标。听到搭档的指令后，前脚向着目标迈步，踩在贴在地面适当位置的胶带上。此动作正确后，开始练习挥棒。学生假装自己做好准备姿势，手握球棒。听到搭档指令后，向着目标迈步并挥棒。

击球

伸展手臂，在身体前方击球，前脚与球在一条线上，用球棒最粗的部位来击球。

设备

击球姿势海报、击球球座（目标是墙）、球棒、布球以及同伴技能考核表。

活动

为了能击打到球座的顶端，学生要靠近球座，伸出球棒，找到适合站立的位置。搭档评估其准备、迈步、挥棒动作后，再击打球座的最顶端。搭档提供反馈，学生找到击打球座的合适位置。当学生能够连续正确完成5次这个动作，可以用布球进行练习，搭档继续观察评估。当学生能够连续正确完成5次这个动作，搭档二人互换角色练习整套技能。

手部连带动作

球棒继续越过击球点，双手握住球棒。

设备

手部连带动作海报、球棒以及同伴技能考核表。

活动

学生在无球情况下，面向镜子，想象练习挥棒。学生集中注意力用球棒击球，球棒继续移动，直到后肩移至下巴下方。搭档记录连续正确完成5次这个动作后，搭档二人互换角色练习整套技能。

强化整体技能的高级活动建议

在所有操控性技能中，强调准确性之前，学生应该先掌握双手侧面击球的关键要领。然而在双手侧面击球技能中，调整步伐对于改变球的运行轨迹来说，是一项必要的技能，但是不能取代双手侧面击球的其他关键要领。对于有目标的活动，所用目标应该足够大，让学生正确完成技能的关键要领，并成功击中目标。

个人活动

击球挑战

目的

击打球座上的球，提高双手侧面击球技能。

设备

每组搭档需要一个击球球座（交通标志筒）、一个球棒、一个威浮球（或纱球）以及3个固定在墙上的目标。

活动

球座固定在大约距离墙壁15英尺处，学生尝试对墙击球。利用球座（交通标志筒），学生要正确完成以下动作。

- 对墙击球，不触碰球座。
- 让球击中正对球座前方，固定在墙上的目标。
- 调整站姿，以让球击中3个固定在墙上的目标的其中之一。

拓展活动

- 在两根游戏立柱之间悬挂一张网。让学生尝试击球穿过网。
- 在两根游戏立柱之间系二根绳子，两根绳的间距大约为2英尺。让学生尝试击球穿过两根绳之间的空隙。

重击

目的

击打一个悬挂的球，提高双手侧面击球技能。

设备

一个球棒，以及在超过头顶高度的支架（如篮球筐）上，用粗绳悬挂一个威浮球。球应当悬挂在学生的击球区域内。

活动

1. 球应当停止不动。
2. 学生在击打威浮球时，要做出准备、迈步和挥棒、击球、手部连带动作这些关键要领。

拓展活动

- 搭档评估另一位学生的动作技术。
- 当球朝自己摆动时，学生应当尝试击球。

合作活动

挑战赛

目的

在不同环境下练习双手侧面击球技能。

设备

每组一个球、球棒和球座（或交通标志筒），塑封挑战卡

活动

1. 每个学生挑选一个挑战卡。
2. 学生完成卡片上描述的任务。
3. 可能的挑战任务包括以下活动：
   - 大力击球（或轻轻击球）。
   - 让球击中不同高度的目标（高、中和低）。
   - 让球击中放在不同方位的目标（击球人的前方、左侧和右侧）。

拓展活动

- 在墙上并排固定3个目标（最好是不同颜色的美术纸）。搭档之间互相挑战，击中指定的目标。
- 增加目标之间的距离，让学生挑战击打不同方位的目标。

摇摆的目标

目的

击打搭档摇动的球。

设备

一根球棒和一个放在长筒袜里的网球。

活动

1. 这项活动只适用于技能熟练的四年级或五年级学生。在活动中提醒学生掌控球棒和摇摆的球。
2. 一位搭档在对方击球区域内，在头顶上方摆动长筒袜里的球（如用套索）。
3. 学生尝试击打这个球。
4. 击打5次后，改变位置。

拓展活动

- 使用长筒袜装碎布球。
- 记录击球人连续击球的次数。搭档记录总共的击球数，并且加到班级总分内。

团体活动

创建自己的活动

目的

为了提升双手侧面击球的技能，让学生自己创建活动。

设备

每组一张纸和一支铅笔，预先列出允许学生在活动中使用的器材清单（如布球、碎布球、球棒、标志筒、绳子、呼啦圈或泡沫球）。

活动

1. 2至5个学生一组。你可以选学生建组，或学生自己建组。
2. 每组学生把双手侧面击球作为基本技能来设计活动。考虑到所有的学生和安全措施，学生必须制定规则，确保正确地表现技能。
3. 每个小组在纸上写下组员的姓名、活动规则、所需设备，随后向你展示活动。
4. 经你同意后，小组领取所需的器材，活动开始。
5. 你必须同意小组对活动的所有改变。

拓展活动

- 可以将自己小组的活动教给其他组。

● 可以将自己小组的活动教给全班。

双手侧面击球问题解决表

问题	解决方法
1. 后面手臂的手肘没有与地面平行	● 让学生示范准备姿势（不用球棒），如果有必要，教师或者搭档把学生的肘部抬至正确的位置 ● 安放一面镜子，让学生示范准备姿势
2. 脚没有放在与球座（或者盘子）相对应的合适位置	● 在地面上贴胶带，让学生踩上去 ● 放置一条跳绳与球座平行。学生在击球之前，必须站在绳子后边
3. 学生前脚没有向前迈步	● 在学生应当向前迈步的位置设置一个足印或者贴上胶带 ● 让学生练习几次挥棒动作，搭档计算脚没有迈步的次数。目标是0次 ● 在对侧腿上系一条围巾 ● 在地面上贴上泡沫垫。让学生用对侧脚踩上去发出声音
4. 髋部和肩膀没有转动到位	● 让学生检查皮带扣的位置。击球过后，皮带扣应当指向目标方向 ● 击球人站在击球位置，不拿球棒，双脚双手姿势正确。击球人手持橡皮管或者弹力带的一端，搭档拿着另一端，在击球人挥棒时增加阻力。这样做能增加击球人肩膀旋转的意识
5. 双臂没有完全伸展	● 在两根游戏立柱之间系一张网或者一根绳子，挂一个物体（小风铃、床单或餐盘）。学生双臂向前摆动时触碰这个物体 ● 让搭档举着一个物体（呼啦圈、沙包、塑料瓶）。学生双臂向前摆动时拿走这个物体
6. 学生在挥棒时头部移动，或者眼睛没有看球	● 在学生头顶上放一个棒球或者垒球手套。学生挥动球棒。挥棒时头不能动，手套稳定在头顶不能掉落 ● 直径6英寸的球，半数球是一种颜色，另一半球是另一种颜色（可以使用记号笔或美术笔涂色）。击中一个投出或者抛出的球后，学生能够告诉教师或搭档，他击中球的颜色
7. 学生没有继续做手部连带动作	● 让学生想象用球棒练习挥棒动作。学生应当专心保持头部稳定，旋转肩膀，旋转过程为前面的肩膀处于下巴下方，转到后面的肩膀处于下巴下方

总结

　　越来越多的软式垒球队、青少年棒球队和垒球队都开始认识到对于低龄儿童而言，击球技能（双手侧面击球）相当重要。作为教师，我们在开展技能教学时，不可避免地会与私人教练、孩子的父母或者祖父母的一些意见相冲突。我们可能会遇到想要使用较重球棒（比他们实际使用的要重）的孩子，或者那些想模仿一流运动员的孩子。这些外部的因素会给我们的教学带来困难，而我们应当致力于合理的动作模式。

　　与团队娱乐活动相比，对课程计划进行合理的组织，孩子会在体育课上得到更多的机会来练习双手侧面击球。体育场馆具有评估击球技能的功能，可以为孩子以后在职业运动领域中取得成功打下坚实的基础。

双手侧面击球课程计划

（第二节课）

年龄组：三年级的学生。

教学重点：掌握水平挥棒。

教学次重点：正确迈步。

教学目标：挥棒时，5次中有3次做到在一个横断面上挥棒。教师评估动作（提示词：挥棒击球）。

材料和设备：每个学生一个塑料球棒或者一段PVC塑料管，两个交通标志筒，一个呼啦圈，一个小泡沫球。

提前准备：如果有条件，每个学生设置一个练习站点。在距地面3英尺的墙上放置一张美术纸作为目标。在离墙大约10英寸的地方放一个交通标志筒，在高度为26英寸的交通标志筒上平稳放置一个泡沫球。另外一个交通标志筒放在墙边备用。呼啦圈散放在场馆内，来准备热身。每个呼啦圈内放置一个塑料球棒或一段PVC管（直径一英寸，长度约3英尺）。

组织和管理：学生在个人空间进行热身、指导和练习。前文预先准备环节已经说明了练习站点的设置。

热身活动

今天我们将复习两个学过的运动技能，快跑和跳跃。先说快跑。谁能给我们示范正确的快跑？（选两位学生示范快跑。强调保持一只脚在前和非常规的两脚同时滞空这些关键要领）

很好。音乐开始，你在公共区域内快跑。后面会用到呼啦圈，现在围绕呼啦圈走动。你们明白这些指令吗？开始。

观察并确定学生是否正确表现技能，确保他们合理利用公共区域。

（音乐停止）停止不动。原地站立，保持安静。现在，我们开始复习跳跃。这是**双脚跳跃和单脚跳跃**（挑选两名学生示范跳跃）音乐开始，你们要在公共区域内跳跃。音乐停止，你们就快跑。再次停止时，又开始跳跃。现在，我们从哪项运动技能开始？（跳跃）很好。（音乐开始。中途音乐停止几次，学生变换运动技能）

观察学生是否正确执行动作。

（音乐停止）停止不动。你快跑和慢跑表现很好。你们找一个离自己最近的呼啦圈，坐在圈里，把器材放在圈外。开始。

介绍

昨天我们学习了怎样正确手握球棒。谁能告诉我手应该放在哪里？（惯用手放在另一只手上面，两只手握住球棒的末端）

假设我是投球人或者你的目标，你们所有人站在自己的呼啦圈内，捡起球棒（或

PVC管），正确地握住，让身体侧面朝向我。开始。

观察学生双手在球棒上的位置是否正确，纠正身体朝向错误。

我的双手应该后摆到什么位置呢？（他们应该与腋下水平）很好。所有人球棒摆到正确位置。

在场馆内走动检查，确定学生正确握棒。表扬动作正确的同学。

所有人现在站在呼啦圈外。（发出指令时示范动作）球棒后摆，与腋下水平。向前迈步的同时向前挥棒。记住，这和上手投球动作非常类似——我们用迈步脚向前迈步（惯用手对侧的脚），确保以后脚为轴旋转，把臭虫压扁。

当我重复提示词**准备、迈步和挥棒**时，所有人开始做挥棒动作。记住要站在自己的呼啦圈旁，但不是站在圈里。这样我们就能更完全地伸展，而不被呼啦圈绊倒。

一边观察学生手的位置、迈步和挥棒动作，一边重复提示词准备、迈步和挥棒。

停止不动。现在，这一次你在挥棒时，我想让你们思考一下如何挥棒才能让球棒保持水平挥动。你必须**挥棒击球**。注意我示范水平挥棒。（示范水平挥棒）注意观察我这样挥棒和刚才水平挥棒有什么区别？（示范向上挥棒）如果我这样挥棒击球，那么球会飞向哪里？（上面）没错。我再示范水平挥棒。（再次示范）现在，如果我向下挥棒猛击（示范），球飞向何处？（向下）没错。我想要水平挥棒。我需要**挥棒击球**。所有人开始自己练习并思考**挥棒击球**动作。开始。

观察学生技能动作是否正确。

停止不动。我想你们已经准备好练习了。当我说出你们服装的一种颜色后，你们就带上自己的球棒，找一个远离墙壁的交通标志筒，坐在旁边。（根据服装颜色让儿童散开）

这次你们要把球从球座上击落下来，球座就是交通标志筒。注意看我把球放在球座上，我需要站起来，让身体一侧朝向目标。我把球棒后摆，向前迈步，开始挥棒。如果我站的位置距离球座太远，我还能完成水平挥棒吗？（示范）（不行）我需要站起来让我的前脚（离球座最近的脚）与球座在同一条线上。所有人起立，把球放在交通标志筒上面，做好将要击球却未击球的准备站姿。

四处走动，观察学生是否正确握棒，是否站在交通标志筒旁边合适的位置。如果有必要，在地面上贴胶带帮助学生找到合适的准备位置。

很好。现在，我重复提示词，你们跟着我一起说出提示词——**准备，挥棒击球**——把球从交通标志筒上击落下来。

学生在练习技能动作时，与学生一同重复提示词。此项活动学生至少练习5次，活动中你应该告诉学生何时取回球以及何时击球。

你们做得很好。现在你们开始自己练习挥棒。尝试挥棒击中交通标志筒前面的美术纸。开始。

学生反复练习大约3分钟，你在周围走动观察并纠正错误。3分钟过后，让学生停止练习，选几名学生示范正确动作。之后重新开始练习。

停止不动。这次，我会在场馆内四处走动，然后给你们每个人分配不同的任务。所以你会发现你和别人在做不同的动作。好。重新开始练习。

帮助每个学生纠正错误。如果一个学生击打球的下部，那就在放有球的交通标志筒后面再放一个交通标志筒。让学生在挥棒是必须保持水平挥棒。如果学生向下击球，那么在交通标志筒前面再放一个交通标志筒（靠近墙壁）。如果学生表现很好，在第一个交通标志筒前面再放一个交通标志筒，上面也放上球，让学生挑战击打两个球。

停止不动。所有人把手中器材放回刚上课时的原地。——球棒放在呼啦圈里，多余的交通标志筒和球靠墙放置——之后列队。（学生列队离开）

结束

现在我假装用球棒击球。我会请几位同学判断我的动作是否正确。（用相反的手握棒，错误的脚迈步，握棒太高或太低，向下击球等等）这样对吗？（学生纠正每个错误）

现在告诉我今天练习双手侧面击球时用过的提示词。（**准备，挥棒击球，击球，手部连带动作**）很好。明天我们将继续加大交通标志筒的距离，继续练习击打目标。

第8章

截　击

在许多运动中想取得成功，需要精准传球（如篮球、橄榄球、足球掷界外球）。通过精准传球，传球人可以把球传给其他人。然而在截击技能中，球是别人击打过来的。传球人必须向来球移动，通过短暂的触球把球传给队友，或者传过网。在接球和击球技能中，接球人的动作深受来球的影响。

本章重点是排球运动中的前臂（下手）传球和头上截击（传球）。虽然小学低年级就开始学习用气球练习击球，但是前臂传球和头上截击的水平更高，应该在中年级阶段开始教学。

我们发现沙滩球非常适用于练习截击技能。沙滩球较大，速度较慢，不扎手，也很便宜。如果资金充足，在学生训练过程中，排球将会是更好的选择。这些球比沙滩球的速度稍快，也更耐用。泡沫球、鳄鱼皮球或者超级安全球也能作为替代用球。然而，真正的标准排球适用于中学生。

《美国K–12体育教育的国家标准和年级水平学习成果》（SHAPE America, 2014）没有提到前臂传球，但却包含了适合四年级和五年级学生学习的头上截击（S1.E23）内容。我们认为前臂传球也是一项基本技能。

前臂截击（传球）

前臂传球专门用于排球运动。幼儿园儿童在开始学习击球技能时，能够开始学习前臂传球的基本动作（双手同时击球）。然而，这项技能却相当复杂，因为涉及双臂和双腿的协调性，并能及时对运动的来球做出反应。四年级以前的学生不能掌握这项技能的大多数关键要领。四年级以后，学生才能运用前臂传球将球传至特定位置。

关键要领

向来球方向移动
向来球移动，让双臂位于球的下方。

准备姿势
眼睛注视来球，两脚分开与肩同宽，膝盖弯曲，一只脚在另一只脚的前面，双手并拢，双臂与大腿平行。

伸展双臂击球
等球从中间高度下落至较低的高度。用前臂的前端触球。应当在肩膀以下让球与手臂接触。触球时，双腿伸展发力。

手部连带动作
双手依然并拢，双臂不高于肩膀。

提示词

你在技能学习每个阶段所选择的提示词，取决于学生的年龄和你强调的重点。在可用的提示词组中，有一些可以指导前臂传球。你可以单独使用一组提示词，或者根据需要混合搭配。我们发现，在学生练习时，大声说出提示词非常有益。

向来球方向移动——向来球移动，让双臂位于球的下方。

准备姿势——眼睛注视来球，两脚分开与肩同宽，膝盖弯曲，一只脚在另一只脚的前面，双手并拢，双臂与大腿平行。

手放在球的下方——向来球移动，让双臂位于球的下方。

伸展双臂击球——等球从中间高度下落至较低的高度。用前臂的前端触球。应当在肩膀以下让球与手臂接触。触球时，双腿伸展发力。

抬手或触球——球与前臂的前端接触，在肩膀以下让球与手臂接触。触球时，双腿伸展发力。

手部连带动作——双手依然并拢，双臂不高于肩膀。

> **提示词组1：** 向来球方向移动、准备、伸展击球、手部连带动作
> **提示词组2：** 移动、准备、抬手
> **提示词组3：** 移动、准备、触球
> **提示词组4：** 手放在球的下方、抬手

正确手形的教学方法

对于前臂传球技能而言，学习正确的双手手形非常重要。以下两个方法有助于学习正确的双手位置。

1. 第一种方法——第一只手握拳，大拇指在上。另一只手包裹住第一个拳头，大拇指在上。两个大拇指并拢。向下伸展双臂，形成接球的平面。

2. 第二种方法（传统法）——把非惯用手放在惯用手上面，两只手交叉形成"X"形。两只手弯曲，两个大拇指并拢。向下伸展双臂，腕部外翻，形成接球的平面。

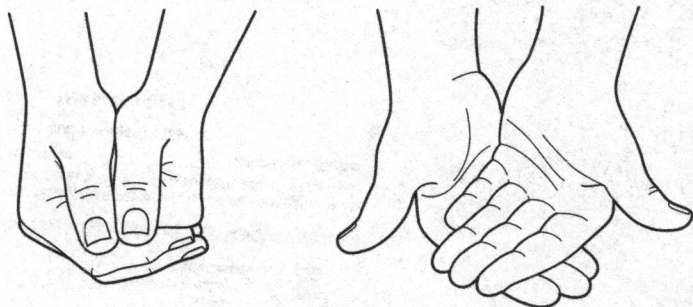

强化和评估关键要领的活动建议

在学习过程中，重要的是让学生了解一种技能的形式，有哪些关键要领，以及怎样正确地完成每个要领。在前文中，我们提供了前臂传球的图片及说明，并把它分为几个关键要领，提出了可以使用的提示词。除了第1章中的内容可以强化所有运动和操控性技能的概念，后续章节中将提供更多的具体活动，来巩固前臂传球特有的关键要领。

同伴技能考核

目的

让搭档互相评估技能学习的进程。

设备

同伴技能考核表，铅笔，每组搭档一个球。如果学生不能阅读或是不会说英语，可以使用同伴技能考核表的图片版。

活动

1. 搭档观察对方的准备姿势是否正确。
2. 如果准备姿势正确，搭档在对应的方框里放一个"Y"；如果准备姿势不正确，则放一个"N"。对于识字量很少的学生，如果搭档准备姿势正确，可以放一个笑脸图片；反之，则放进哭脸图片。
3. 每个关键要领被评估5次后，停止同伴评估。
4. 每个学生都要使用同伴技能考核表。

拓展活动

- 使用同伴技能考核表来测评每个学生技能水平的提高。
- 把同伴技能考核表同成绩单寄给学生家长，或是在个人技能水平提高时寄给家长。

成功构建者

成功构建者活动能够让教师满足学生的个别需求。如果学生在某个关键要领上需要额外帮助，下面列出的活动将有助于提高正确表现水平。

目的

改善同伴技能考核表评估中的不足之处。

设备

见以下各个练习站点。我们建议在每个练习站点放一面不易碎的镜子和一张印有前臂传球每项关键要领的海报。在这些活动中，镜子的用处很大，因为它能让学生看到自己的动作。制作海报最简单的方法是放大打印这本书上的图片。给海报塑封能延长其使用年限。

活动

1. 在教学区内，为每个关键要领分别设立一个练习站点。在相应的站点张贴具体要领的说明和图片。
2. 每个站点的细节如下。

手形

对于前臂传球技能而言，有两种主要方式来准备手形。教师应当采用最适合学生的方法。复习两种方法如下。

- 第一种方法适合初学者。第一只手握拳，大拇指在上。另一只手包裹住第一个拳头，大拇指在上。两个大拇指并拢。向下伸展双臂，形成接球的平面。尽可能鼓励学生使用传统方法。
- 传统方法是把非惯用手放在惯用手上面，两只手交叉呈"X"形。两只手弯曲，两个大拇指并拢。向下伸展双臂，腕部外翻，形成接球的平面。

设备

第一种方法海报、镜子（如果有的话）以及同伴技能考核表。

活动

学生两只手交叠示范正确的手形，搭档检查并观察其动作是否与海报相符。学生借助镜子观察自己的动作。学生放开双手，搭档发出指令，学生再次做出正确的手形。一旦学生能够向搭档示范正确的手形，搭档二人互换角色练习整套技能。

向来球方向移动

向来球移动，让双臂位于球的下方。

设备

向来球方向移动的海报，同伴技能考核表，以及用胶带在地板上贴出10英尺的方框。

活动

学生做好准备姿势。搭档从大约10英尺远的位置向空中抛球。学生必须接住球。接过3次球后，搭档抛出一个球，这时学生必须移动去接球。所有的接球都要求学生超出边长10

英尺的方框。一旦学生能够向搭档示范向来球方向移动，搭档二人互换角色练习整套技能。

准备

眼睛注视来球，两脚分开与肩同宽，膝盖弯曲，一脚在另一只脚的前面，双手并拢，双臂与大腿平行。

设备

准备姿势海报、镜子（如果有的话）以及同伴技能考核表。

活动

学生做好准备动作，搭档检查并观察其姿势是否与海报相符。学生借助镜子观察自己的动作。学生假装传球，搭档发出指令，学生再次做好准备动作，一旦学生能够向搭档示范正确的准备动作，搭档二人互换角色练习整套技能。

伸展双臂击球

等球从中间高度下落至较低的高度。用前臂的前端触球。应当在肩膀以下让球与手臂接触。触球时，双腿伸展发力。

设备

伸展双臂击球海报、篮球筐上悬挂一球（高度位于儿童的腰部），沙滩球以及同伴技能考核表。

活动1

搭档双臂完全伸展，双手放松地持球，高度位于腰部。学生尝试触碰这个球，并且从搭档手中将球击落。

活动2

悬挂一个球，学生站在球旁，让两只手臂位于球的下方。触球时利用双腿提供爆发力。搭档观察学生是否由双腿提供大部分的力，双臂不能挥动。一旦学生能够正确完成，搭档二人互换角色练习整套技能。

手部连带动作

双手依然并拢，双臂不要高于肩膀。

设备

手部连带动作海报、投影仪、不易碎的镜子以及同伴技能考核表。

活动1

学生站在投影仪与墙壁之间。学生练习时，墙上应当有投影。在墙上略低于学生肩部的位置贴一条胶带。学生开始练习前臂传球，搭档在墙上粘贴一片胶带，表示出他在传球后双手到达的位置。直到学生连续做到双手在肩膀以下高度停止运动。

活动2

学生面对镜子，在无球情况下练习前臂传球。学生借助镜子决定手部连带动作停止的位置。搭档进行评估。一旦学生能够伸展双臂击球，搭档二人互换角色练习整套技能。

强化整体技能的高级活动建议

个人活动

自己练习前臂传球

目的

反复向空中击球，提高前臂传球技能。

设备

每个学生一个沙滩球或其他软质球（例如排球、鳄鱼皮球或泡沫球）。

活动

1. 学生在场馆内寻找一个开放区域。

2. 将球抛到空中。

3. 学生尝试连续击球，不让球落地。

拓展活动

- 可以让球在地面反弹一次，学生继续击球。

- 学生必须在特定区域内（边长 10 英尺的正方形区域）击球。

设置目标

目的

通过击中特定目标来提高前臂传球技能。

设备

胶带（制作较大的三角形、方形、矩形或者其他形状的目标，贴在场馆或者活动区域的墙上），每个学生一个球（如沙滩球、泡沫球或鳄鱼皮球）。这些目标距离地面至少9英尺，以模仿排球网的高度，比网高大约1至1.5英尺。

活动

1. 学生必须使用前臂传球对墙击球，让球击中目标。

2. 学生尝试连续击中5次目标。

拓展活动

- 除了使用不同的几何图形，学生也可以尝试击中不同颜色的目标。

- 球只能在地面反弹一次，然后再继续击球。

- 场馆四周都贴上目标，学生连续击中某个目标5次，可以移动到下一个目标。

- 在场馆地面上贴上目标。学生尝试让球落在目标上。

合作活动

搭档之间传接球

目的

提高前臂传球的准确性。

设备

每组一个沙滩球、泡沫球或排球。

活动

1. 两位搭档相距 10 英尺站立。

2. 一位搭档向另一个人抛球。

3. 接球人使用前臂传球技能把球传给抛球人。

拓展活动

- 让搭档记录连续完成传接球的次数。

- 一位学生站在呼啦圈内，把球抛给搭档。搭档必须使用前臂传球技能把球传给抛球人。如果抛球人双脚站在呼啦圈内，并且接住了球，这对搭档得5分。如果一只脚伸出圈外，得3分。如果接球时两只脚都出圈，只能得一分。如果没有接住球，得0分。学生记录分数。

连续传球

目的

搭档之间来回传球，提高前臂传球技能。

设备

每组搭档一个沙滩球、泡沫球或排球。

活动

1. 搭档之间相距大约10英尺站立。

2. 其中一位搭档向另一位抛球，另一位搭档使用前臂传球技能把球传回抛球人。

3. 最初抛球的人继续用前臂传球把球传回去，尝试保持连续传球。

拓展活动

- 接球前允许球在地面上反弹一次。

- 让搭档记录他们能连续传球的次数。

- 每次成功传球后，每人向后一步，加大传球距离，来增加挑战难度。

- 另加一张排球网（或者在两根游戏立柱之间系一根绳子），让搭档之间来回过网传球。

对墙传球

目的

对墙击球，提升前臂传球技能。

设备

每组搭档一个泡沫球或排球，在距离地面10英尺的墙上贴一条线。

活动

1. 两个搭档都站在离墙10英尺的地方。

2. 一位搭档使用前臂传球技能对墙击球。

3. 球从墙上弹起，还未落地前，另一个搭档要接住这个球。

4. 搭档接住球后，必须在接球位置同样使用前臂传球技能，使球击中墙壁。

5. 搭档记录连续传接球的次数。

拓展活动

- 在墙上设置一个目标，让学生挑战击中它。

- 记录学生正确完成的传球次数。

后退

目的

增加搭档之间的距离，来提升前臂传球技能。

设备

每组搭档一个沙滩球、泡沫球或排球。

活动

1. 学生面对面站立，使用前臂传球技能来回传球。

2. 完成两次传接球以后，两人向后退一步，重复前臂传球。

3. 直到学生不能正确完成技能，或者距离太远时，停止练习。搭档返回起始位置重新开始。

拓展活动

向学生说明测量概念，让学生放置一个标志筒或者其他物体，来表示他们能够达到的最远距离。他们也可以使用胶带来测量并判定准确的距离。记录测量的结果，和其他小组比较。可以制作班级总分图表，并在公告栏中展示。

源自：Based on Bryant and McLean Oliver 1975.

团体活动

移动身体接球

目的

移动身体截击来球，提升前臂传球技能。

设备

3人一组，每组两个球。

活动

1. 把全班分成3人小组。给每个小组中两个人分别持一个球。这两个人面对第三个人（持球人）站立。小组成员相距大约10英尺远。

2. 使用下手抛球，搭档1把球抛给接球人。接球人使用前臂传球把球传回搭档1。

3. 接球人随后转向搭档2。搭档2把球抛给接球人，接球人再通过前臂传球把球传回搭档2。

4. 直到两位搭档抛出3次球后，3个人交换位置，让每个人都有机会成为接球人。

拓展活动

- 击球前允许球在地面反弹一次。

- 减少传球时间，让接球人动作更连贯。

- 让搭档记录他们连续击球的次数。

- 每次成功传球后，每人向后退一步，加大传球距离，来增加挑战难度。

源自：permission, 1989, from B.L. Viera and B.J. Ferguson, 1989, *Volleyball: Steps to success* (Champaign, IL: Human Kinetics).

围绕成圈

目的

击球传给搭档，来提升前臂传球技能。

设备

4至6人一组，每组一个沙滩球、泡沫球或者排球。

活动

1. 4至6人一组，把全班分为多个小组。小组成员围成一个圈，成员之间相距大约6英尺。

2. 学生使用前臂传球技能转圈传球，每位成员都应当触球。

3. 出于安全考虑，学生应当在击球前喊出"我来接球"。

拓展活动

- 在球落地前，学生记录整组正确传球的次数。

- 调整并确定顺序，让学生每次传球给同一个人。

二人成组

目的

努力得分的同时练习前臂传球。

设备

4人一组，每组一个球，有标记的正方形活动区域，边长20英尺，区域内有一条中线。

活动

1. 学生形成4人一组，两两搭档。

2. 两对搭档分别站在中线两侧。

3. 一位搭档把球抛给另一位搭档，接球人要使用前臂传球把球击过中线传给对方。

4. 对方必须也使用前臂传球把球击打回来。

5. 当对方击球过界或者没有接住球，本方得一分。

6. 小组之间能够交换队员，重新开始活动，或者搭档可以交换场地，挑战其他小组。

拓展活动

- 增大活动区域的面积，增加队员挑战的难度。

- 这项活动也适合6个人进行，每方3人。

小组击球

目的

在努力得分的同时，练习前臂传球。

设备

4人一组，每组一个沙滩球、泡沫球或者排球。两个28英寸高的标志筒。一条16英尺长的跳绳。

活动

1. 用绳子和标志筒创建一个小场地。把绳子系在标志筒的顶端，标志筒散开放置让绳子拉直。

2. 学生形成4人一组，两两搭档。

3. 两对搭档分别站在中线两侧。

4. 一位搭档使用下手击球把球传给另一位搭档，接球人要使用前臂传球把球击过中线传给对方。

5. 对方必须也使用前臂传球把球击打回来。

6. 当对方击球过界或者没有接住球，本方得一分。

7. 小组之间能够交换队员，重新开始活动，或者每对搭档得到5分之后，交换场地，挑战其他小组。

拓展活动

- 增大活动区域的面积，增加队员挑战的难度。

- 这项活动也适合6个人进行，每方3人。

- 6个人的角色与前面的活动有所不同。两人手持一条10英尺长的跳绳，举在空中。另外4人分成两组，分别站在绳子两侧，用前臂传球来回传球过绳。完成10次前臂传球后，小组交换场地。

- 完成前面的拓展活动活动，但是在队员来回击球过程中，让持绳子的人转圈移动。这样做需要移动击球。移动时，始终让身体的正面朝向绳子。

创建自己的活动

目的

为了提升前臂传球技能，让学生自己创建活动。

设备

每组一张纸和一支铅笔，预先列出并允许在活动中使用的器材清单（如保龄球瓶、标志筒、绳子、呼啦圈、沙滩球或泡沫球）。

活动

1. 2至5个学生一组。你可以选定学生建组，学生也可以自己建组。

2. 每组把前臂传球作为基本技能来设计活动。考虑到所有学生和安全因素，活动必须制定规则，保证技能的正确完成。

3. 每个小组在纸上写下成员的名字，活动规则，所需设备，然后向你展示活动。

4. 经你同意后，小组领取所需器材，开始活动。

5. 你必须同意小组对活动的所有改变。

拓展活动

- 可以将自己小组的活动教给其他组。
- 可以将自己小组的活动教给全班。

前臂截击（传球）问题解决表

问题	解决方法
1. 手形不正确	• 教授第一种方法：第一只手握拳，大拇指在上。另一只手包裹住第一个拳头，大拇指在上。两个大拇指平行并拢。向下伸展双臂，形成接球的平面 • 在手掌中斜放一片胶带（手掌的对角线），让学生把另一只手放在上面。双手弯曲，上面那只手的小拇指应该沿着胶带边缘放置
2. 手肘弯曲（双臂没有伸展或平行）	• 搭档站在学生旁边。学生做出正确的手形，并把自己的手放在搭档手中。搭档向学生抛球，学生进行前臂传球 • 在篮球筐上悬挂一个沙滩球，球的高度位于学生腰部。学生伸展手臂尝试传球，但要保持手臂伸直
3. 双臂摆动高于肩膀	• 在学生前面的墙上贴一张纸，在略低于学生肩膀的地方画一条与地面平行的线。让学生手拿记号笔，手向外伸展在纸上画平行线 • 在两根游戏立柱之间系一根绳子，高度略低于学生肩膀。向学生抛球，学生必须击球，当双臂摆动触到绳子时，停止摆动
4. 双脚没有分开站立	• 在地面上贴两条胶带，提示学生应该把脚放在什么位置 • 让学生四处走动。当你说"现在开始"时，学生在合适的位置做出双脚分开站姿，准备前臂传球
5. 学生没有抬腿	• 学生做出分腿站姿，同时膝盖弯曲，手臂放在合适的位置。你发出指令后，学生伸展双腿，双臂微微抬起 • 在两根游戏立柱之间系一根绳子，略高于学生头部。当学生触球时，必须双腿伸直，让头顶触绳
6. 学生的手没有位于球的下方	• 学生双臂保持合适的姿势，移动身体，用伸展的双臂去接抛来的球 • 学生在前臂涂上婴儿爽身粉。移动至球的下方尝试触球，让粉末印在球上

总结

因为前臂传球只用在排球运动中，这项操控性技能不适于教授年龄小的学生。开始教学时，要强调掌握正确的手形。让孩子手指交叉或者大拇指交叉都会形成错误的动作习惯。如果学生无法掌握传统手形，那么就鼓励学生使用第一种握拳法，直到他们能掌握传统手法为止。

掌握这项技能的另一个难点就是要借助大腿发力。学生在前面练习的一些击球技能中，主要是手臂发出力量使球运动。因此，对于前臂传球技能，老师必须强调大腿伸展发力，而不是挥动手臂发力。

我们不鼓励进行排球比赛活动；在小任务中给予学生一定的指导，让他们掌握这项技能的关键要领。不论是单独练习还是搭档配合，合理的指导和大量的练习机会将提高技术水平，为以后参与正式比赛奠定基础。

前臂截击（传球）课程计划

（第一节课）

年龄组：四年级的学生。

教学重点：前臂传球准备动作中手形正确。

教学次重点：用前臂中部触球，双腿伸展发力。

教学目标：做好正确的前臂传球手形，5次动作有4次能做到用前臂的中部触球，双腿伸展发力。老师观察评估。（提示词：手呈"X"形，双手弯曲，利用前臂，双腿伸直）。

材料和设备：每个学生一个泡沫球或者沙滩球（或其他类似的球），两条相距约10英尺的线。两条线应当等长于场馆的长度。场馆内四处张贴前臂传球关键要领的海报。

组织和管理：学生在个人空间进行热身、指导和练习。

热身活动

今天我们将伴随音乐来热身。音乐开始，你们要在公共空间内慢跑。音乐停止，原地停止不动。

注意学生在运动中的安全。

（音乐停止）所有人站在原地并看向我。我们来回顾弯曲和伸展概念，让你们的热身更有挑战性。注意看我怎么弯曲手臂，现在又伸直手臂。你们能弯曲膝盖吗？你们能伸直双腿吗？你们能弯曲手腕吗？你们能伸直手腕吗？很好。这一次，我们在热身时将用到刚才提到的词语，来提高热身的难度。按我所说的移位运动指令进行运动，音乐停止，原地停止，用我所说的身体部位进行弯曲和伸展。你们明白我们将做什么了吗？开始。

观察学生正确完成运动动作，按要求弯曲和伸展身体部位。练习中途可以随时叫停，以改变运动动作和弯曲或者伸展的肢体部位。

形式：学生在场馆内找到个人空间，面朝教师。

介绍

今天，我们在练习前臂传球时要加入弯曲和伸展两个词语。这项技能只用在排球运动中。"volley"这个词指的就是不让球落地，也就是双方来回击球而不让球落地。前臂传球技能和腰部以下接球技能有一些相似之处。所有人起立，站在个人空间。我们先回顾一下腰部以下接球技能。

准备姿势——面向目标，两脚分开与肩同宽，膝盖弯曲，眼睛注视来球，肘部弯曲靠近身体，双手举在身前。

迈步和伸手——朝掷球人迈步，伸直手臂，两个小拇指并拢，双手迎接来球。（观察学生是否向前迈步，伸直手臂，两个小拇指是否并拢接球）很好。你们接球技能记得很正确。

今天我们要学习前臂传球，你们认为我们要用身体哪个部位来触球呢？没错！就是前臂。所有人指着自己的前臂。我们并不是要用前臂来接球，而是借助前臂触球让球反弹出去。要正确完成这个动作，需要同时使用双臂；要同时使用双臂，两只手就要握在一起。

把经常写字的手（惯用手）举在体前，手心朝上，另一只手叠加在上面，同样手心朝上。双手交叉呈"X"形。（四处走动确定学生正确做出动作）现在双手弯曲，大拇指并拢。再次检查学生的动作。如果手形感觉不舒服，让两只手交换位置，换一只手放在下面。注意观察两只手臂形成一个平坦的平面来击球。你们谁能想出一个更好的方法让双臂更平坦呢？你们应该让手肘指向地面。这是基本手形。好，双手分开。你们能再次恢复正确的手形吗？再次分开，再次恢复。让搭档检查手形是否正确。

做准备动作时，一只脚在另一只脚的前面。如果你想让手臂形成击球的平台，那么你就要伸直手臂，背部挺直，膝盖弯曲使臀部下降。

观察学生是否在体前伸直手臂。

假装有个球朝你飞来。双手呈"X"形，用前臂击球，双腿伸直。重复练习几次动作。（每次练习前，让学生双臂分开）停止不动。你们做得很好。回想一下：双手应该怎样动作？（双手呈"X"形，弯曲双手）很好。现在你们已经准备好带球练习了。（选一名学生，让他抛给你一个沙滩球）观察我如何击球。（示范几次）谁知道我用哪个部位击球？（前臂的前端）很好。那我的双脚应该怎样动作？（一只脚在另一只脚的前面）击球的力量来自我的双臂还是双腿？（双腿）你们需要借助双腿来发力。如果我摆动手臂击球，那么球不会飞向我设想的位置。我的双臂不能高于肩膀。动作开始时双臂靠近大腿，结束时双臂接近肩膀。现在开始搭档配合练习。墙边有很多球和标记线。当我说开始，你们去寻找一位搭档，背靠背站立。开始。

很好。你们搭档中的一人应该站在场馆中央的中线上，另一位搭档挑选一个球，站在离门最近的线上，但是要直接面对搭档。开始。站在场馆中线上的搭档首先练习前臂传球。当我说开始，你的搭档会向你抛球，你必须用前臂传球技能把球击回给他。

球在空中飞行要达到篮球筐的高度。不要太高，也不要太低。抛球人随后再练习。现在，站在中线上的学生开始练习传球。记住双手的准备动作，双腿发力。开始。

观察学生手形是否正确，以及是否用双腿发力。搭档之间练习3至5分钟后交换位置。如果可能，找出几位能够掌控传球并用双腿发力的学生。

停止不动。坐在原地。复习一下双手动作和正确的传球技能。这次我会增加练习难度。选一名学生帮助你。我的搭档要站在呼啦圈内，距离我约10英尺。他向我抛出一个球，我要用前臂传球把球击回给搭档。如果他能够在圈内把球接住，那么我们得5分。如果一只脚伸出圈外接住球，得3分。如果两只脚都出圈，但是接住球，得1分。5次抛球传球后，我们交换位置。传球过程中要让球达到篮球筐的高度。（示范几次）持球的学生为你们找到一个较大的活动区域。无球的学生取一个呼啦圈，并把它放置在距离搭档约10英尺远的地方。我们现在开始。（每个人准备就绪，开始练习）

观察学生是否手形正确，球的高度，以及是否借助双腿发力。学生练习2至3分钟。在练习中，如果学生出现任何技术问题，全班暂停练习，重新讲解正确的前臂传球的关键要领。

停止不动。你们都做得很好。这次要重新分组，3人一组练习。（安排学生分组，收回多余的呼啦圈和球）墙上有很多海报，展示前臂传球的标准姿势。你们继续练习使用前臂传球技能，把搭档抛过来的球传回给搭档。但是此时第三个人在一旁观看你们是否正确表现出所有的技能要领。每人练习3次传球。之后观察者报告你的哪个技能要领做得好，哪个技能要领需要继续练习。之后你要将不足之处练习3次以上。随后，每个人交换位置，依次传球、抛球、接球和观察。你们明白这些指令吗？开始。

观察学生双手位置是否正确，双臂是否伸直，以及是否借助双腿发力。学生练习5至7分钟。

结束：学生列队离开。

所有人，向我展示前臂传球中双手应该如何交握？我要用手臂的哪个部位击球？（前臂）身体的哪个部位能提供最大的力量？（双腿）下一次，我们将要练习与搭档之间的来回传球。

头上截击（传球）

　　和前臂传球相比，头上传球更像一种击球技能，而不是抛球技能。球与手指只有短暂的接触，就直接飞向队友或者过网。头上传球要求高度和准确性。

　　一般情况下，在排球运动中，头上传球是在接球时的第二次击球。因为发球需要用很大的力，所以不建议在一开始就用手指触球。然而前臂传球却能缓冲力，之后将球传给第二次击球。第二次击球的目的是头上传球（或者一整套技能），把球传给队友，以备进攻（扣杀或者吊球）。《美国K-12体育教育的国家标准和年级水平学习成果》（SHAPE America, 2014）在四年级以前没有提到这项技能。四年级学生能够使用头上传球技能向上传球，并且能够展示出成熟动作模式中（S1.E23.4）5个关键要领中的4个要领。五年级时，学生能够利用头上传球技能向上击打目标（S1.E23.5）。见表8.1。

表8.1　头上截击（传球）

	幼儿园至三年级	四年级	五年级
S1.E23 头上截击 （传球）	四年级才开始出现上手传球第一阶段的成果，动作水平逐步提高	利用头上传球模式，用双手让球向上飞，表现出成熟技能模式中5个关键要领中的4个要领（S1.E23.4）	用双手传球技能让球向上飞行，并击中目标（S1.E23.5）

源自：SHAPE America-Society of Health and Physical Educators, 2014, *National standards & grade-level outcomes for K-12 physical education* (Champaign, IL: Human Kinetics).

关键要领

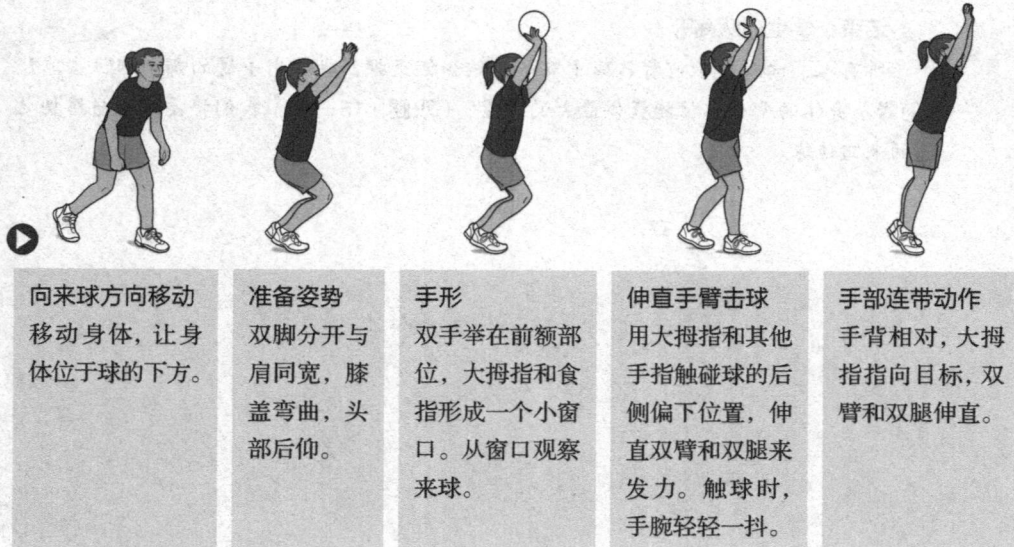

| 向来球方向移动
移动身体，让身体位于球的下方。 | 准备姿势
双脚分开与肩同宽，膝盖弯曲，头部后仰。 | 手形
双手举在前额部位，大拇指和食指形成一个小窗口。从窗口观察来球。 | 伸直手臂击球
用大拇指和其他手指触碰球的后侧偏下位置，伸直双臂和双腿来发力。触球时，手腕轻轻一抖。 | 手部连带动作
手背相对，大拇指指向目标，双臂和双腿伸直。 |

提示词

你在技能学习每个阶段所选择的提示词，取决于学生的年龄和你强调的重点。在可用的提示词组中，有一些可以教学头上传球。您可以单独使用一组提示词，或者根据需要混合搭配。我们发现，在学生练习时，大声说出提示词非常有益。

向来球方向移动——移动身体，让身体位于球的下方。

头位于球的下方——向来球移动，头位于球的下方。

准备——两脚分开与肩同宽，膝盖弯曲，头往后仰。双手举在前额部位，大拇指和食指形成一个小窗口。从窗口观察来球。

伸直手臂击球——用大拇指和其他手指触碰球的后侧偏下位置，伸直手臂和双腿来发力。触球时，手腕轻轻一抖。

手部连带动作——手背相对，大拇指指向目标，手臂和双腿伸直。

弯曲——双臂位于头顶上方，手肘弯曲，大拇指和食指形成小窗口，等待来球时，膝盖也要弯曲。

使用取景器

使用取景器——双臂位于头顶上方，手肘弯曲，大拇指与食指形成窗口。

双手向外推——手背相对，大拇指指向目标，手臂和双腿伸直。

伸直——触球时，双臂和双腿伸直发力，把球推离。

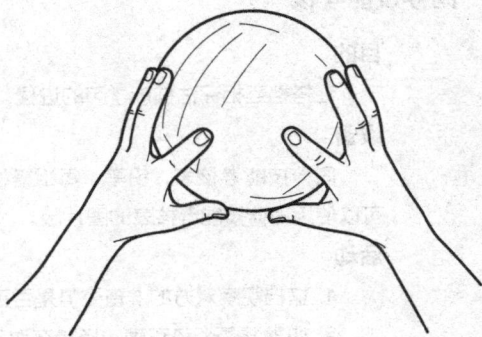

提示词组1：向来球方向移动、准备、伸直手臂击球、手部连带动作

提示词组2：头在球的下方、使用取景器、伸直手臂击球、双手向外推

提示词组3：弯曲和伸直

提示词组4：头在球的下方、伸直手臂击球

强化和评估头上传球关键要领的活动建议

在学习过程中，重要的是让学生了解一种技能的形式，有哪些关键要领，以及怎样正确地完成每个要领。在前文中，我们提供了头上传球的图片及说明，并把它分为几个关键要领，提出了可以使用的提示词。除了第1章中的内容可以强化所有运动和操控性技能的概念，后续章节中将提供更多的具体活动，来巩固头上传球特有的关键要领。

同伴技能考核

目的

让搭档互相评估技能学习的进程。

设备

同伴技能考核表，铅笔，每组搭档一个球棒和球。如果学生不能阅读或是不会说英语，可以使用同伴技能考核表的图片版。

活动

1. 搭档观察对方的准备姿势是否正确。

2. 如果准备姿势正确，搭档在对应的方框里放一个"Y"；如果准备姿势不正确，则放一个"N"。对于识字量很少的学生，如果搭档准备姿势正确，可以放一个笑脸图片；反之，则放进哭脸图片。

3. 每个关键要领被评价5次后，停止同伴评估。

4. 每个学生都要使用同伴技能考核表。

拓展活动

- 使用同伴技能考核表来测评每个学生技能水平的提高。

- 把同伴技能考核表同成绩单寄给学生家长，或是在个人技能水平提高时寄给家长。

同伴技能考核表

技能：头上截击（传球）

头上截击（传球）者姓名：＿＿＿＿＿＿＿＿＿＿ 观察者姓名：＿＿＿＿＿＿＿

❶ 向来球方向移动

❷ 准备

❸ 手形

❹ 伸直手臂击球

❺ 手部连带动作

同伴技能考核表

技能：头上截击（传球）

头上截击（传球）者姓名：＿＿＿＿＿＿＿＿＿＿＿ 观察者姓名：＿＿＿＿＿＿＿

观察你的搭档，然后给技能的每项关键要领打分。让你的搭档每个动作做5次。如果搭档做的动作正确，就在对应次数的方框里填个 "Y"；如果搭档做的动作不正确，就在对应次数的方框里填个 "N"。

开始	测试

向来球方向移动
1. 移动身体，让身体位于球的下方。

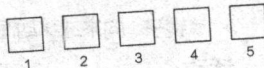

准备姿势
2. 两脚分开与肩同宽。
3. 膝盖弯曲。
4. 头往后仰。

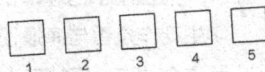

动作

手形
1. 双手举在前额部位，大拇指和食指形成一个小窗口。
2. 从窗口观察来球。

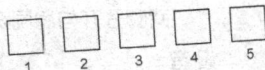

伸直手臂击球
3. 大拇指和其他手指触碰球后侧偏下的位置。
4. 伸直手臂和双腿发力。
5. 触球时，手腕轻轻一抖。

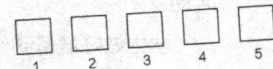

结束

手部连带动作
1. 手背相对。
2. 大拇指指向目标。
3. 手臂和双腿伸直。

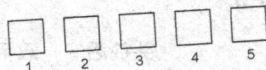

成功构建者

成功构建者活动能够让教师满足学生的个别需求。如果学生在某个关键要领上需要额外帮助，下面列出的活动将有助于提高正确表现水平。

目的

改善同伴技能考核表评估中的不足之处。

设备

见以下各个练习站点。我们建议在每个练习站点放一面不易碎的镜子和一张印有头上传球每项关键要领的海报。在这些活动中，镜子的用处很大，因为它能让学生看到自己的动作。制作海报最简单的方法是放大打印这本书上的图片。给海报塑封能延长其使用年限。

活动

1. 在教学区内，为5个关键要领分别设立一个练习站点。在相应的站点张贴具体要领的说明和图片。
2. 每个站点的细节如下。

向来球方向移动

移动身体，让身体位于球的下方。

设备

镜子、向来球移动海报、胶带（地板或美术胶带）或地板上画一个圆圈以及同伴技能考核表。

活动

搭档用手把球举在空中。学生移动至球的下方，通过双手形成的窗口观察球。搭档检查学生动作是否与海报相符。学生借助镜子观察改正自己的动作。一旦学生能够向搭档正确展示这个动作，搭档二人互换角色练习整套技能。

准备

两脚分开与肩同宽，膝盖弯曲，头往后仰。

设备

准备姿势海报、镜子（如果有的话）以及同伴技能考核表。

活动

学生做好准备动作，搭档检查是否与海报相符。学生借助镜子观察改正自己的动作。然后学生在场馆内四处走动，搭档发出指令后，再次做好准备动作。一旦学生能够向搭档正确展示身体和双手姿势，搭档二人互换角色练习整套技能。

手形

头往后仰，双手举在前额部位，大拇指和食指形成一个小窗口。从窗口观察来球。

设备

正确手形海报、镜子（如果有的话）以及同伴技能考核表。

活动

学生示范正确的手形。搭档检查是否与海报相符。学生借助镜子观察改正自己的动作。然后学生在场馆内四处走动,搭档发出指令后,再次做好正确的手形。一旦学生能够向搭档展示正确的手形,搭档二人互换角色练习整套技能。

伸直手臂击球

用大拇指和其他手指触碰球后侧偏下的位置,伸直手臂和双腿发力。触球时,手腕轻轻一抖。

设备

伸直手臂击球海报、镜子、投影仪(或者其他向学生打光的方法)以及同伴技能考核表。

活动

学生在镜子前或者光照下展现伸直手臂击球的动作。学生在展示这项要领时,搭档观察其手腕是否轻轻一抖,并检查是否与海报相符。学生借助镜子观察改正自己的动作。一旦学生能够向搭档展示正确的伸直手臂击球姿势,搭档二人互换角色练习整套技能。

手部连带动作

手背相对,大拇指指向目标,手臂和双腿伸直。

设备

手部连带动作海报、镜子、投影仪(或者其他能向学生打光的方法)以及同伴技能考核表。

活动

学生在镜子前或者光照下展示手部连带动作。搭档检查是否与海报相符。学生借助镜子观察改正自己的动作。一旦学生能够向搭档正确展示手部连带动作,搭档二人互换角色练习整套技能。

强化整体头上传球技能的高级活动建议

个人活动

自己练习传球

目的

连续向空中击球,提高头上传球技能。

设备

每个学生一个球(如沙滩球、泡沫球或排球)。

活动

1. 每个学生一个球。让学生在场馆内寻找一个个人空间。

2. 让学生自己把球抛到空中,并且向空中击球。

3. 学生每次击球后要接住球。

拓展活动

如果学生成功完成一次连续的击球和接球,那么就让学生尝试连续两次击球和接球,再连续3次,最终能连续向空中击球。

对墙传球

目的

对着墙壁练习头上传球技能。

设备

每组学生一个球(如沙滩球、泡沫球或排球)。

活动

1. 每位学生一个球。让学生在墙上选定一小块区域。

2. 让学生自己抛球,并且向墙上这块区域传球。选定的区域应当距离地面约10英尺。

3. 球从墙面弹回来时,学生要接住这个球。

拓展活动

如果学生成功完成一次连续的击球和接球,那么就让学生尝试连续两次击球和接球,再连续三次,最终能连续向墙面击球。

合作活动

搭档之间抛球和传球

目的

提升头上传球技能。

整备

每组搭档一个沙滩球、泡沫球或排球。

活动

1. 学生至少相距10英尺站立。

2. 其中一位搭档向另一位搭档抛出有一定高度的球。

3. 接球人使用头上传球技能把球传回抛球人,抛球人不必移动接球。5次正确传球后,搭档之间互换角色。

拓展活动

● 搭档记录连续成功的传接球。

● 让抛球人站在呼啦圈内。如果抛球人能够双脚站在圈内把球接住,奖励5分。如果一只脚迈出圈外接住球,奖励3分。如果两只脚都出圈,但是接住球,奖励1分。

不间断传球

目的

与搭档不间断传球,提高头手传球技能。

设备

每组搭档一个球（如沙滩球、泡沫球或排球）。

活动

1. 搭档相对站立。

2. 其中一位搭档向另一位搭档抛球，另一位搭档必须使用头上传球来击球。

3. 搭档之间持续来回传球，并记录正确传球次数。

4. 当搭档双方不能使用正确的技术或者没有接住球时，活动停止。

5. 搭档之间重新开始，尝试更多的击球数。

拓展活动

使用绳子或网，搭档传球过网，来增加传球的难度。

对墙传球

目的

通过对墙面击球来提高头上传球技能。

设备

每组搭档一个沙滩球、泡沫球或者排球。在墙上贴上一条线，距离地面约10英尺。

活动

1. 两个搭档都站在离墙10英尺处。

2. 其中一位搭档使用头上传球对墙击球。

3. 当球在墙上弹起开始下落，还未落地前，另一个搭档要接住这个球。

4. 搭档接住球后，必须在接球点同样使用头上传球对墙击球。

5. 搭档要记录他们连续成功的传接次数。

拓展活动

在墙上挂一个较大的目标，让学生挑战击中它。

后退

目的

增加搭档之间的距离来提升传球技能。

设备

每组搭档一个球（如沙滩球、泡沫球或排球）。

活动

1. 学生面对面站立，使用头上传球技能来回传球。

2. 完成两次传接球以后，两人向后退一步重复头上传球。

3. 每次成功传球后，搭档各后退一步。

4. 直到学生不能正确完成技能，或者距离太远无法传接时，停止练习。这时搭档返回起始位置重新开始。

拓展活动

向学生解释测量概念，让学生放置标志筒或其他物体来表示他们能够达到的最远距离。他们也可以使用胶带来衡量判定确定的距离。可以记录测量结果并和其他小组比较。可以制作班级总分图表，并在公告栏中公示。

源自：Based on Bryant and McLean Oliver 1975.

挑战赛

目的

在不同环境下练习头上传球技能。

设备

每组搭档一个沙滩球、泡沫球或排球，塑封挑战卡，不同类型的练习或许需要其他器材。

活动

1. 其中一个搭档挑选一张挑战卡，读出上面的挑战任务。

2. 学生接受挑战后，必须正确完成卡片上要求的传球技能。

3. 挑战任务可能包括以下活动。

   - 搭档之间是否能够来回传球4次、8次或10次，而不让球落地。
   - 搭档之间相互传球的高度，球不碰到头顶上方的物体。
   - 其中一位搭档向空中抛球，另一位搭档移动至球的下方，并且把球传回抛球人。

拓展活动

- 在活动区域内或者墙上（距离地面约10英尺）设置各种颜色目标、呼啦圈、标志筒或者桶，选定目标让搭档传球击打。
- 设置两根游戏立柱或者排球柱，之间系一根绳子或一张网。让搭档之间进行一项迷你排球赛活动。
- 让搭档记录正确传球次数。创建班级总分。下次上课时，让全班学生挑战增加正确接球的次数。

团体活动

传球过网

目的

在改进的游戏中使用头上传球技能。

设备

4至6人一组，每组一个沙滩球或者重量较轻的球，一根10英尺长的绳子。

活动

1. 6人一组，把全班分为多个小组。

2. 两位学生拿着绳子的两端，形成一张网，尽可能将其举到最高。

3. 其他人是传球人。

4. 网的两边各站两个人。

5. 游戏开始，一位学生开始头上传球。双方队员使用头上传球来回击球，球必须越过绳子。

6. 球落地或者离开游戏区，奖励一分。轮到下一位同学用头上传球开球。

7. 得到5分后，网一侧的两位学生与手举绳子的学生互换，举网的二人到网的另一侧，另外二人也换到场地一侧。这样做可以让每对搭档在每轮循环中都有两次练习机会和一次举网机会。每个学生练习过后更换举网的学生。

拓展活动

- 当网两侧学生进行传球练习时，让举网人在一个圆圈内缓慢走动，迫使传球人跟着移动。
- 网两侧可以分别增加一些学生。

击中方格

目的

使用头上传球技能击中对方场内的方格。

设备

8至10个沙滩球或重量较轻的球，排球网或绳子，地板胶带。

活动

1. 把全班分为人数相同的两组，各站在网的两侧。

2. 在网的两侧，用地板胶带各围成3个边长5英尺的方格。

3. 给每位学生一个球开始活动。老师发出开始指令，学生开始传球过网。

4. 球过网后，接球方必须让球击中地面。此时离球最近的学生收回这个球，并传球过网。学生不能过网捡球。

5. 每次传过网的球落入对方区域的方格内，得1分。

拓展活动

其中一组先得10分活动结束。

该你接球，不是我。

目的

通过头上传球把所有球击到对方区域内。

设备

8至10个沙滩球或重量较轻的球，一张排球网或者一根绳子。

活动

1. 把全班分为人数相同的两组，分别站在网的两侧。

2. 每组发4至5个球开始活动。

3. 最先持球的学生把球抛向空中，通过头上传球技能把球传到对方场地内。

4. 鼓励学生移动击打任何一个球。

5. 你发出停止指令，活动停止。

6. 各组记录落到自己区域内的球数。

7. 得球最多的小组将进行下一个练习或活动，随后开始新的活动。

拓展活动

设置两个活动场地，减少用球。

源自：J. A. Wessel, 1974, *Project I Can* (Northbrook, IL: Hubbard).

击中目标

目的

击中特定目标，提高头上传球的准确性。

设备

选定一个目标，距离地面 10 至 15 英尺。目标可以是篮球篮板，一张海报或者画在墙上的线条。每个学生一个球（如沙滩球、泡沫球或排球）。

活动

1. 制作一个彩色盒子，里面放进各种颜色的美术纸当作样本。

2. 在墙上设置大目标，颜色和盒子里的样本相同。

3. 挑选一名学生从盒子里抽出一张彩纸。

4. 学生必须使用头上传球技能击中这个选定的颜色目标。

5. 你给出结束指令后，学生停止向选定的颜色目标击球。

拓展活动

● 学生和搭档配合练习。一位搭档选定目标，另一位搭档必须尝试击中这个目标。搭档之间轮流选定目标和击球。

● 目标应该散布在活动区域内，搭档应当接住传球。

创建自己的活动

目的

为了提升头上传球技能，让学生创建自己的活动。

设备

每组一张纸和一支铅笔，预先确定的、允许学生在活动中使用的器材清单（如呼啦圈、标志筒、绳子、沙滩球或泡沫球）。

活动

1. 2 至 6 个学生一组。你可以选学生建组，或学生自己建组。

2. 每组学生把头上传球作为基本技能来设计活动。考虑到所有学生和安全措施，学生必须制定规则，确保正确地完成技能。

3. 每个小组在纸上写下组员的姓名、活动规则以及所需器材，随后向你展示活动。

4. 经你同意后，小组领取所需的器材，活动开始。

5. 你必须同意小组对活动的所有改变。

拓展活动

- 可以将自己小组的活动教给其他组。
- 可以将自己小组的活动教给全班。

头上截击（传球）问题解决表

问题	解决方法
1. 学生双手举在头顶上方时没有用手指形成窗口	• 玩一种游戏叫"我是侦探"，学生利用大拇指和其他手指形成一个窗口，从窗口向上看，发现指定的物体。这些物体位于头顶上方，可以是永久固定在场馆内的装置（如篮球筐，天花板上的特定物体）
2. 学生没有移动至球的下方	• 向天花板上投下光束，让学生移动至光束下方 • 向学生抛出一个球，学生必须移动至球的下方，并且在头顶上方接住球
3. 学生在完成头上传球动作后失去平衡	• 在地面上用胶带设置一条线。让学生站在线后。学生向搭档传球后，做手部连带动作时不能移动过线
4. 学生用手掌击球，而不是用手指击球	• 在学生从双手形成的窗口向外看时，把球放在学生的手指上 • 向学生抛球，让他尝试击打这个球而不发出声音
5. 学生向下推球，而不是向上或向外传球	• 让学生传球，之后观察自己手指和手的姿势 • 让学生尝试使用头上传球技能使球穿过篮球圈
6. 学生击球时，双臂和双腿没有伸直	• 让学生在无球状态下，练习做好准备姿势，再伸直双臂和双腿做出击球动作 • 让学生向天花板上击球，但是球不要触碰天花板

总结

　　排球是一项非常流行的休闲运动。对于想在运动中取得成功的学生，练习正确地向搭档或者队友传球是一项相当重要的技能。一旦学生和业余爱好者理解了完成这项重要技能的方式和时机，他们就能够有效地运用头上传球技能。学生在熟练掌握这项技能之前，他们就必须掌握以下几项关键要领，保持身体姿势正确，移动至球的下方，触球时身体伸展。

头上截击（传球）课程计划

（第一节课）

年龄组：四年级的学生。

教学重点：移动至球的下方触球。

教学次重点：移动至球的下方的概念。

教学目标：移动至球的下方完成前臂传球，5次练习中有4次限定球与手指接触的时间，教师观察并评估。（提示词：移动至球的下方，双手外推）

材料和设备：每组搭档一个沙滩球或者泡沫球。

组织和管理：学生在个人空间进行热身、指导和练习。

热身活动：学生进入场馆，找到属于自己的个人空间。

今天我们将复习关于方位的运动概念，尤其是上和下这两个概念。音乐开始，我要你们在公共空间内快跑。音乐停止，等待下一步指示。明白吗？（音乐开始）

观察学生跑动时是否做到一只脚在前和两脚并排。音乐停止。

停止不动。你们能够移动至篮球筐下方吗？开始。让你的双手形成一个三角形窗口，通过这个取景器窗口向上观察。（示范头上传球的双手动作）你们到目标下方了吗？头要往后仰，大拇指和食指相互触碰。很好。

音乐开始，你们在公共空间内进行滑步运动。音乐停止后，你们站在原地不动，等待下一步指示。明白吗？（音乐开始）

观察学生是否眼睛直视前方，双脚不要交叉。音乐停止。

停止不动。移动身体至灯光的正下方。开始。再次通过双手形成的取景器窗口观察，确定自己位于灯光的正下方。你们快跑和滑步的表现很好。这次我们要在公共空间内慢跑。音乐停止后，你们站在原地停止不动，等待下一步指示。开始。（音乐开始）

观察学生跑动时是否保持距离。音乐停止。

停止不动。移动身体至头顶上方目标的正下方。再次通过双手形成的取景器窗口观察，确定自己位于目标的正下方。

介绍

停止不动。每个人找到自己的个人空间坐下。

上节课我们学习了如何用前臂传球来击打排球。今天我们将学习怎样完成头上传球。完成这个动作需要用到手指，还要移动至球的下方，和前面练习的动作相同。事实上，最重要的难点是移动至球的下方，并且通过双手形成的取景器窗口观察。你们已经了解这个动作，下面注意观察我示范完整动作。先移动至球的下方。双臂举过头顶，手肘弯曲，双手形成窗口，从取景器窗口向外观察。伸直双臂，用大拇指和其他手指短暂触球，双手向外推。不是用整个手掌接球，而是用大拇指和其他手指撞击球。（示范几次动作。强调移动到球的下方）

技能提升

站在个人空间内。让我们先进行几次无球练习。移动至球的下方，利用双手形成的取景器窗口观察，伸直双臂击球，双手向外推。（强调触球后，双手外推概念）

停止不动。你们做得很好。尝试头上传球动作时，我们要让球在空中飞得高。为什么高度很重要呢？（能够让队友有时间移动至球的下方）所以球飞行的距离和飞行的高度并不是同等重要。那我们如何发力让球达到合适的高度呢？（通过伸直双臂和双腿发力击球，并完成手部连带动作）

让我们在无球状态下再复习几遍提示词：移动至球的下方，通过双手形成的取景器窗口观察，击球和伸直手臂，双手向外推。（强调运用双臂和双腿伸展发力，以及手部连带动作）

现在你们准备好用球来练习了。在我数完5个数之前，找一位搭档面对面站立。如果有人没找到搭档，站在我旁边。（完成学生的搭档配对）

其中一位搭档去拿一个沙滩球，另一位搭档寻找开放的活动区域。开始。

两位搭档之间相距3大步。很好。拿球的学生是抛球人，另一位是传球人。抛球人要把球抛到一定高度，让球恰好到达传球人的头顶上方。传球人要使用头上传球技能把球传回抛球人。再次说出关键词，（移动至球的下方，利用双手形成的窗口，伸直手臂击球，双手向外推）直到我让你们停下，抛球人和传球人保持角色不变。有问题吗？开始。

教师在练习区域内四处走动，观察学生是否正确完成技能。如果某组搭档表现非常好，让全班暂停练习，向全班展示。3至4分钟后，让学生暂停，互换角色再练习。

停止不动。在地上放一个球。在排球运动中，球并不总是落在我们所站的位置。所以我们必须朝球的落点方向移动。这次练习，抛球人抛出的球要让传球人稍稍移动一点距离才能接住这个球。你们怎么做才能让搭档轻松接球呢？（如果你把球抛得更高，那么搭档就有更多时间移动至球的下方来接球）再次说出提示词，（移动至球的下方，利用双手形成的窗口，伸直手臂击球，双手向外推）直到我让你们停下，抛球人和接球人保持角色不变。有问题吗？开始。（3至4分钟后，让学生互换角色再练习。如果某组搭档表现非常好，让他们使用超级安全球练习）

停止不动。在地面上放一个球。这次你和你的搭档要尝试实战的传接球。其中一位搭档抛出一个球，随后你们两个使用头上传球技能来回传球。先看我和一位学生示范一遍。注意观察我们没有移动很大的距离。你们要让球飞得高，而不是让球距离飞得远。有任何问题吗？开始。

观察学生姿势是否正确。表扬能够控制球方向的学生。让练习持续2至3分钟。当学生准备好后，让学生使用超级球练习。

停止不动。把球放在地上。这次你和搭档要练习连续传球。一个人抛球，另一个使用头上传球技能连续将球传回。先观察学生和我的示范动作。注意我们移动的距离不大，你们需要保持高度而不是距离。有问题吗？开始观察并纠正学生动作。表扬动作正确且掌控良好的学生。继续练习2至3分钟。再次让学生使用超级安全球练习。

停止不动。把球放在脚下。这次你们记录自己和搭档使用头上传球技能连续成功的传球数。如果动作不正确，则不能记数。再次说出提示词。（**移动至球的下方，利用双手形成的窗口，伸直手臂击球，双手向外推**）有问题吗？开始。（让学生练习3至4分钟）

停止不动。我需要你们其中一人把球放回合适的地方。所有人列队。

结束：学生列队离开。

（学生），谁能告诉我准备头上传球时应该做什么？（按照学生的指令做动作。要求其他学生也按照要求做出动作。在一旁不断纠正动作，并向学生提问，直到他们正确完成头上传球）

现在让我们回忆一下使用过的提示词。（**移动至球的下方，利用双手形成的窗口，伸直手臂击球，双手向外推**）很好。下次我们将练习利用头上传球去击中目标。

第 9 章

踢球与踢悬空球

当孩子学会走路之后，他们就开始用脚推动物品，有时候是从地上踢，有时候会把东西拿起来踢（也就是踢悬空球）。往后他们会在各种活动中用到踢球和踢悬空球的技能，比如踢易拉罐、踢皮球、橄榄球和足球。没有正确的指导，孩子往往会用错误的脚的部位来踢球，或者形成不良的动作，不可能形成成熟的动作模式。

《美国K–12体育教育的国家标准和年级水平学习成果》（SHAPE America, 2014）指出应该从幼儿园开始教学踢球技能，但直到四五年级才能涉及踢悬空球技能。

踢球

孩子开始踢球需要原地站立去踢静止的物品。标准成果提供了合理的技能发展进程。幼儿园儿童应该能够原地站立踢出静止的球，并表现出成熟踢球模式5个关键要领中的2个要领（S1.E21.K）。一年级学生应该能先向球移动再踢出静止的球，能表现出成熟踢球模式5个关键要领中的2个要领（S1.E21.1）。二年级学生进入最后阶段，他们能够先向球移动再踢运动中的球，同时表现出成熟踢球模式5个要领中的3个要领（S1.E21.2）。如果上述任务都能完成，三年级学生应该能沿地面踢球，也能朝空中踢球，同时表现成熟踢球模式5个要领中的4个要领（S1.E21.3），之后他们可以开始学习如何提高踢球的准确性（S1.E21.3）。遗憾的是，教师有时会在学生还没完全掌握基础技能（即技术）时，就试图教授这一最高技能（准确性）。见表9.1。

表9.1 踢球技能各年级的水平学习成果

	幼儿园	一年级	二年级	三年级	四年级	五年级
S1.E21 踢球	原地静立踢出静止的球,并表现出成熟踢球模式5个关键要领中的2个要领(S1.E21.K)	朝静止的球移动并向前踢出,并表现出成熟踢球模式5个关键要领中的2个要领(S1.E21.1)	持续向球运动的同时踢运动中的球,并表现出成熟踢球模式5个关键要领中的3个要领(S1.E21.2)	持续向球运动的同时,有目的地沿地面踢球或朝空中踢球,并表现出成熟踢球模式5个关键要领中的4个要领(S1.E21.3a)持续向球运动的同时,踢出静止的球,并能准确踢中目标(S1.E21.3b)	用成熟的动作模式沿地面踢球或朝空中踢球,以及踢悬空球(S1.E21.4)	在小场地训练任务中,用成熟的动作模式踢球和踢悬空球(S1.E21.5)

源自:SHAPE America-Society of Health and Physical Educators, 2014, *National standards & grade-level outcomes for K-12 physical education* (Champaign, IL: Human Kinetics).

在本章节,我们会强调踢静止球时的一些关键要领,并且规定了儿童向球运动时的动作步骤(方式)。我们还在适当的地方针对儿童和球的运动,提供了一些拓展活动活动。

为了增加练习时间同时提升安全性,我们建议每次活动都能采用以下建议之一。

- 使用充气不足的球,避免学生因踢球后追球浪费过多时间。
- 让学生两人搭档活动,但要确保他们之间保持安全的距离,避免儿童踢球时因过度用力造成伤害。
- 利用墙壁或围栏作为搭档。

当然,现在的体育教育目录中有各种各样更软、踢起来也更安全的球。其他选择还包括打折商店可买到的平价塑料球和泡沫球。你的器材预算和设施决定了你需要采用的安全措施。

关键要领

准备姿势
站在球的后方，眼睛注视球。

迈步
踢球脚向前迈步，为踢球发力。

跳跃
非踢球脚向前跃出，落于球旁，身体前倾，踢球脚后摆离地。

踢球
用脚背鞋带区域或脚内侧去踢球或球的偏下部分。

连带动作
踢球腿对侧手臂向前摆动，同时踢球脚沿踢球方向继续前摆。做随球动作时身体后倾。

源自：Text is from Albemarle County Physical Education Curriculum Revision Committee, 2008.

提示词

你在技能学习每个阶段所选择的提示词，取决于学生的年龄和你强调的重点。在可用的提示词组中，有一些可以教学踢球。您可以单独使用一组提示词，或者根据需要混合搭配。我们发现，在学生练习时，大声说出提示词非常有益。

准备——眼睛注视静止的球。

迈步——踢球脚向前迈步。

接近——目视球并且踢球脚向前迈步。

跳跃——非踢球脚向前跳跃。

落脚——非踢球脚落于球旁，同时带动踢球腿向前。

跳跃落脚——非踢球脚向前跳跃并且落于球旁。

腿后摆——踢球腿向后摆。

踢球——用脚内侧（球会沿地面滚动）或脚背（球会飞向空中）去踢球偏下的部位。

出球——踢球腿向前摆，并且用脚内侧（球会沿地面移动）或脚背（球会飞向空中）去踢球偏下的部位。

连带动作或高摆——踢球脚沿踢球方向继续前摆，同时踢球脚对侧手臂向前摆以保持平衡。

> **提示词组1：** 准备、迈步、跳跃、踢球、连带动作
>
> **提示词组2：** 接近、跳跃、落脚、踢球、连带动作
>
> **提示词组3：** 准备、跳跃、踢球、高摆
>
> **提示词组4：** 准备、跳跃落脚、踢球
>
> **提示词组5：** 腿后摆、出球

强化与评估关键要领的活动建议

在学习过程中，重要的是让学生了解一种技能的形式，有哪些关键要领，以及怎样正确地完成每个要领。在前文中，我们提供了踢球的图片及说明，并把它分为几个关键要领，提出了可以使用的提示词。除了第1章中的内容可以加强所有运动和操控性技能的概念，后续章节中将提供更多的具体活动，来巩固踢球特有的关键要领。

同伴技能考核

目的

让搭档互相评估学习踢球的进程。

设备

同伴技能考核表，铅笔，每组搭档一个球。如果学生不能阅读或是不会说英语，可以使用同伴技能考核表的图片版。如果在室内进行评估，应该制定一些合理的安全措施；比如，所有人都要朝一个方向踢球，按照教师的指令踢球，或使用软球。

活动

1. 搭档观察对方的准备姿势是否正确。

2. 如果准备姿势正确，搭档在第一个方框里放一个"Y"。如果准备姿势不正确，则放一个"N"。对于识字量很少的学生，如果搭档准备姿势正确，可以放一个笑脸图片；反之，则放进哭脸图片。

3. 每个关键要领被评价5次后，停止同伴评估。

4. 每个学生都要使用同伴技能考核表。

拓展活动

- 使用同伴技能考核表来测评每个学生技能水平的提高。

- 把同伴技能考核表同成绩单寄给学生家长，或是在个人技能水平提高时寄给家长。

同伴技能考核表

技能：踢球

踢球者姓名：＿＿＿＿＿＿＿＿＿＿＿　　观察者姓名：＿＿＿＿＿＿＿

❶ 准备

❷ 迈步

❸ 跳跃

❹ 踢球

❺ 连带动作

同伴技能考核表

技能：踢球

踢球者姓名：＿＿＿＿＿＿＿＿＿　　观察者姓名：＿＿＿＿＿＿＿＿＿

观察你的搭档，然后给技能的每项关键要领打分。让你的搭档每个动作做5次。如果搭档做的动作正确，就在对应次数的方框里填个"Y"；如果搭档做的动作不正确，就在对应次数的方框里填个"N"。

开始	测试

准备姿势
1. 眼睛注视球。
2. 膝盖弯曲。
3. 面朝球。
4. 双脚分开与肩同宽。

1	2	3	4	5

动作

迈步
1. 踢球脚向前迈步。

1	2	3	4	5

跳跃
2. 非踢球脚向前跃出，落于球旁。

1	2	3	4	5

踢球
3. 脚踢在球偏下部位。
4. 用脚背（鞋带区域）将球踢向空中，或用脚内侧踢球沿地面滚动。

1	2	3	4	5

结束

连带动作
踢球脚和身体继续向目标运动。手臂与脚的位置相反。

1	2	3	4	5

成功构建者

　　成功构建者活动能够让教师满足学生的个别需求。如果学生在某个关键要领上需要额外帮助，下面列出的活动将有助于提高正确表现水平。

目的

　　改善同伴技能考核表中的不足之处。

设备

　　见以下各个练习站点。我们建议在每个练习站点放一面不易碎的镜子和一张印有踢球每项关键要领的海报。在这些活动中，镜子的用处很大，因为它能让学生看到自己的动作。制作海报最简单的方法是放大打印这本书上的图片。给海报塑封能延长其使用年限。

活动

1. 在教学区内，为 5 个关键要领分别设立一个练习站点。在相应的站点张贴具体要领的说明和图片。
2. 每个站点的细节如下。

准备

　　眼睛注视球。

设备

　　准备姿势海报、镜子（如果有的话）以及同伴技能考核表。

活动

　　学生做出准备姿势。搭档检查其姿势是否与海报相符。然后学生四处走动，搭档发出指令，学生再次做出准备姿势。学生借助镜子观察改正自己的动作。一旦学生能够多次尝试均动作正确，搭档二人互换角色练习整套技能。

迈步和跳跃

　　踢球脚向前迈步。非踢球脚向前跳跃，落于球旁。身体前倾，踢球脚后摆离地。

设备

　　迈步和跳跃动作海报、镜子（如果有的话）、地板胶带或美术胶带以及同伴技能考核表。用胶带在地板上标记双脚的起始位置，以及迈步和跳跃的位置。

活动

　　学生从准备姿势开始，双脚要站在胶带标记上。接着学生要分别按相应的迈步和跳跃标记完成向前迈步和向前跳跃。搭档观察并给出反馈。一旦该学生能连续正确完成 3 次，就到另一个没有胶带标记的区域完成相应动作。如果该学生能正确完成多次，搭档二人互换角色练习整套动作。

踢球

　　脚踢在球的中心或中心偏下部位。

设备

踢球动作海报、镜子（如果有的话）、充气不足（可以限制球滚动的距离）且标出中线位置的球、充气不足没有标记的球以及同伴技能考核表。

活动

学生与搭档一起练习。搭档站在学生起始位置旁边略靠前的位置。学生用非踢球脚向前跳跃，带动踢球脚向前踢球。学生要踢在球上标记中线偏下的位置。一旦学生成功完成3次，就可以尝试用无标记的球进行练习。如果该学生能成功完成多次，搭档二人互换角色练习整套技能。

连带动作

踢球腿的对侧手臂前摆，踢球脚沿着踢球方向继续前摆。

设备

连带动作海报、镜子（如果有的话）、充气不足的球以及同伴技能考核表。

活动

学生和搭档一起练习。学生练习踢球腿前摆，同时带动对侧手臂前摆。镜子和同伴技能考核表能够提供重要反馈。如果学生能成功完成多次，就可以尝试去踢放在地板上充气不足的球。搭档再次检查并确认手部连带动作是否正确。如果学生能成功完成多次，搭档二人互换角色练习整套技能。

强化整体技能的高级活动建议

如前文所说，学生应该先完全掌握踢球的技术之后再强调准确性。踢球是一种非常复杂的技能，因为它有4种不同的执行方式：球和孩子都静止，球静止孩子移动，球移动孩子静止，以及球和孩子都移动。如果再加上击中目标的难度，将更加难以正确地完成关键要领。正如各年级成果进度表所示，三年级才应该开始要求准确性，而且最初阶段要用静止的球和较大的目标物。

个人活动

踢中角落

目标

踢中特定目标，提升踢球的准确性。

设备

每位学生一个塑料球或一个足球。

活动

1. 让学生站在距球门（或其他边界清晰的四角矩形区域）30英尺处。

2. 学生练习把球踢进球门的4个角落。学生只能根据你的指令依次踢球或捡球（见图）。

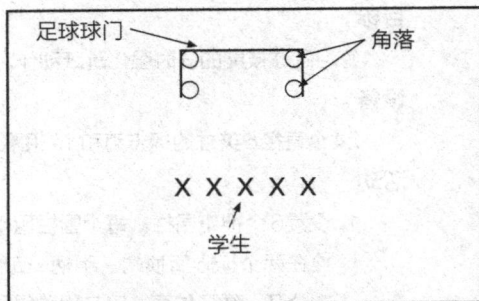

踢中角落活动布局图

拓展活动

- 学生每次踢球必须喊出要踢中哪个角落。
- 每队第二个学生指示前面的学生踢中哪个角落。如果成功，该学生还能继续挑战。如果失败，就轮到第二个学生踢球。
- 你可以让每组学生挑战踢中特定区域。

对墙踢球

目标

踢中25英尺远的墙壁，增加学生踢球的距离，而且触墙前球不能触碰其他任何表面。

设备

每位学生一个塑料球或足球。

活动

1. 让学生3人一队，站在距场馆或活动区域墙壁约35英尺远的地方。

2. 每队第一个学生前方约10英尺处分别放一个塑料球（见右图）。

3. 根据你的指令，每队第一个学生将球踢向墙壁，球击中墙壁前不能触碰任何其他表面。

4. 出于安全考虑，学生只能根据你的指令踢球或捡球。

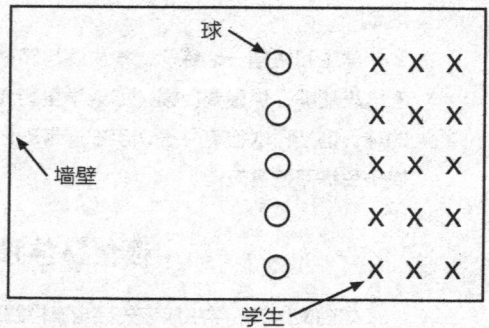

对墙踢球活动布局图

拓展活动

- 在学生刚开始学习这项技能时，可以缩短学生与墙的距离，以确保成功。学生技能水平提高以后，队伍向后移动，加大距离。
- 每队第二个学生要指出前面学生踢球动作的优点和不足。
- 室外活动可以利用棒球或垒球的防护网或者围栏作为墙壁。

神奇围栏

目标

练习踢球技能的同时强化跳跃动作。

设备

24个直径6英寸的标志筒和12根跳绳。你也可以用有重量的2升瓶子来架起跳绳。

活动

1. 设置6个神奇围栏。每个围栏用4个标志筒和两根跳绳。将一根跳绳的两个手柄分别拴在两个标志筒顶端。手柄一定要高于标志筒底部以固定跳绳。两个标志筒要尽可能分开，绳子拉直。第二根跳绳同理。两个跳绳围栏相互平行，相距2英寸。

2. 在活动区域内分散放置神奇围栏
（见右图）。

3. 将每组学生分配到不同的神奇围
栏处。

4. 听到你的指令，学生跃过围栏。

5. 落地时，学生做出踢球动作。

6. 听到你的停止指令前，学生不断
重复以上动作。

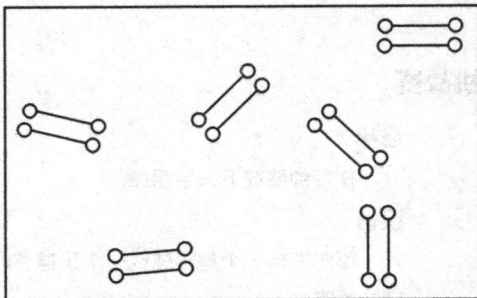

神奇围栏活动的设置

拓展活动

● 学生在场馆或活动区域内活动，尝试跃过所有围栏。

● 用更长的绳子以加宽神奇围栏。

● 将所有神奇围栏首位相接，形成一个长围栏。每个围栏放一个球，但是学生跳过围栏
时先不踢球，以便他们判断球放在哪里更合适（球的位置是一个重要的安全因素。球
必须放在跳跃者的对面。考虑到其他安全因素，每次只允许一个学生跃过一个围栏）。
跃后落地时，学生尝试踢球。搭档捡回球开始练习。

踢标志筒

目标

练习踢球技能的同时强化跳跃动作。

设备

每位学生一个标志筒（高度6英寸或重量较轻）和3张塑封脚印图。如果是室内活动，
考虑到安全因素，需要把脚印图贴在地板上。

活动

1. 每个学生放好自己的脚印图和标志筒（见右图）。脚印1和2
要与肩同宽。让学生用非踢球脚向前跳跃，并落在脚印3的
位置。然后把标志筒放在脚印3旁边稍微靠前的位置。标志
筒所在之处就是踢球的位置。

2. 正确设置好器材后，学生用非踢球脚向前跳跃，并落于脚印3。

3. 踢球脚去踢标志筒。

拓展活动

● 使用泡沫球或充气不足的球。

● 使用脚印并加入"神奇围栏"活动。

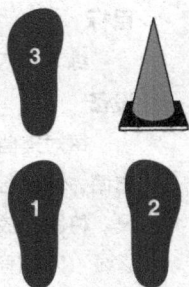

踢标志筒活动布局图

合作活动

挑战赛

目标

在各种情况下练习踢球。

设备

每对搭档一个塑料球或一个足球，以及一些塑封挑战卡。不同类型的挑战任务可能需要额外的器材。

活动

1. 每个学生选一张挑战卡。

2. 学生完成挑战卡上的任务。

3. 可能的挑战任务包括以下活动。

   - 大力踢球（或轻踢球）。

   - 以中等高度踢球击中目标（高度较低或较高）。

   - 将球高踢到空中（或踢球沿地面滚动）。

   - 和你的搭档同时踢球，使球达到相同的高度且同时落地。

拓展活动

- 在活动区域的墙壁或围栏上放置不同颜色的目标、图片或呼啦圈，让搭档指示踢球的学生踢中哪个目标。

- 放置两个立柱，并在中间系上一根绳子，挂上不同的目标物（高度不同），让学生挑战踢中各个目标。可以使用呼啦圈和较大的铝盘。

2-4-6-8

目标

练习用不同力度踢球。

设备

每对搭档一个塑料球或一个足球，以及足够多的标志筒。活动区域内设置5排标志筒，每排相距约10英尺。将跳绳放在第一排标志筒前10英尺处，作为起始区域（见右图）。

活动

1. 搭档（捡球人）进入活动区域，踢球人留在起始区域的绳子后面。考虑到安全因素，捡球人应该站在6分区。

2. 踢球人先试着踢到第一个区域，可得2分。场地中的捡球者将球踢回去。

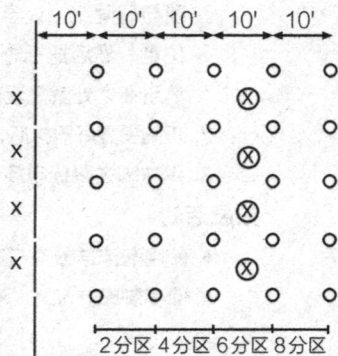

⊗ 捡球者　○ 标志筒　x 踢球者

2-4-6-8 活动布局图

3. 踢球者接着尝试踢向第二个区域（得4分）、第三个区域（得6分）、最后一个区域（得8分）。

4. 如果正确完成踢球动作，球也落在目标区域，得到的分数就计入这对搭档的总分。

5. 踢4轮之后，搭档二人互换角色。

拓展活动

- 学生在4次踢球过程中，每次尽量将球踢到得分最多的最远区域。

- 每次成功完成踢球任务，每对搭档记录得分。之后，班级学生运用数学技巧（加法）计算班级总分。

- 每对搭档记录自己正确踢球的次数，而你记录班级正确踢球的总次数。在后续课程中，让班级学生挑战突破原来的记录。你可以把数据做成图表来激励学生提高技能。

- 踢球人站在8分区将球踢回给捡球人，而捡球人站在绳子后面。然后踢球人不断前进至6分区、4分区和2分区。之后二人互换。

团体活动

踢出圆圈

目标

练习踢球和停球。

设备

一块较大的活动区域，1至4个泡沫球（直径8英寸）或其他较软的球。球的数量取决于学生的技能水平。

活动

1. 将全班学生分为两组。

2. 一组学生在一个大圈的中心，另一组在大圈外。

3. 你发出开始的指令，圈外的学生将球滚进圈内。圈内的学生必须让球停下（停球），然后踢回圈外。

4. 圈外的学生捡球后回到原位，再把球滚进圈内；重复此过程。

5. 1至2分钟后让两组学生互换位置。

拓展活动

- 记录每组学生正确踢球的总次数。你可以记录数据或将其做成图表，作为后续课程中学生的挑战目标。

- 记录全班正确踢球的总次数。班级每次练习活动时都尝试提高正确踢球的总次数。

- 观察学生进行活动。对那些踢球动作不正确的学生，让他们去练习区域找搭档一起练习。

- 让学生不停地踢球。

创建自己的活动

目标

让学生自己设计活动，来强化踢球技能。

设备

每组学生一张纸和一支铅笔，以及一份提前列出的可用的活动器材清单（如塑料球、标志筒或呼啦圈）。

活动

1. 2至5名学生一组。可以由你来分组，也可以让学生自己分组。

2. 每组学生以踢球作为基本技能来设计活动。考虑到所有学生和安全因素，学生必须制定规则，确保正确地完成技能动作。

3. 每组学生在纸上写出组员姓名、活动规则和所需器材，然后交给你。

4. 你批准他们的活动后，小组领取所需器材开始活动。

5. 你必须批准所有对活动进行的改变。

拓展活动

- 小组可以将自己的活动教给其他小组。
- 小组可以将自己的活动教给整个班级。

踢完就跑

目标

练习踢大小不同的球。

设备

各种各样可以踢的球（如不同颜色的塑料球，大小不同的足球或泡沫球）。每个球都不一样。

活动

1. 学生3人一队，每队前面放一个球（见右图）。

2. 发出开始指令后，每队第一个学生朝球移动，并尽力将球踢得更远。考虑到安全因素，每轮踢球都要听到指令再开始。

3. 学生踢完球要跑着去捡球。但不必捡回自己踢的球。

4. 学生将捡回的球递给队伍里的下一个学生。

5. 继续活动，重复几轮。

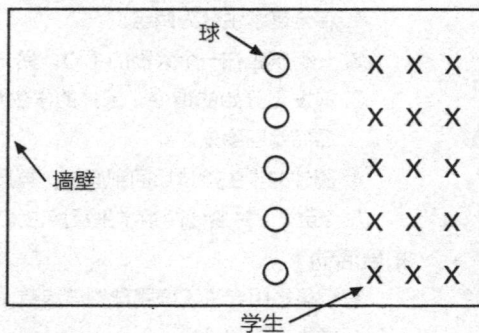

踢完就跑活动布局图

拓展活动

- 学生要运球归队。
- 学生必须说出捡回的是什么球。如果需要，队伍中其他学生可以帮忙。

源自：Based on Bryant and McLean Oliver 1975.

踢球问题解决表

问题	解决方法
1. 眼睛没有注视球	• 在球上画一个人脸或写一个单词，作为关注的焦点 • 将3种不同的球放在学生面前（塑料球、泡沫球和足球）。让学生向球接近触球（不是踢）时喊出那个球的名称
2. 踢球脚没有向前迈步，或迈步不够大	• 放一个物品（如脚印或彩色圆点）在学生前面，标记要迈步的位置 • 放一个物品（如跳绳）在学生前面，要求脚要迈过该位置 • 在非踢球腿上绑一条围巾 • 将泡沫垫贴在地板上。让学生用对侧脚迈步时踩在上面发出声音
3. 非踢球脚只是向前迈步而没有跳跃动作	• 让学生踢球前先练习跳跃动作 • 在地面上平行放置两根绳子，让学生跳过去
4. 身体没有前倾	• 让学生检查自己的影子看身体是否前倾 • 让学生想象自己在跑步，身体前倾想要冲刺获胜。一旦学生能够做到身体前倾，就可以练习跳跃和前倾
5. 非踢球脚没有落在球旁或对角位置	• 将一张防滑脚印放在球旁，让学生练习跳跃并落在脚印上 • 让搭档检查学生踢球脚是否被球挡住一部分
6. 踢球腿后摆时膝盖伸直或没有离地	• 放置一个高6英寸的标志筒，让学生必须跳过去，而且踢球腿的膝盖要从标志筒上方经过。学生的脚和腿都不能碰到标志筒 • 让学生观察自己的影子，检查踢球腿的姿势 • 让搭档检查学生踢球腿的姿势
7. 脚踢在球的上部	• 在球的中心部位画一条线，让学生试着踢到线的下方 • 在两个高度6英寸的标志筒顶端，拉一根胶带或绳子。让学生把球放到线的对面，试着用球从线的下面踢球
8. 踢球腿对侧手臂没有沿踢球方向继续移动	• 让学生原地练习踢球腿前摆时，去碰向外伸展的对侧手指 • 拉一根绳子，高度位于学生腰部，不带球的情况下让学生练习踢球。学生必须做出踢球后的随球动作，踢球脚和对侧手臂都应该碰到绳子下面

总结

孩子们喜欢在地上用脚移动物体。为了掌握各种技能，需要合理安排学习进程。刚开始学习踢球时，孩子和球都要静止。学生有能力在静止状态下完成正确的踢球动作之后，才可以开始学习如何在移动状态下踢球。最终形成奔跑、跳跃和踢球这些运动技能。通过正确的指导与合理的进程，你的学生就能掌握熟练的踢球技能。

踢球课程计划

（第二节课）

年龄组：三年级的学生。

教学重点：踢球中的跳跃动作。

教学次重点：技术与力量。

教学目标：通过教师或搭档的观察评估，5次动作有4次能正确完成跳跃动作（提示词：单脚抬起，跳跃滞空，另一只脚落地）；教师观察评估，5次动作有4次能正确完成向球移动、跳跃、落脚、踢球动作（提示词：接近、跳跃、踢球）。

材料和设备：每位学生一个塑料球。

提前准备：在地板上贴一条线，将场馆分为两半。另外，在教学区域内分散放置多组不平行的线。可以用地板胶带或美术胶带。每组不平行线之间的宽度和长度都应该不相同（见右图）。

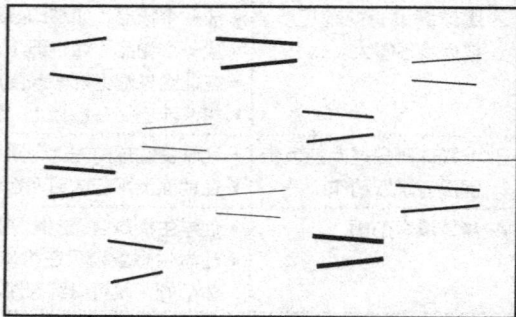

踢球课程计划布局图

组织与管理：学生在个人空间内接受指导和做热身活动。之后，学生会在场馆里找到自己的练习区域。

热身活动：学生一进场馆就开始播放音乐。他们要按照你的运动指示在公共区域进行热身运动，例如，滑步、快跑、慢跑、走路、跳跃等。然后，让学生原地停止，模拟踢球。热身活动之后，学生找到自己的个人空间，面朝你坐下。

介绍

今天我们继续练习踢球技能。我们需要加入发力或用力踢球的练习。当然在学习的同时也要牢记安全规则。如果想要发力，我们要朝球跑动、跳跃、踢球。注意我是如何朝球运动的。我不是要去踢球，只是朝它移动。（接近球，用非踢球脚向前跳跃，然后停下）同学们，谁能告诉我刚才采用了哪种运动技能？（跳跃）非常好。如果我们想要正确踢球的同时动用更大的力量，我们就要用正确的方法朝球移动，所以跳跃动作非常重要。

今天开始踢球之前，我们先练习跳跃。谁能告诉我一个完美的跳跃需要哪些步骤？（单脚跳起，另一只脚落地）没错。我们跑动的时候，就要这么做——单脚跳起，另一只脚落地。那跳跃和奔跑有哪些区别呢？（跳跃在空中停留时间更长，迈出的步伐更大）很好。（选两名学生）你能给大家示范一下跳跃吗？利用你身边的线，试着从一条线跳到另一条线。想想提示词：单脚跳起，滞空，另一只脚落地。大家都注意观察他们是怎么跳起和落地。非常好。现在大家再观察他们的手臂动作。注意，是跳跃腿的对侧手臂向外伸展。这能让他们保持平衡。

同学们，当我说"开始"的时候，你们需要找一组线坐下。每组线不能超过3人。开始。

非常好。你们要轮流跳过这些线。现在假装两条线之间都是水，你肯定不想把自己的脚弄湿。你要从一条线后跳到另一条线后。开始前谁能告诉我们有哪些安全规则？（学生提出想法。他们应该能答出"轮流开始"和"观察教师的动作"。你还可以限制他们奔跑的距离）我说"开始"你们就开始。开始。

如果你已经确认孩子们在安全地进行活动，你就可以观察他们的技能表现情况了。要确保学生单脚跳起，另一只脚落地。全程重复提示词"单脚跳起，滞空，另一只脚落地"。如果学生跳得不够高，就让他站得离线更远一点，因为距离远就需要跳得更高。

停止活动。非常好。你们接近球的动作和跳跃动作都做得很好。现在，我想让你们轮流互相帮助。一名学生完成动作，另两名学生观察。观察员要注意这几个动作：单脚跳起，滞空，另一只脚落地，以及挥动手臂。跳跃腿对侧手臂向外伸展以保持平衡。

你们能记住这些要求吗？很好。在你们组的成员跳过线时，你们要能指出他们正确完成的，以及需要改进的动作。然后让他们重复练习几次。我会告诉你们什么时候换人。现在选一下谁先来。开始。

观察他们进行活动，确认在练习的学生能正确地完成技能动作，同时观察的学生能给出正确的反馈。大声重复提示词。几分钟之后，学生轮换角色。保证每个学生都能有练习的机会，并得到同学的反馈。

停止不动。原地坐下。你们的跳跃动作做得非常棒。我说"开始"之后，你们要找到个人空间，然后练习迈步、用非踢球脚跳跃、模拟踢球。你应该先用踢球脚向前迈步。注意看我的示范。我用右脚踢球，所以我用右脚迈步，用左脚跳跃，然后模拟踢球。有问题吗？开始。

观察学生接近、跳跃和踢球动作是否正确。

非常好。我们现在开始带球练习。我喊到哪个组，这个组的每个学生就去拿一个塑料球，然后坐到场馆中线上，把球放在腿上。现在，因为球在场馆里乱弹乱滚会非常危险，所以我要给它们稍微放一点气。它们仍然可以踢，只是不会在墙上反弹得太厉害。（单独解散某一组）

现在我们要练习接近和跳跃动作，然后去踢一个真球。注意看我示范：准备、迈步、跳跃、踢球、手部连带动作。眼睛始终注视球，让踢球脚继续沿着踢球的方向前摆。注意踢球腿的对侧手臂要向前伸展。这能让人保持平衡。

让另一组学生朝反方向的墙壁踢球（见右图）。

安全规则包括：只有听到开始指令才能踢球，只有让你去拿球才能去拿球。明白这些规则了吗？第一次我们先一起踢：准备、迈步、跳跃、踢球、手部连带动作。

学生练习踢球时，你在旁边大声重复这些提示词。尤其注意接近球的

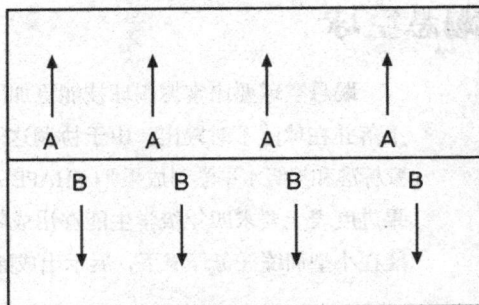

学生朝反方向的墙壁踢球

动作和跳跃动作。督促孩子踢到球的偏下部位并做出随球动作。

让学生捡球，然后再次给出开始指令。此过程至少重复5次。针对所出现的问题再重新教学一遍，点名表扬那些技术正确的学生。

停止活动。现在我要教你们一种新的活动，叫作"对墙踢球"。首先，把充气不足的球放到一边，列成5队坐到场馆后面（见右图）。

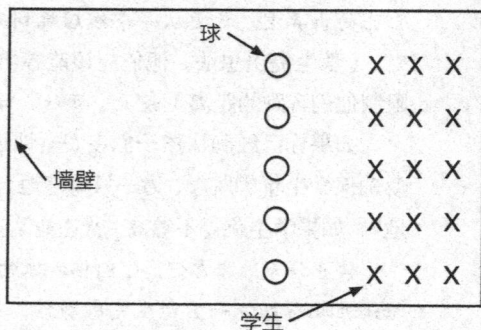

对墙踢球活动设置

每队学生前面10英尺处放一个充气量合适的球。

我说"开始"，每队第一个人就去接近球、迈步、跳跃、踢球和随球。我们的目标是让球落地前先击中墙壁。第一个人踢完球，要去把球捡回来，把球交给队伍的下一个人踢，然后你们站到队伍的最后。现在你们可以和前面的人交谈。你告诉前面踢球的人，指出他的优点和不足。听我说，观察员们，你们要告诉踢球的人怎么做更好。我们要观察什么？（注意看球，滞空，踢球的下部）大家都明白了吗？开始。

观察踢球的学生动作是否完成正确，观察的学生是否给出正确的反馈。为了减少其他学生的等待时间，在可以确保安全的情况下增加线段。

停止不动。下课时间到了。请把器材放好，来教师这里排队。

结束：学生列队准备离开的时候，可以做扮演教师游戏。

1. 谁能告诉我如何跳跃？（单脚跳起，滞空，另一只脚落地）

2. 跳跃和奔跑的区别是什么？（滞空时间更长，步伐更大）

3. 为什么踢球时跳跃非常重要？（为了让踢球更有力）

4. 今天我们还讲到了手部连带动作。谁还记得手部连带动作的几个重要步骤？（踢球腿的对侧手臂前伸以保持平衡，全程注视球，踢球后踢球腿随球继续前摆。）

你们在接近球、跳跃和踢球动作上做得非常好。明天我们练习提高手部连带动作。

踢悬空球

踢悬空球要比掌握踢球技能更加困难，因为涉及两种截然不同的重要技能：让球下落并在球落下时踢出。由于协调这两种动作的难度较高，《美国K-12体育教育的国家标准和年级水平学习成果》（SHAPE America, 2014）在四年级才开始提及踢悬空球。成果进度表上要求四年级学生能够用成熟的动作模式踢悬空球（S1.E21.4），五年级学生能在小型训练任务环境下，展示出成熟的踢悬空球模式（S1.E21.4）。见表9.2。

表9.2 踢悬空球各年级的水平学习成果

	幼儿园至三年级	四年级	五年级
S1.E21 踢球（包括踢悬空球）	幼儿园至三年级期间未提及踢悬空球	沿地面或朝空中踢球，用成熟的动作模式踢悬空球（S1.E21.4）	能在小型训练任务环境下，展示出成熟的踢球和踢悬空球模式（S1.E21.5）

源自：SHAPE America-Society of Health and Physical Educators, 2014, *National standards & grade-level outcomes for K-12 physical education* (Champaign, IL: Human Kinetics).

训练踢球技能时，我们建议每次活动都能采用以下建议之一。

- 如果学生与搭档一起活动，要保证两人之间的距离足够安全，避免孩子踢悬空球时因过度用力而受伤。
- 利用墙壁或围栏作为搭档。
- 确保所有学生都朝一个方向踢悬空球。
- 最初阶段，要求所有学生听到你的指令才能开始踢悬空球。

尽可能在室外练习这项技能，如果要在室内踢悬空球，你必须使用更软的球，这样更安全，比如打折商店里的平价塑料球、泡沫球、软皮球或超级安全球。你的器材预算和设施取决于你要用哪种球。

关键要领

准备姿势
以迈步姿势站立，非踢球脚稍微比踢球脚靠前，双脚分开与肩同宽。体重平均分配在双脚之上，膝盖弯曲，双手在身前持球，高度位于腰部。

跳跃
非踢球脚沿踢球方向向前跳跃，同时踢球脚后摆离地。

落球和踢（悬空）球
向外伸手让球下落。踢球脚前摆，用脚背（鞋带区域）踢球。踢球时身体后倾，腿和脚完全伸展。

连带动作
踢球腿继续沿踢球方向前摆，对侧手臂前伸以保持平衡。

提示词

你在技能学习每个阶段所选择的提示词，取决于所教学生的年龄和你强调的重点。在可用的提示词组中，有一些可以用于教学踢悬空球。您可以单独使用一组提示词，或者根据需要混合搭配。我们发现，在学生练习时，大声说出提示词非常有益。

准备——以迈步姿势站立，非踢球脚稍微比踢球脚靠前，双脚分开与肩同宽。体重平均分配在双脚之上，膝盖弯曲，双手在身前持球，高度位于腰部。

跳跃——非踢球脚沿踢球方向向前跳跃，同时踢球脚后摆离地。

落球和踢（悬空）球——向外伸手让球下落。踢球腿前摆，用踢球脚脚背（鞋带区域）踢球。踢球时腿部完全伸展。

落球——在腰部高度松手让球下落。

踢（悬空）球或快速猛踢——用脚背踢球，腿部完全伸展。

连带动作——踢球腿继续沿踢球方向前摆，对侧手臂前伸以保持平衡。

> 提示词组1：准备、跳跃、落球和踢球、连带动作
> 提示词组2：准备、落球、踢球
> 提示词组3：准备、落球、快速猛踢

强化与评估关键要领的活动建议

在学习过程中，重要的是让学生了解一种技能的形式，有哪些关键要领，以及怎样正确地完成每个要领。在前文中，我们提供了踢悬空球的图片及说明，并把它分为几个关键要领，提出了可以使用的提示词。除了第1章中的内容可以强化所有运动和操控性技能的概念，后续章节中将提供更多的具体活动，来巩固踢悬空球特有的关键要领。

同伴技能考核

目的

让搭档互相评估学习踢悬空球技能的进程。

设备

同伴技能考核表、铅笔以及每组搭档一个球。如果学生不能阅读或是不会说英语，可以使用同伴技能考核表的图片版。如果在室内进行评估，应该制定一些合理的安全措施；比如，所有人都要按教师的指令朝相同的方向踢悬空球，使用更软的球等等。

活动

1. 搭档观察对方的准备姿势是否正确。

2. 如果准备姿势正确，搭档在对应的方框里放一个"Y"；如果准备姿势不正确，则放一个"N"。对于识字量很少的学生，如果搭档准备姿势正确，可以放一个笑脸图片；

反之，则放进哭脸图片。

3. 每个关键要领被评价5次后，停止同伴评估。

4. 每个学生都要使用同伴技能考核表。

拓展活动

- 使用同伴技能考核表来测评每个学生技能水平的提高。
- 把同伴技能考核表同成绩单寄给学生家长，或是在个人技能水平提高时寄给家长。

成功构建者

成功构建者活动能够让教师满足学生的个别需求。如果学生在某个关键要领上需要额外帮助，下面列出的活动将有助于提高正确表现水平。

目的

改善同伴技能考核表评估中的不足之处。

设备

见以下各个练习站点。我们建议在每个练习站点放一面不易碎的镜子和一张印有踢悬空球每项关键要领的海报。在这些活动中，镜子的用处很大，因为它能让学生看到自己的动作。制作海报最简单的方法是放大打印这本书上的图片。给海报塑封能延长其使用年限。

活动

1. 在教学区内，为4个关键要领分别设立一个练习站点。在相应的站点张贴具体要领的说明和图片。
2. 每个站点的细节如下。

准备

以迈步姿势站立，非踢球脚稍微比踢球脚靠前，双脚分开与肩同宽。体重平均分配在双脚之上，双手在身前持球，高度位于腰部。

设备

准备姿势的海报、镜子（如果有的话）和同伴技能考核表。

活动

学生做出准备姿势。由其搭档评估该姿势是否与海报相符。接着该学生四处走动，一旦听到其搭档的指令，就再次做出准备动作。如果该学生能多次成功完成动作，搭档二人互换角色练习整套技能。

跳跃

非踢球脚沿踢球方向向前跳跃，同时踢球脚后摆离地。

设备

跳跃动作海报、镜子（如果有的话）、地板胶带或美术胶带、同伴技能考核表。用胶带在地板上标记出双脚的起始位置，以及迈步和跳跃时的位置。起始位置到迈步位置的距离，应该大约是迈步位置到跳跃位置距离的一半。

活动

学生从准备姿势开始，双脚站在胶带标记上。接着学生要分别向前迈步和向前跳跃至相应的胶带位置。搭档观察并给出反馈。一旦学生能连续3次正确完成，就到另一个没有胶带标记的区域完成相应动作。如果该学生能多次成功完成动作，搭档二人互换角色练习整套技能。

落球和踢球

手臂前伸至腰部高度。非踢球脚向前迈步，踢球脚离地的同时身体前倾，用脚背（鞋带区域）踢球的中间偏下位置。

设备

落球和踢球动作海报、镜子（如果有的话）、各种滚动速度较慢的球（例如大号沙滩球、小号沙滩球、排球）以及同伴技能考核表。

活动

学生练习手臂前伸，然后松手让球下落。起初先用大号沙滩球并尝试踢悬空球。如果学生能连续5次成功完成用脚背踢球，且保持腿部伸直，就能换成小号沙滩球。之后可以换用排球，再然后是超级安全球（或类似的球）。每次练习搭档都要给出反馈。如果该学生能多次成功完成动作，搭档二人互换角色练习整套技能。

连带动作

踢球腿继续沿踢球方向前摆。

设备

连带动作海报、镜子（如果有的话）和同伴技能考核表。

活动

学生练习在踢球脚前摆的同时带动对侧手臂前摆。镜子和同伴技能考核表能够提供重要的反馈。如果学生能多次成功完成动作，就可以尝试去踢沙滩球。搭档再次检查并确认手部连带动作是否正确。如果学生能多次成功完成动作，搭档二人互换角色练习整套技能。

强化整体技能的高级活动建议

个人活动

踢球过网

目标

练习用踢悬空球的技能将球踢过球网。

设备

一个大活动区域，每个学生一个球（如塑料球、泡沫球或泡沫足球），两个或更多的排球网，两个带纸笔的写字板。

活动

1. 将全班学生分为两组，分别站在球网两侧。在距球网10至15英尺处设一条起始线。你发出开始指令，学生尝试从起始线后用踢悬空球的技能将球踢过球网。
2. 如果球能过网，该学生就去指定区域记1分。
3. 该学生继续从原地踢悬空球。

拓展活动

- 如果有滚动速度较慢的软球（如沙滩球或排球），可以在室内用排球网进行活动。
- 学生每次把球踢过球网后，就换到另一侧。（如果另一边空间够大，可以考虑使用防护网。）学生必须从球网旁边绕到对面。

合作活动

挑战赛

目标

在各种情境下练习踢悬空球。

设备

每对搭档一个塑料球和塑封挑战卡。不同类型的挑战任务可能需要额外器材。

活动

1. 每个学生选一张挑战卡。
2. 学生完成挑战卡上描述的任务。
3. 可能的挑战任务包括以下活动。

   - 大力踢悬空球（或轻踢悬空球）。
   - 以中等高度将球踢向目标（或高度较高）。
   - 将球高踢到空中。
   - 尽力将球踢得很远。
   - 将球踢入一个目标区域（比如踢进封闭的网球场）。
   - 和你的搭档同时踢悬空球，使球达到相同的高度且同时落地。

拓展活动

- 在活动区域的墙壁或围栏上放置不同颜色的目标、图片或呼啦圈，让搭档指定踢中的目标。开始时将球踢到距目标5英尺的范围内才算成功。
- 让学生踢球越过距离30英尺远的目标物，比如排球球网、足球球门或围栏。

不要落地

该活动需要在室外开放区域进行。

目标

将球踢给搭档，提升踢悬空球的准确性。

设备

每对搭档一个塑料球（或其他适用的球）、一张纸和一支铅笔。

活动

1. 搭档两人在开放区域内散开。
2. 搭档二人来回踢悬空球，记录连续成功踢球接球的次数。

拓展活动

- 学生3人一组，站成三角形踢悬空球。
- 踢球人尝试踢悬空球，尽量让搭档能轻松地接到球。接球人要在球落地前接到球。
- 搭档记录二人成功踢悬空球和接球的次数。
- 记录学生连续成功踢球接球的次数，让学生挑战提高这个总次数。

2-4-6-8

目标

练习用不同力度踢悬空球。

设备

每对搭档一个塑料球，活动区域内有足够多的标志筒。活动区域内放置5排标志筒，各排之间相距约10英尺。将跳绳放在第一排标志筒前面10英尺处，作为起始区域（见右图）。

活动

1. 搭档（捡球人）进入活动区，踢球人留在起始区域的绳子后面。
2. 踢球人采用踢悬空球技能将球踢进第一个区域，可得2分。场地中的捡球人也用踢悬空球技能将球踢回。
3. 踢球人接着用踢悬空球技能将球踢进第二个区域（得4分）、第三个区域（得6分）、最后一个区域（得8分）。
4. 如果球能落进目标区域，而且踢悬空球动作正确，得到的分数就计入这对搭档的总分。
5. 踢4轮之后，搭档二人互换角色。

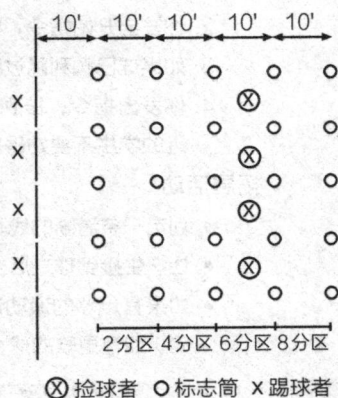

⊗捡球者 ○标志筒 ×踢球者

2-4-6-8活动布局图

拓展活动

- 学生在4轮踢球过程中，每次尽量将球踢到得分最多的最远区域。
- 每次正确完成踢悬空球动作，每对搭档记录得分。之后，班级学生运用数学技巧（加法）计算班级总分。
- 每对搭档记录自己正确完成踢悬空球的次数，而你记录班级正确踢球的总次数。在后续课程中，让班级学生挑战突破原来的纪录。你可以把数据做成图表来激励学生提高技能。
- 踢球人从最远距离（8分区）开始，用踢悬空球技能将球踢回给站在绳后的搭档。然后踢球人不断前进至6分区、4分区和2分区。之后搭档二人互换角色。重点是要将球踢给搭档，并且他能接住。

团体活动

踢球过栏

该活动需要在室外进行。

目标

在不同的距离练习踢悬空球，并使球越过目标。

设备

每位学生一个塑料球。

活动

1. 将全班学生分为两组，分别站在围栏（或墙壁、排球网）两侧。

2. 你发出开始指令，学生尝试用踢悬空球技能将球踢过围栏。

3. 如果球已顺利踢过围栏，另一边的学生要试着接到球，然后原地立定。

4. 你发出指令，接到球的学生在原地用踢悬空球技能也将球踢过围栏。要确保围栏附近的学生不要妨碍后面的学生踢球。学生在接球前必须喊出由自己接球。

拓展活动

● 划定一条清晰的线，要求学生站在线上踢悬空球，或捡完球要回到这条线上。

● 让学生接到球之后立刻踢悬空球。

● 如果有足够的滚动速度较慢的球（例如沙滩球、排球），可以在室内用排球网进行活动。如有更软的球，可以让学生脱掉鞋再踢。

源自: J.A. Wessel, PhD, 1974, *Project I CAN* (Northbrook, IL: Hubbard).

创建自己的活动

目标

让学生自己设计活动，来强化踢悬空球的技能。

设备

每组学生一张纸和一支铅笔，以及一份提前列出的可用活动器材的清单（如塑料球、标志筒或泡沫足球）。

活动

1. 2至5名学生一组。可以由你来分组，也可以让学生自己分组。

2. 每组学生以踢悬空球作为基本技能设计活动。考虑到所有学生和安全因素，学生必须制定规则，确保正确地完成技能动作。

3. 每组学生在纸上写出组员姓名、活动规则和所需器材，然后交给你。

4. 你批准他们的活动后，小组领取所需器材开始活动。

5. 你必须批准所有对活动进行的改变。

拓展活动

- 小组可以将自己的活动教给其他小组。
- 小组可以将自己的活动教给整个班级。

踢完就跑

该活动最好在室外进行。

目标

练习用各种大小的球踢悬空球。

设备

各种可以用来踢悬空球的球（比如：不同颜色的塑料球，不同大小的足球，以及泡沫球）。每个球都不一样。

活动

1. 学生3人一队，每队前面放一个球（见右图）。
2. 发出开始指令后，每队第一个学生开始踢悬空球，并将球踢得越远越好。考虑到安全因素，每轮踢球都要听到指令再开始。
3. 学生踢完球要跑着去捡球。但不必捡回自己踢的球。
4. 学生将捡回的球递给队伍的下一个学生。
5. 继续活动，重复几轮。

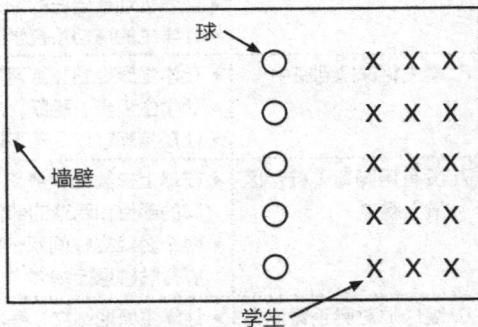

踢完就跑活动布局图

拓展活动

- 学生必须说出捡回的是什么球。如果需要，队伍中其他学生可以帮忙。
- 让学生3人一队。用标志筒围成一个很大的圆圈，每队站在一个标志筒后面。每组的队伍像车轮上的辐条。让学生完成之前的活动。学生踢悬空球，将球踢到圆圈的中心位置。
- 将全班学生分为两组。每组学生各站在一条控制线后，两线之间大约相距30英尺。A组学生先朝B组的控制线踢悬空球。教师发出指令后，B组的学生去捡一个自己没踢过的球，然后回到B组控制线后等待教师下令再踢悬空球。学生不能连续二次踢同样的球。

源自：Based on Bryant and McLean Oliver 1975.

踢悬空球问题解决表

问题	解决方法
1. 手臂没有伸直	• 让踢球学生向前迈步，伸手把球交给搭档。搭档接过球 • 让学生观察自己的影子来检查手臂是否伸直
2. 踢球脚没有向前迈步，或迈的步子不够大	• 在学生前面放一个物品（例如脚印，彩色圆点），标记迈步的位置 • 学生前面放一根跳绳在，要求脚要迈过绳子 • 非踢球腿上系一条围巾 • 将泡沫垫贴在地板上。让学生向前迈步，踩在上面发出声音
3. 非踢球脚向前迈步而没有跳跃	• 让学生踢悬空球前先练习跳跃动作 • 在地面上平行放置两根绳子，让学生跳过去
4. 踢球前身体没有前倾	• 让学生观察自己的影子检查身体是否前倾
5. 踢球腿后摆时膝盖绷直，或没有离地	• 放置一个6英寸高的标志筒，让学生必须跳过去，而且踢球腿的膝盖要从标志筒上方经过。学生的脚和腿都不能碰到标志筒 • 让学生观察自己的影子检查踢球腿的姿势 • 让学生的搭档检查学生踢球腿的姿势
6. 学生将球抛到空中	• 让学生原地站立练习落球 • 让学生迈步、跳跃，然后松手让球落进箱子或者呼啦圈里 • 让搭档观察球是落下还是抛出
7. 没有用脚背（鞋带区域）踢球	• 在球上抹婴儿爽身粉。让学生踢悬空球，然后通过球和脚上的粉末检查用脚的部位和踢球的部位是否正确 • 两个游戏柱间系一根绳子，绳子上悬挂沙包或其他物品，让学生练习用脚背触碰悬挂物体
8. 踢球腿对侧手臂没有前摆或踢球脚没有连带动作	• 让学生原地站立，练习踢球腿前摆，去触碰外伸对侧手的指尖 • 设置一根绳子，高度位于学生腰部，无球情况下让学生练习踢悬空球。学生必须做出手部连带动作，让踢球脚和对侧手臂碰到绳子

总结

　　当孩子们踢悬空球时，会再次表现出他们喜欢在地上用脚踢东西。所有技能的学习都要合理递进，这样才能便于掌握；所以，在刚开始教授踢悬空球时，应该只限于松手落球。跟踢球一样，如果学生已经能够从原地静止姿势踢悬空球，就可以开始学习在运动状态下踢悬空球。踢球者就能够完成跳跃、落脚、踢悬空球的动作。通过正确的指导与合理的递进，你的学生就能熟练掌握踢悬空球技能。

踢悬空球课程计划

（第一节课）

年龄组：四年级的学生。

教学重点：完成正确的落球和踢球动作。

教学次重点：保持自己的空间。

教学目标：每次踢悬空球能喊出提示词（提示词：准备、落球和踢球、连带动作），能用小号沙滩球在5次练习中完成4次正确的落球和踢球动作，教师观察评估（提示词：松手落球）。

材料和设备：每位学生一个小号沙滩球。

提前准备：在你的教学区中间划出一条分界线（可以用地板胶带或美术胶带）。

组织与管理：学生在个人空间内接受指导和做热身活动。之后，学生会在场馆中线上找到个人空间进行练习。

热身活动：

今天，我们要学习一种不同的踢球技能，叫作踢悬空球。练习这项技能之前，我们必须先对腿部肌肉进行合理的热身活动。音乐开始时，你们自己选一种运动技能在公共空间内活动。谁能说出一种运动技能？（多次重复这个问题，直到跳、滑步、快跑、奔跑、走路等技能都被提及）

形式：让学生找到个人空间后坐下。

介绍

今天我们要学习的这个特殊技能，踢悬空球会在踢足球和橄榄球或游戏时用到。我们今天要练习3个部分，分别是准备、落球和踢球，以及手部连带动作。我现在给你们示范一下如何踢悬空球。（让一个学生将你踢的球捡回来。反复示范几次，每次都要重复提示词准备、落球和踢球、连带动作）

现在要说重点了。踢悬空球时最难的部分就是松手让球落下再踢球。你必须用双手持球，并在身前伸展双臂。非踢球脚在前，然后落球、踢球。注意是落球不是抛球。用脚背的鞋带区域踢球，踢球腿用力前摆。

你们今天就可以开始练习了。由于我们是室内活动，把足球、橄榄球或塑料球到处乱踢是非常危险的。我们今天用小号沙滩球练习踢悬空球。注意我先落球，然后用鞋上的鞋带区域去踢球（见右图）。

我会依次叫到每个组，这个组的每个学生就去拿一个小号沙滩球，然后坐在场馆中线上，并把球放在腿上。（按照踢球的课程计划，让另一组学生面对另一面墙）

球落下时用鞋带区域踢球

安全规则包括：只有听到开始指令才能踢悬空球，让你去拿沙滩球才能去拿。明

白这些规则了吗?

第一次先让我们一起踢一次。准备——把球举至身前。下面的动作要快速连贯。记住,分别是落球、踢球和手部连带动作。好,让我们一起大声说出来:**准备、落球和踢球、连带动作。**

学生继续练习,教师大声重复提示词。特别注意学生的落球动作和用脚背踢球。等学生把球捡回来,再次发出开始指令。这样反复练习至少10次。针对有问题的部分重新教学,并指出哪些学生的技术正确,让其他学生观察并学习。

停止不动。原地坐下。现在你们可以再次练习踢悬空球。这次,你们踢完以后把球捡回来,不用我喊口令你们可以继续踢。当然,我希望你们能注意一下自己踢球和跑动的位置。明白这些规则了吗?记住要让球从手中落下,而不是抛球。开始。

注意学生的安全和动作是否正确,尤其注意落球和踢球动作。时常重复提示词,落球。

停止不动。请坐下。现在谁能告诉我大家踢的沙滩球与足球或橄榄球的区别是什么?(沙滩球更轻)没错。轻球比重球落得更快还是更慢?(更慢)正确。使用沙滩球能让我们有更多时间做出反应并踢到球。你们还能想到什么球比足球落下或者运动得更慢吗?(软皮球、气球和排球)很好。

这次你们踢悬空球的时候,我会注意你们落球的动作,确认你们是不是用脚背踢球。如果你们能连续正确地完成5次,就能把沙滩球换成软皮球。在你们完全准备好之前不能换球;换句话说,你们踢悬空球要连续5次成功才能换球。明白了吗?开始。

学生练习时你在周围巡视,并鼓励那些已经做好准备的学生换软皮球练习。注意动作正确。这项活动一直持续5分钟。

停止不动。现在你们要找到一个搭档,你们用的球要相同(软皮球或沙滩球),两人背靠背坐下。开始。现在,你们其中一人把球放回,保留另一人的球。开始。

我们现在要利用场馆的整个长度。你和搭档分别站到场馆的两边。(选出一个踢悬空球动作正确的学生)(某学生),我示范的时候能做一下我的搭档吗?(某学生),你去站到场馆的另一边。当我说开始,我会用踢悬空球技能把球踢给搭档。(某学生)要接住球,再回到端线。当我再说开始,(某学生)就用踢悬空球技能把球踢回给我。一定要注意你的搭档是如何踢悬空球的。几分钟之后,你要指出搭档动作的优点和不足。注意我和搭档怎样练习踢悬空球。

告诉学生注意迈步、落球和踢球动作,是否用脚背踢球,以及手部连带动作,尤其是注意落球和用脚背踢球。你和搭档学生每人示范两次,然后停止示范,完成正确动作。

同学,你们有什么问题吗?现在,搭档中的一人拿球站到有海报(或者图画)的底线上。搭档拿球。(确保学生都分散站开)同样,我发出开始指令后再踢悬空球。开始。

注意学生的迈步、落球和踢球动作,是否用脚背踢球,以及手部连带动作,尤其是落球和用脚背踢球。每对搭档来回两次之后，停止练习，让搭档返回，互相探讨出现的问题。让学生再次练习3轮，然后再次互相给出反馈。

停止不动。同学们，时间到了。拿着球的人走回来放球，然后来教师这里排队。开始。其余的人也走过来排队。开始。

结束：学生排队准备离开的时候，可以玩教师扮演游戏。

1. 谁能告诉我踢悬空球的提示词？（**准备、落球和踢球、连带动作**）

2. 你们觉得，为什么踢悬空球时是落球而不是抛球？（**更容易踢到，更好控制等**）

3. 踢球侧的腿脚应该怎样动作？（**腿要伸直，脚背部踢球**）

4. 今天我们用了哪些安全措施，来保证我们学习踢悬空球时更安全？（**更软的球、只有听到指令才能踢悬空球**）

非常好。下次我们会练习踢悬空球的准确性和手部连带动作。

第 10 章

运 球

运球这项操控性技能，在足球和篮球运动中都会用到，其目的是要控制并移动某物体。然而，篮球和足球中的运球是两种截然不同的运动。一种是用手（篮球运球）完成，另一种是用脚（足球运球）完成，但在这一章节中我们会将两者结合起来。两者所特有的共同点是综合了移动与操控技能。《美国K-12体育教育的国家标准和年级水平学习成果》（SHAPE America, 2014）规定高年级学生应该分别学习这两种运球技能（见个别章节），以及如何将运球技能与其他技能相结合。根据各年级水平成果所述，四年级学生应该能够在其他技能中综合运用手、脚运球（如传球、接球和射门）（S1.E20.4）。五年级学生能够在各种小型比赛场合中，以成熟的运动模式完成用手或用脚运球（S1.E20.5）。见表10.1。

表10.1 综合运用手脚运球技能的各年级水平学习成果

	幼儿园至三年级	四年级	五年级
S1. E20 **在其他技能中综合** **运用运球技能**	四年级才能开始培养并表现出适宜的技能	在其他技能中综合运用手、脚运球技能（如传球、接球、射门） （S1.E20.4）	在各种小型比赛活动中，以成熟的运动模式完成用手或用脚运球 （S1.E20.5）

源自：SHAPE America-Society of Health and Physical Educators, 2014, *National standards & grade-level outcomes for K-12 physical education* (Champaign, IL: Human Kinetics).

用手运球

年幼儿童一旦发现球会反弹就会开始拍球玩耍。拍球与篮球运球之间明显的关联，对于年幼儿童非常具有吸引力。遗憾的是，儿童对正确运球技术的学习水平，往往落后于对这项技能的热情。

孩子们总是想用真正的篮球去练习运球，但篮球对他们的小手而言太大了，他们无法正确地完成运球。所以我们建议使用塑料球或更小的（小号或中号）篮球进行练习。标准大小的篮球可能更适合高中生，因为他们的技能更成熟，手也更大。

用手运球中最具挑战性的内容，就是在原地站立运球和控球时，逐步加入难度更大的动作（比如：变换速度或方向）。学生通常不容易做到同时控制球和自身。通过让学生反复练习，并不断加大技能难度，你就能帮助学生顺利掌握这一技能的关键要领。虽然完全掌握用手运球技能需要多年的练习，但学生从小学就应该开始学习。《美国K–12体育教育的国家标准和年级水平学习成果》（SHAPE America, 2014）提出了非常具体的技能发展次序（表10.2）。幼儿园学生应该学会用一只手运球，并尝试做到二次触球（S1.E17.K）。一年级学生应该能用惯用手在个人空间内持续运球（S1.E17.1）。二年级学生应该能用惯用手在个人空间内以成熟的运动模式运球（S1.E17.2a）。对于二年级学生而言，这项技能的难度更大，因为学生要用惯用手在公共空间内做到走动运球（S1.E17.2b）。三年级学生应该能在公共空间内做到慢速或中速跑动运球，同时控制球和自己的身体（S1.E17.3）。四年级时，这项技能会更加开放，学生可以在个人空间内用任意一只手和成熟的动作模式运球（S1.E17.4a），而且能够在公共空间内同时控制球和身体，并改变运球速度（S1.E17.4b）。五年级学生能在一对一练习任务中，在其他技能中综合运用运球技能（S1.E17.5）。

表10.2 用手运球的各年级水平学习成果

	幼儿园	一年级	二年级	三年级	四年级	五年级
S1.E17 用手运球和控球	用一只手运球，尝试二次触球（S1.E17.K）	用惯用手在个人空间内持续运球（S1.E17.1）	用惯用手在个人空间内以成熟的运动模式运球（S1.E17.2a）用惯用手在公共空间内走动运球（S1.E17.2b）	在公共空间内慢速或中速跑动运球，同时控制球和自己的身体（S1.E17.3）	用任意手在个人空间内以成熟的运动模式运球（S1.E17.4a）在公共空间内运球，变换速度，同时控制球和身体（S1.E17.4b）	在一对一练习任务中，在其他技能中综合运用运球技能（S1.E17.5）

源自：SHAPE America-Society of Health and Physical Educators, 2014, *National standards & grade-level outcomes for K-12 physical education* (Champaign, IL: Human Kinetics).

关键要领

准备姿势
膝盖弯曲，运球手对侧脚在前。双手持球于身前。

手臂动作
一手在腰部或靠下位置触球，向下推球的上部（人原地不动）。推球时手腕弯曲，手肘沿推球运动方向伸展。

手指
用大拇指和其余四指的指肚触球。（注意：如果让学生用指尖运球，会因为指尖僵硬而无法培养出手感）

目视前方
触球时，双眼平视前方，而不是朝下看球。

移动
原地不动时用指肚用力推压球的上部。移动运球时，触球的位置稍微靠后或在球侧，将球推离双脚。

提示词

你在技能学习每个阶段所选择的提示词，取决于所教学生的年龄和你强调的重点。在可用的提示词组中，有一些可以用于教学用手运球。您可以单独使用一组提示词，或者根据需要混合搭配。我们发现，在学生练习时，大声说出提示词非常有益。

准备——膝盖弯曲，运球手对侧脚在前。双手持球于身前。

挥手再见——一手只用指肚在腰部或靠下位置触球，向下推球的上部。手腕弯曲，手肘沿推球运动方向伸展。

招手——球从地板弹起的同时，手腕和手肘向上弯曲，高度位于腰部。

用挠痒的手指——向学生提问，他们用手的哪个部位去挠别人痒。而运球就是用这个部位（或者叫挠痒的手指）。确保学生使用所有手指的指肚去运球。一手只用指肚在腰部或靠下位置触球，向下推球的上部。手腕弯曲，手肘沿推球方向伸展。

推——触球后，朝地板上推球，手臂伸展。

> **提示词组1：** 准备、挥手再见、招手
> **提示词组2：** 用挠痒的手指、推

强化与评估关键要领的活动建议

在学习过程中，重要的是让学生了解一种技能的形式，有哪些关键要领，以及怎样正确地完成每个要领。在前文中，我们提供了运球的图片及说明，并把它分为几个关键要领，提出了可以使用的提示词。由于篮球运球是一种动态技能，很难完全区分为独立的动作要领，因此有必要将几个关键要领进行组合。第1章中的介绍的活动，可以加强所有运动和操控性技能的概念，后续章节中将提供更多的具体活动，来巩固用手运球所特有的关键要领。

同伴技能考核

目的

让搭档互相评估学习运球技能的进程。

设备

同伴技能考核表、铅笔以及每组搭档一个球。如果学生不能阅读或不会说英语，可以使用同伴技能考核表的图片版。

活动

1. 搭档观察对方的准备姿势是否正确。
2. 如果准备姿势正确，搭档在对应的方框里放一个"Y"；如果准备姿势不正确，则放一个"N"。对于识字量很少的学生，如果搭档准备姿势正确，可以放一个笑脸图片；反之，则放进哭脸图片。
3. 每个关键要领被评价5次后，停止同伴评估。
4. 每个学生都要使用同伴技能考核表。

拓展活动

- 使用同伴技能考核表来测评每个学生技能水平的提高。
- 把同伴技能考核表同成绩单寄给学生家长，或是在个人技能水平提高时寄给家长。

同伴技能考核表

技能：用手运球

用手运球者姓名：_____ 观察者姓名：_____

❶ 准备

❷ 手臂动作

❸ 手指

❹ 目视前方

❺ 移动

同伴技能考核表

技能：用手运球

用手运球者姓名：_____ 观察者姓名：_____

观察你的搭档，然后给技能的每项关键要领打分。让你的搭档每个动作做5次。如果搭档做的动作正确，就在对应次数的方框里填个 "Y"；如果搭档做的动作不正确，就在对应次数的方框里填个 "N"。

开始	测试

准备姿势
1. 膝盖弯曲。
2. 运球手对侧脚在前。
3. 持球于身前。

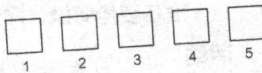

动作

手臂动作
1. 一手在腰部高度触球。
2. 只用指肚触球；手腕弯曲，手肘伸展。

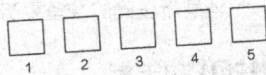

手指
3. 只用指肚触球。

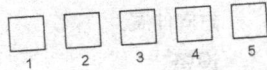

目视前方
4. 双眼平视前方。

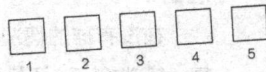

移动
5. 原地不动，手指指肚用力触球的上方。

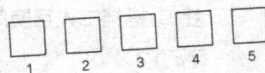

成功构建者

成功构建者活动能够让教师满足学生的个别需求。如果学生在某个关键要领上需要额外帮助，下面列出的活动将有助于提高正确表现水平。

目的

改善同伴技能考核表评估中的不足之处。

设备

见以下各个练习站点。我们建议在每个练习站点放一面不易碎的镜子和一张印有运球各项关键要领的海报。在这些活动中，镜子的用处很大，因为它能让学生看到自己的动作。制作海报最简单的方法是放大打印这本书上的图片。给海报塑封能延长其使用年限。

活动

1. 在教学区内，为每个关键要领分别设立一个练习站点。在相应的站点张贴具体要领的说明和图片。
2. 每个站点的细节如下。

准备

膝盖弯曲，运球手对侧脚在前。双手持球于身前。

设备

准备姿势海报、镜子（如果有的话）、一个球和同伴技能考核表。

活动

学生做出准备姿势。搭档检查其姿势是否与海报相符。学生可以借助镜子观察改正自己的动作。然后该学生开始运球，搭档发出指令，学生再次做出准备动作。一旦学生能够向搭档展示正确的准备姿势，搭档二人互换角色练习整套技能。

手臂动作和手指

一只手在腰部或靠下位置触球，只用指肚向下推球的上部。手腕弯曲，手肘沿推球运动方向伸展。

设备

推球动作海报、镜子（如果有的话）、一个球和同伴技能考核表。

活动1

在没有球的情况下，让学生用手做出推球动作。手指微曲以表示用指肚触球而不是手掌。搭档检查该姿势是否与海报相符。学生可以借助镜子观察改正自己的动作。如果推球动作正确，该学生就可以用球练习。一旦学生能够向搭档展示正确的推球动作（正确运用指肚），搭档二人互换角色练习整套技能。

活动2

学生采用坐姿或跪姿，展示推球动作。通常情况下，减少球与地板间的距离，可以提供学生运球时的控球能力。一旦学生能够向搭档展示正确的推球动作（正确运用指肚），搭档二人互换角色练习整套技能。

活动 3

在搭档的帮助下，让学生从准备姿势开始，模拟向下推球（没有球）。搭档检查该姿势是否与海报相符。学生可以借助镜子观察改正自己的动作。如果手腕弯曲和手肘伸展动作都正确，学生可以用球练习。一旦学生能够向搭档展示正确的手腕弯曲和手肘伸展动作，搭档二人互换角色练习整套技能。

移动

球应该在身体的斜前方弹起，并离开双脚。

设备

在身前推球的海报、镜子（如果有的话）、一个球和同伴技能考核表。

活动 1

与学生运球手同侧的腿单膝跪地。另一条腿弯曲，脚踩在地板上。然后开始练习运球。因为一条腿弯曲，所以更容易让球在身体前方弹起。

活动 2

学生运球手对侧腿在前，做出小幅跨步姿势。学生应该先从这个姿势开始练习，然后逐渐递进到一边慢速移动，一边在身前持续运球，推球应离开双脚。

目视前方

触球时，抬头，眼睛越过球平视前方。

设备

在移动中运球的正确姿势海报、镜子（如果有的话）、一个球和同伴技能考核表。

活动 1

一个学生运球，搭档在一边观察。搭档一只手伸出任意几根（1、2、3、4、5根手指或不伸）手指，运球的学生保持抬头姿势，并说出搭档伸出了几根手指。

活动 2

搭档两人面对面，各拿一个球。一个学生（领队）先做出不同的运球动作，另一个学生模仿这些运球动作，期间不能看球或者控球失误。

强化整体技能的高级活动建议

《美国K-12体育教育的国家标准和年级水平学习成果》（SHAPE America, 2014）为掌握用手运球技能，提供了一套合理的教学进度。合理的进度是从个人空间运球，到公共空间内走动运球，之后能熟练运用任意一只手运球，最后可以在后续活动中变换速度运球。学生会迅速喜欢上这项技能，但是却忽视了控球和正确姿势。在后续活动中应该着重强调正确的技能动作与最合理的速度。

个人活动

彩色目标

目标

在指定目标上运球，来提高运球技能。

设备

不同颜色不同大小的美术纸（每种颜色制作8至12个目标），贴在场馆或活动区域的地板上。每个学生一个球（例如篮球或塑料球）。

活动

1. 制作一个彩盒，里面放置各种颜色的美术纸样品。你准备的美术纸要多于学生的人数。
2. 选一名学生从彩盒里抽一张颜色纸。
3. 抽到的颜色纸就是颜色目标，所有学生必须确认并定位同色的目标，向其运球。
4. 学生一直向选中的颜色目标前面运球，直到老师发出暂停指令。
5. 直到所有学生都有机会从彩盒里抽过美术纸为止。

拓展活动

- 如果不使用颜色，学生可以从形状盒里选出不同的形状，从字母盒里选出字母，从单词盒里选出单词。
- 学生可以和搭档合作。搭档选择用作目标的颜色、形状、字母或者单词。运球人必须向选定的目标运球。搭档轮流选择目标运球。

拼单词

目标

通过在字母上运球来拼单词。

设备

每名学生一个球（如篮球或塑料球），将4套完整的字母表字母分散贴在场馆或者活动区域的地板上。有额外复制的元音和选定的辅音字母（如N、R、S、T）会更好。你将需要纸、铅笔或记号笔以及白板来充当词库。

活动

1. 你发出开始指令，学生在不同的字母上运球来拼单词。
2. 球必须在字母上连续弹起3次，才能使用这个字母。学生必须持续运球。一旦中断运球，最后选定的那个字母作废。
3. 学生在向下一个字母运球时，需要在地板上持续运球。
4. 如果学生拼出了一个单词，就要去词库（纸或白板）写下这个词。最好能多准备几个词库，这样学生将不必排队等待写单词。
5. 一个单词只能在词库里写一遍。

6. 如果学生在上面运球的一个字母，拼单词时用不上，必须在这个字母上再运球3次，来删除它。

拓展活动

- 学生与搭档合作。一名学生在字母上运球拼出一个单词，搭档记录下这个单词，并评估其运球动作。如果运球人动作不正确，在使用该字母前要先纠正自己的动作。当第一个搭档拼出一个单词，另外一个搭档则获得运球机会。

- 学生与搭档合作。每组搭档发有纸和铅笔记录击中的字母，并写下拼出的单词。搭档两人都要通过运球击中一个元音字母和两个辅音字母。那么这对搭档就有6个字母可以用来拼单词。他们可以使用击中的任意字母来造6个单词。两人尝试使用他们击中的一个或者更多字母来拼出6个单词。一旦两人拼写出6个单词，他们要尝试在每个字母上运球3次来拼出单词。一旦拼出一个单词就从清单上划掉一个。如果学生击中的字母无法使用，他们必须再次在这个字母上运球3次来删除它，再选定另一个字母。

音乐呼啦圈

目标

提高在移动中运球的控球能力。

设备

每个学生一个球、音乐、秒表、15个以上的呼啦圈，分散放在场馆内。

活动

1. 音乐开始时，学生在场馆内走动运球，避开呼啦圈。

2. 音乐一停，学生必须立刻向最近的呼啦圈运球，一脚跨进圈内继续运球。

3. 给全班同学计时，确定他们全部找到呼啦圈需要多少时间。

越线

目标

提高任意手运球的技能。

设备

每个学生一个球。

活动

1. 每个学生在公共空间内一边移动一边用单手运球。

2. 如果学生越过场馆地板上标记的边线（篮球、排球或羽毛球场地边线），必须换另一只手运球。

3. 该学生继续移动运球，每次越线都要换手运球。

拓展活动

- 使用音乐。音乐停止，学生必须停止移动，但是继续运球。如果学生难以完成，可以把球捡回来继续练习。
- 使用能变换节奏的音乐，让学生挑战跟随音乐的节拍移动。
- 让学生挑战在移动运球时变换高度和速度，并在越线时换手运球，全程都要保持对球的控制。

跟上节拍

目标

提高学生用任意手运球，以及变换方向运球时对球的控制能力。

设备

每个学生一个球，音乐。

活动

1. 学生站在个人空间内，面朝领队。
2. 每人一个球。音乐开始，领队一边原地运球一边做动作，其余学生模仿动作。比如，教师一边运球一边挥手，学生必须照做。

拓展活动

- 加入其他运动。如果领队向后移动，学生就向前移动。如果领队向右移动，学生就向左移动。
- 选一个学生都会的排舞，观察他们能否一边运球一边完成舞步。

这里很挤

目标

提高学生运球时目视前方（不看球）的能力。

设备

每个学生一个球。

活动

1. 每个学生在公共空间内运球。
2. 逐渐缩小学生运球的活动空间，直到学生无法移动。
3. 再逐渐扩大活动空间。

拓展活动

- 在活动空间缩小时，让学生保持运球的同时变换身体高度。
- 学生从直立姿势开始，然后逐渐向地面降低身体高度，期间保持运球。直到学生以坐姿运球，恢复站姿之前先绕着身体周围运球。

运球难度加倍

目标

同时运两个球来提升协调能力。

设备

每个学生两个大小相同的球。

活动

1. 学生双膝跪地，每只手各拿一个球。

2. 学生尝试两只手同时运球。（提示：要让这项任务更容易完成，需要同时向下推球，并让它们同时弹起。）

拓展活动

- 当学生可以跪着完成运球难度加倍活动之后，就能尝试站着完成这项活动，同时保持控球。

- 如果学生能完成第一个拓展活动，就能挑战一边同时控制运两个球一边在场馆内缓慢移动。

- 下面几项活动可能需要搭档一起完成，每对搭档一起用两个球。

  - 搭档两人呈面对面跪姿。A完成5次运球难度加倍活动，之后轮到B。运球不能停止。B成功完成，A接着继续。

  - 如果学生能完成上一项活动，他们就能挑战面对面站立练习。

  - 一个学生原地站立不动，搭档绕着他完成运球难度加倍活动。之后两人互换角色。

合作活动

挑战赛

目标

在各种情境下练习运球。

设备

每对搭档一个球和塑封挑战卡。

活动

1. 每个学生选一张挑战卡。

2. 学生完成挑战卡上描述的任务。

3. 挑战任务可能包括下列活动。

   - 大力运球（或轻力运球）。

   - 一边改变身体高度一边运球。

   - 在不同高度运球（或高或低）。

   - 一边运球一边走向你的搭档，然后再一边运球一边倒退回起始位置。

   - 双脚不动，绕着身体运球。

- 用写字的那只手运球。再用另一只手运球。
- 直线、曲线或Z字形运球。
- 同时运两个球。

拓展活动

- 在地板上放置不同颜色的目标，搭档指定目标，运球的学生朝目标运球。
- 使用呼啦圈、跳绳或方毯做一个迷宫，让运球的学生运球通过。
- 在游戏立柱或排球网柱之间挂一张排球网或一根跳绳。运球的学生必须在球网或跳绳的下方运球。调整球网或跳绳的高度，最低距地面2英尺，最高距地面5英尺。

跟我学

目标

跟搭档学动作的同时提升运球技能。

设备

每个学生一个球（篮球或塑料球）。

活动

1. 每个学生一个搭档。一人领队另一人模仿。
2. 领队一边四处走动一边运球，模仿者跟着领队移动。
3. 一段时间后，两人互换角色。

拓展活动

- 领队以不同速度移动（快或慢）。
- 领队在运球时使用不同的移动方式。
- 组成人数更多的队伍（如4人组、6人组和8人组），每人轮流当一次领队。

团体活动

创建自己的活动

目标

让学生自己设计活动来强化运球技能。

设备

每组学生一张纸和一支铅笔以及一份提前列出的可用的活动器材清单（如保龄球瓶、标志筒、绳子、呼啦圈、篮球和泡沫球）。

活动

1. 2至5名学生一组。可以由你来分组，也可以让学生自己分组。
2. 每组学生以运球作为基本技能来设计活动。考虑到所有学生和安全因素，学生必须制定规则，确保正确地完成技能动作。
3. 每组学生在纸上写出组员姓名、活动规则和所需器材，向你展示活动。
4. 你批准他们的活动后，小组领取所需器材开始活动。

5. 你必须批准所有对活动进行的改变。

拓展活动

- 小组可以将自己的活动教给其他小组。
- 小组可以将自己的活动教给整个班级。

你追我躲

目标

在运球时避免被捉住。

设备

每个运球的学生一个球和一个围兜。（也可以用领带或小旗来代替围兜）两名捉人者不需要围兜。

活动

1. 选出两名捉人者。

2. 给其他学生每人一个尾巴（即围兜）。尾巴系在学生裤子后面的腰带上。

3. 捉人者开始站在场馆或活动区域的中间。其他人则分散在整个区域内。

4. 捉人者数到五之前，其他学生在场馆内四处运球。数到五之后，捉人者开始在区域内跑动，试着去拉其他学生的尾巴。

5. 如果尾巴被抓住或者运球失控，该学生必须去指定练习区运球5次，同时大声说出提示词。然后该学生即可重新加入活动。

拓展活动

- 让捉人者运球。
- 给每组捉人者设置时间限制，时间结束后换人重新活动。

地雷区

目标

在运球时避开障碍物。

设备

每个学生一个球（篮球或塑料球），20个交通标志筒或其他物品（如2升的空水瓶或跳绳）。

活动

1. 将交通标志筒分散放置在场馆或活动区域内。

2. 每个学生在个人空间内拿一个球。

3. 发出开始指令，学生开始绕着地雷（即交通标志筒）运球。

4. 如果学生的球碰到交通标志筒，就必须去指定练习区运球5次，同时大声说出提示词。然后该学生即可重新加入活动。

拓展活动

- 加入运球捉人活动。选一个或几个学生作为捉人者。一旦被选为捉人者，该学生即前往指定练习区域，让同学评估其运球的关键要领。游戏开始时，你可以选一位学生作为指定区域的第一名观察员。当捉人者完成运球动作，第一名观察员可以回到游戏中，被捉住的学生成为新的观察员留在指定区域。观察员监督下一个被捉住的学生完成动作后，可以回到游戏中。以此方式循环，直到活动结束。

- 如果同时有几个学生都在等着完成动作，那可以让观察员同时检查两个人。要尽量压缩学生的等待时间。

呼啦圈和球

目标

提升学生眼睛目视前方，带球避开对方拦阻的能力。

设备

呼啦圈和球（数量充足，要保证一半学生每人一个呼啦圈，另一半学生每人一个球）。

活动

1. 将呼啦圈分散放置在活动区域内，让一半学生站在自己的呼啦圈里面。

2. 让另一半学生运球穿过活动区域，同时试着避开呼啦圈。

3. 运球的学生经过呼啦圈时，呼啦圈内的学生尝试去碰球。

4. 如果成功碰到球，两个学生互换位置。

拓展活动

- 如果学生技术水平较低，呼啦圈的间距可以更分散。当学生水平提升之后，呼啦圈的间距可以更紧密。

- 允许呼啦圈里的学生朝圈外踏出一步去碰球。

用手运球问题解决表

问题	解决方法
1. 球反弹的高度越来越低	• 帮学生回顾力度的概念 • 学生向下推球的上部的同时，你从底部托住球。你用力将球向上推。保持连贯动作 • 让学生和搭档一起练习。学生向下推搭档的手，搭档稍微施加阻力
2. 学生不用手指而是用手上其他部位	• 让学生练习手指俯卧撑（双手指肚互相挤压，两个手掌逐渐靠近再分开）。双手手指指肚全程接触。如此反复数次 • 学生用指肚向下推球的上部，你同时从底部托住球。你用力将球向上推，同时观察学生的指肚。保持连贯动作
3. 学生的手腕僵直	• 让学生朝地板练习挥手再见的动作 • 学生向下推球的上部的同时，你从底部托住球。你来掌控球的移动，同时观察学生的手腕 • 在墙上贴一张纸，大小从学生的膝盖延伸到胸前。让学生手拿马克笔站到纸前，通过上下活动手腕在纸上画出线条
4. 向下推球时手臂没有完全伸直	• 让学生不用球单独练习手臂动作 • 在墙上贴一张纸，大小从学生的膝盖延伸到胸前。让学生手拿马克笔站到纸前，通过上下活动手腕和手臂在纸上画出线条
5. 学生总是看着球而不是目视前方	• 让学生将一只手平放在嘴巴上方，与地面平行，借此阻挡看球的视线 • 让学生两人一组活动。一个人运球的同时模仿另一个人的运动动作。示范动作的学生应该先从走路开始，等运球的人动作逐渐熟练以后再加速 • 学生运球的同时你举起一张图片或伸出几根手指，持续几秒。学生必须说出他看到的内容 • 将一个垒球手套（或充气不足的球）放在学生头顶。学生在运球的时候要保证不让手套（或球）掉下来
6. 球打到学生的脚而弹开	• 让学生站在地板上的某个特定地点。在学生旁边贴一块胶带，让学生在这块胶带上运球 • 把一个呼啦圈放在地板上，让学生在呼啦圈内运球（或者让学生站在呼啦圈里，在呼啦圈外运球） • 让学生尝试双膝跪地运球。一旦这项任务能够顺利完成，让学生换成单膝跪地运球
7. 学生在移动时无法控球	• 让学生在移动时只连续运3次球；然后必须停止。动作逐渐熟练之后，再增加运球的次数 • 在学生运球时播放音乐。音乐停止，学生就必须停止移动，但是要继续在原地运球控球。如果学生不能保持控球，就必须减慢速度

总结

　　儿童在年龄很小的时候，就喜欢模仿篮球运动员的运球动作。遗憾的是，他们通常都是自学练习运球，而没有接受正确的指导。但改正错误的运球技术往往十分困难。为了尽量避免这种情况，幼儿园就应该开始教授正确的运球技术。如果你能教会儿童运用指肚下压球和流畅的推球动作，就能让他们避免形成常见的错误的拍球动作，从而更容易在球场上获得成功。

用手运球课程计划

（第二节课）

　　年龄组： 二年级的学生。

　　教学重点： 运球时保持抬头。

　　教学次重点： 运球时保持目视前方，而不是低头看球。

　　教学目标： 教师进行观察和评估，5次运球里有4次做到抬头（不看球）运球。（提示词：目视前方）。

　　材料和设备： 每位学生一个塑料球。

　　组织与管理： 学生在个人空间内进行热身活动、接受指导和练习。

　　热身活动：

　　今天我们还是伴随音乐来做热身活动。音乐开始，你们要在公共空间内慢跑。音乐停止，你们要在个人空间内保持静止。我们在公共空间内移动时要记住哪些安全规则？（注意你移动的方向。互相之间保持距离）（音乐开始）

　　观察学生安全移动。音乐暂停提醒学生要安全移动。

　　现在，我要提升你们移动的难度。你们只能用跳跃的方式移动，而且只能在场馆这半边移动。（选两名学生示范边跳边跑的动作）你们明白怎么做了吗？开始。

　　观察学生在安全移动的同时正确完成跳跃动作。期间学生暂停几次，以改变移动方式，缩小他们的移动范围。

　　形式： 发出停止活动的指令后，告诉学生在场馆内找到自己的个人空间，面朝你站好。

　　介绍

　　我们今天做热身活动的时候，我一直在缩小活动范围。你觉得活动范围变小对运动有什么影响？（必须移动得更慢，注意自己移动的方向）没错。今天我们要继续练习运球。这项技能也要求你们开始时先慢慢移动，同时注意自己的移动方向。

　　首先，我们要回顾一下上节课学习的运球动作。谁能告诉我运球的几个步骤？（准备，推球，目视前方，球在身前）没错。

我们要用手上哪个部位运球？（指肚）（避免使用指尖这种说法，因为学生会以为是用指尖推球。要鼓励他们使用指肚）

当我喊出你的生日月份（出生月份）时，你去拿一个球，然后回到自己的位置上。要保证选一个自己容易控制的球；所以球不能太大。

按照月份分批让学生去拿球。

我们现在要来玩"跟我学"游戏。用你们的指肚去推球，眼睛要一直看着我。你们要模仿我做的所有动作。如果你的球滚远了，捡球后回到你的位置。

让学生模仿你的动作。你的动作可以包括以下活动。

- 双膝跪地：（1）先用惯用手运球，然后换手；（2）运球时从右手传到左手，在身体前方形成一个V字。
- 左脚踩地，右膝跪地：（1）用右手运球；（2）先向前方几英尺运球，再运回来。
- 右脚踩地，左膝跪地：（1）用左手运球；（2）先向前方几英尺运球，再运回来。
- 双脚跨步站姿：运球时从右手传到左手，在身体前方形成一个V字。
- 双脚跨步站姿（左脚在前）：用右手运球，左手伸出指定数量的手指。
- 双脚跨步站姿（右脚在前）：用左手运球，右手伸出指定数量的手指。

观察学生动作是否正确。如果学生难以完成"跟我学"活动，帮他们重新回顾运球技能。

停止不动，坐在个人空间内。如果你原地不动，用手运球的难度不大。来回移动运球就比较难。就像我们今天的热身活动一样，你必须注意自己移动的方向。要做到观察移动方向的同时注意球的情况的确有难度，所以你们要认真感受球的运动，做到心中有数。

音乐开始，你们就站起来运球。你们可以在公共空间内移动，但是要注意自己移动的方向。当然，你们要用指肚推球，让球保持在身体前方。同时你们的移动速度一定要放慢。音乐停止，你们原地停止不动，直到音乐再次开始。你们明白这些要求了吗？（音乐开始）

观察学生是否保持抬头，是否用指肚运球，是否持续控球。期间至少暂停音乐5次。

停止不动。非常好。你们都完成得非常好，做到了保持抬头和注意方向。现在我要增加难度：你们在运球控球的同时要保持慢速或中速移动。（音乐开始）

观察学生是否有效控球，是否保持抬头，以及是否用指肚运球。期间至少暂停音乐5次。

停止不动。现在再次加大难度。音乐停止时，你们也停止移动，面朝我继续运球，同时跟我做一样的动作。记住保持目视前方，用手感受球的运动。明白这些要求了吗？（音乐开始）

音乐停止时，用你的非运球手做不同的动作，比如拍头、举手挥手、挠头、竖大拇指等。

停止不动。非常好。我觉得你们已经可以完成更难的活动了。当我说开始的时候，你们每个人找一个搭档，并找个位置背靠背坐下。把球放在腿上。开始。

两人中的一人作为领队开始活动。年纪小的学生作为领队，搭档作为模仿者跟领队学动作。两个人可以在场馆内慢速移动，模仿者学做领队的所有动作。但是，如果领队丢球了，模仿者要停下来等领队捡球。然后两人互换角色，保持控球的人成为领队。（选一名学生来模仿你的动作，同时示范如何安全移动，如何目视前方，以及如何轮换角色）你们明白了吗？开始。

音乐开始，观察学生是否正确完成技能动作。经常重复提示词目视前方。几分钟之后，暂停音乐。

如果你之前不是领队，这一次可以成为领队，直到我再次停止音乐。明白要求了吗？开始。

音乐开始，经常重复提示词"目视前方"。观察学生是否正确完成技能动作。

停止不动。原地坐下，看着（某学生）和我。（某学生）他比我小，所以先做领队。我们彼此面对面，假装我们在看镜子。我要学做对方的所有动作。（动作示范包括用非运球手拍头，换手运球）我们可以稍微移动一下，但是彼此不能距离太远。（和学生示范）我会告诉你们什么时候换领队。明白这些要求了吗？开始。

音乐开始，经常重复提示词目视前方。观察学生是否正确完成技能动作。几分钟之后，让学生互换角色。

停止不动。把你们的器材放回储物箱，来老师这里排队。

结束： 学生列队离开。

同学们，谁能告诉我用手运球时必须记住哪些要求？（**双眼目视前方，注意移动方向**）很好。我能用绷直的手指运球（示范动作）。这样做有什么问题？（**很难控制球；你应该用指肚运球**）非常好！你们都已经是很棒的运球手了。下次我们主要练习如何任意换手运球。

用脚运球

小学生喜欢足球活动是因为可以一边运动一边用脚运球。练习这项技能不仅可以提高心肺功能，还能促进眼－足协调能力的发展。在学习这项技能时球的大小至关重要。学生需要一个大小合适的球以便掌控。小学生难以控制标准（5号）足球，较小的器材更有利于他们学习：例如1号、2号、3号或4号（号码越小，球越小）足球，直径7英寸或更小的塑料球。

最初阶段，孩子们控球时会用大量的时间追球捡球。为了减少浪费在追球上的时间，我们建议在学习初期使用充气不足的球。如果场馆是木质或瓷砖地板，还可以用大号沙包代替球。另外，我们建议在教授这项技能时着重强调轻力的概念。

一旦学生理解了力度概念，小学生可能更有兴趣和动力学习用脚运球。学生不要只用脚的某个部位运球。足球运动中脚的内侧和外侧都能用来运球。用脚的哪个部位运球取决于学生想让球实施什么目的。

两只脚都能运球也是熟练掌握这项技能的关键要求。为了促进这项技能的发展，应该从低年级，也就是学生还没有养成只用惯用脚的习惯之前，开始这项技能的教学。《美国K–12体育教育的国家标准和年级水平学习成果》（SHAPE America, 2014）规定，小学各年级都要教授用脚运球的动作要领（表10.3）。幼儿园学生应该能够用脚内侧轻轻地把球向前踢（S1.E18.K）。一年级学生能够用脚内侧轻踢运球，同时在公共空间内走动（S1.E18.1）。二年级学生能在公共空间内用脚运球，同时控制球和身体（S1.E18.2）。三年级时加入速度要求，学生要在公共空间内慢跑或中速跑动的同时运球，并控制球和身体（S1.E18.3）。四年级学生能始终保持对球和身体的控制时，再加入慢速到中速的提速和变速环节（S1.E18.4）。五年级学生应该能在一对一练习任务中，将用脚运球和其他技能相结合（S1.E18.5）。

表10.3　用脚运球的各年级水平学习成果

	幼儿园	一年级	二年级	三年级	四年级	五年级
S1. E18 用脚运球和控球	用脚内侧轻轻把球向前踢（S1.E18.K）	用脚内侧轻踢运球，同时在公共空间内走动（S1.E18.1）	在公共空间内用脚运球，同时控制球和身体（S1.E18.2）	在公共空间内慢跑或中速跑动的同时用脚运球，并控制球和身体（S1.E18.3）	在公共空间内用脚运球，加速或减速的同时控制球和身体（S1.E18.4）	在一对一练习任务中，将用脚运球和其他技能相结合（S1.E18.5）

源自：SHAPE America-Society of Health and Physical Educators, 2014, *National standards & grade-level outcomes for K-12 physical education* (Champaign, IL: Human Kinetics).

关键要领

准备姿势
球放在头部正下方的地面上，双脚分开与肩同宽，膝盖弯曲。

轻轻用脚踢球
用脚内侧或外侧（不是脚尖）反复轻踢球几次。鼓励学生多练习非惯用脚。

保持近身
触球时球要位于头部正下方，同时目视前方。运球时球要控制在身前2至4英尺的范围内。

带球移动
用脚运球是一项动态活动，所以移动速度要比走路快。

源自：Albemarle County Physical Education Curriculum Revision Committee, 2008.

提示词

你在技能学习每个阶段所选择的提示词，取决于学生的年龄和你强调的重点。在可用的提示词组中，有一些可以用来教学用脚运球。您可以单独使用一组提示词，或者根据需要混合搭配。我们发现，在学生练习时，大声说出提示词非常有益。

抬眼——球放在头部正下方的地面上位置，双脚分开与肩同宽，膝盖弯曲，视线抬起。

轻踢——用脚内侧或外侧（不是脚尖）反复轻踢球几次。鼓励学生多练习非惯用脚。

用脚上平整的部位——用脚的内侧或外侧轻轻踢球。

轻踢——用较小的力度。

出发——触球时球要位于头部正下方，同时目视前方。运球时球要控制在身前2至4英尺的范围内。运球速度应该快于走路。

保持近身——轻轻踢球，球控制在身前2至4英尺的范围内。

> **提示词组1：** 抬眼、轻踢、出发
>
> **提示词组2：** 用脚上平整的部位、轻踢、保持近身

强化与评估关键要领的活动建议

在学习过程中，重要的是让学生了解一种技能的形式，有哪些关键要领，以及怎样正确地完成每个要领。在前文中，我们提供了用脚运球的图片及说明，并把它分为几个关键要领，提出了可以使用的提示词。由于用脚运球是一种运动技能，难以完全区分为孤立的动作要领，因此有必要将几个关键要领进行组合。第1章中介绍的活动，可以加强所有运动和操控性技能的概念，后续章节中将提供更多的具体活动，来巩固用脚运球所特有的关键要领。

同伴技能考核

目的

让搭档互相评估技能学习的进程。

设备

同伴技能考核表，每组搭档一个球。如果学生不能阅读或是不会说英语，可以使用同伴技能考核表的图片版。

活动

1. 搭档观察对方的准备姿势是否正确。

2. 如果准备姿势正确，搭档在对应的方框里放一个"Y"；如果准备姿势不正确，则放一个"N"。对于识字量很少的学生，如果搭档准备姿势正确，可以放一个笑脸图片；反之，则放进哭脸图片。

3. 每个关键要领被评价5次后，停止同伴评估。

4. 每个学生都要使用同伴技能考核表。

拓展活动

- 使用同伴技能考核表来测评每个学生技能水平的提高。

- 把同伴技能考核表同成绩单寄给学生家长，或是在个人技能水平提高时寄给家长。

同伴技能考核表
技能：用脚运球

用脚运球者姓名：_____ 观察者姓名：_____

① 准备　　1　2　3　4　5

② 轻轻踢球　　1　2　3　4　5

③ 保持近身　　1　2　3　4　5

④ 带球移动　　1　2　3

同伴技能考核表
技能：用脚运球

用脚运球者姓名：_____ 观察者姓名：_____
观察你的搭档，然后给技能的每项关键要领打分。让你的搭档每个动作做5次。如果搭档做的动作正确，就在对应次数的方框里填个"Y"；如果搭档做的动作不正确，就在对应次数的方框里填个"N"。

开始		测试

准备姿势
1. 目视前方。
2. 膝盖弯曲。
3. 双脚分开与肩同宽。
4. 目标在身体前方。

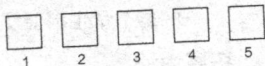

1　2　3　4　5

动作	

轻轻踢球
1. 轻轻踢球。
2. 用脚的内侧或外侧。

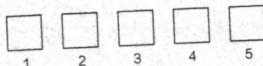

1　2　3　4　5

保持近身
3. 球始终在运球人身体附近。

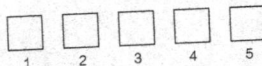

1　2　3　4　5

带球移动
4. 移动速度快于走路。

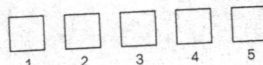

1　2　3　4　5

成功构建者

　　成功构建者活动能够让教师满足学生的个别需求。如果学生在某个关键要领上需要额外帮助，下面列出的活动将有助于提高正确表现水平。

目的

　　改善同伴技能考核表评估中的不足之处。

设备

　　见以下各个练习站点。我们建议在每个练习站点放一面不易碎的镜子和一张印有用脚运球每项关键要领的海报。在这些活动中，镜子的用处很大，因为它能让学生看到自己的动作。制作海报最简单的方法是放大打印这本书上的图片。给海报塑封能延长其使用年限。

活动

1. 在教学区内，为每个关键要领分别设立一个练习站点。在相应的站点张贴具体要领的说明和图片。
2. 每个站点的细节如下。

准备

　　球放在头部正下方的地面上，双脚分开与肩同宽，膝盖弯曲。

设备

　　准备姿势海报、镜子（如果有的话）、一个球和同伴技能考核表。

活动

　　学生做出准备姿势。搭档评估其姿势是否与海报相符。学生可以借助镜子观察改正自己的动作。接着该学生开始四处走动，搭档发出指令，就再次做出准备动作。如果学生能够多次正确完成动作，搭档二人互换角色练习整套技能。

轻轻踢球

　　用脚内侧或外侧（不是脚尖）多次轻轻踢球。适当的时候用非惯用脚。

设备

　　正确轻踢动作海报、镜子（如果有的话）、球、同伴技能考核表。

活动

　　学生在指定区域内移动运球。搭档评估其姿势是否与海报相符。学生可以借助镜子观察改正自己的动作。一旦学生能向搭档正确展示用脚上正确的部位轻踢球，搭档二人互换角色练习整套技能。

保持近身

　　运球时球要位于头部正下方，同时目视前方。运球时球要控制在身前2至4英尺的范围内。

设备

　　展示球和人之间正确距离的海报、镜子（如果有的话）、足球和同伴技能考核表。

活动

学生在指定区域内移动运球。由其搭档评估其姿势是否与海报相符。搭档提醒学生目视前方，眼睛不要向下看。学生运球时要看着搭档的眼睛。学生可以借助镜子观察改正自己的动作。一旦学生能向搭档展示正确的运球动作，同时让球保持近身，目视前方，搭档二人互换角色练习整套技能。

带球移动

运球移动速度要比走路快。

设备

展示运球时球与人关系的海报、镜子（如果有的话）和同伴技能考核表。

活动

在指定区域内移动运球。搭档评估其姿势是否与海报相符。一旦学生能向搭档正确展示慢跑运球，搭档二人互换角色练习整套技能。

强化整体技能的高级活动建议

《美国K-12体育教育的国家标准和年级水平学习成果》（SHAPE America, 2014）为掌握用脚运球（即将成为足球运球）技能提供了一套极佳的教学进度。合理的教学进度应该是先用脚内侧轻轻向前踢球，再到在公共空间内走动运球，最后是在后续活动中可以变换速度运球。学生会迅速喜欢上这项技能，但是却忽视了控球和正确姿势。在后续活动中应该着重强调正确的技能动作与最合理的速度。另外，学生用球的大小是否合适也十分关键。这是一项极有挑战性的移动和操控性技能，充气不足的球（或在瓷砖或木质地板上可以用大号沙包）有助于学生更好地学习这项技能。

个人活动

彩色目标

目标

在指定目标上运球，来提高运球的控球能力。

设备

不同颜色不同大小的美术纸（每种颜色制作8至12个目标），贴在场馆或活动区域的地板上。每个学生一个球（如足球或塑料球）。

活动

1. 制作一个彩盒，里面放置各种颜色的美术纸样品。你准备的美术纸要多于学生的人数。

2. 选一名学生从彩盒里抽一张颜色纸。

3. 抽到的颜色纸就是颜色目标，所有学生必须找到同色的目标，运球越过目标。

4. 学生一直运球越过目标，直到老师发出暂停指令。

5. 指定其他学生从彩盒里抽取颜色目标，直到所有学生都有机会从彩盒里抽过美术纸为止。

拓展活动

- 如果不使用颜色目标，学生可以从形状盒里选出不同的形状，从字母盒里选出字母，从单词盒里选出单词。

- 学生可以和搭档合作。搭档选择用作目标的颜色、形状、字母或者单词。运球人必须向选定的目标运球。搭档轮流选择目标运球。

拼单词

目标

通过在字母上运球并停球来拼单词。

设备

每名学生一个球，将四套完整的字母表字母分散贴在场馆或者活动区域的地板上。有额外复制的元音和选定的辅音字母（如 N、R、S、T）会更好。你将需要纸、铅笔或记号笔、白板来充当词库。

活动

1. 你发出开始指令，学生用脚向不同的字母上运球来拼单词。而且必须把球停在想使用的字母上。

2. 学生运球时要保持控球。如果控球失误，学生必须在丢球的位置重新开始运球。

3. 如果学生拼出了一个单词，就要去词库（纸或白板）写下这个词。最好在活动区域内多准备几个词库，这样学生不必排队等待写单词。

4. 一个单词只能在词库里写一遍。

5. 如果学生发现运球越过的这个字母不能用来拼单词，必须再次运球经过这个字母来删除它。提醒学生运球时绕过不需要的字母。

拓展活动

- 搭档二人合作。运球人告诉搭档要拼的单词。运球人在字母上停球拼单词，搭档在一旁记录字母并评估其运球动作。如果运球人动作不正确，则不能使用这个字母，直到运球人纠正自己的错误动作。学生拼完一个单词，搭档才有机会完成活动。

- 搭档二人合作。两人用纸笔记录在上面运球并停球的字母，并且写下拼出的单词。每个人都要通过运球和停球收集一个元音字母和两个辅音字母，之后他们有 6 个字母可以用来拼单词。他们可以使用收集到的一个或更多字母来拼出 6 个单词。一旦两人拼出 6 个单词并记下来，他们要尝试通过运球越过字母来拼出单词。拼出一个单词就从清单上划掉一个。如果学生发现某个字母不能用来拼单词，必须再次运球越过这个字母来删除它，然后换另一个字母。

合作活动

挑战赛

目标

在各种情境下练习运球。

设备

每对搭档一个球（如足球、塑料球、泡沫球或毛线球）和塑封挑战卡。

活动

1. 每个学生选一张挑战卡。

2. 学生完成挑战卡上描述的任务。

3. 挑战任务可能包括下列活动。

- 快速（慢速，中速）运球，同时保持控球。
- 用脚的外侧（内侧）运球。
- 绕着标志筒、交通标志筒、2升的空水瓶、椅子或其他物品运球。
- 每次遇到黄色标志筒（蓝色或绿色标志筒）就改变运球的方向。

拓展活动

- 每对搭档记录自己的正确运球次数，而你记录班级的正确次数。只有用脚上正确部位踢球，并且让球保持在身体附近2至4英尺的范围内活动时，才算一次正确的运球。每次正确触球可计一分。在后续课程中，让全班学生挑战突破原来的纪录。
- 在活动区域的地板上放置不同颜色的目标物、呼啦圈、标志筒或水桶，让搭档指示运球人朝哪个目标运球。
- 给每对搭档计时，看他们持续移动运球并控球的时间。在后续课程中，让学生挑战延长这个时间记录。
- 让学生挑战运球持续一段特定的时间（如15秒）。可以让全班同学一起挑战，也可以搭档两人轮流挑战。
- 让每对搭档沿指定路线运球，并为他们计时。让他们挑战突破各自的纪录。

跟我学

目标

与搭档一起活动，来提升用脚运球的技能。

设备

每个学生一个球（如足球、塑料球或泡沫球）。

活动

1. 每个学生一个搭档。

2. 一人是领队另一人是模仿者。

3. 领队在开放空间内移动运球，模仿者跟着领队移动运球。

4. 一段时间后，两人互换角色。

拓展活动

- 领队以不同速度移动运球（快或慢）。
- 组成人数更多的队伍（如4人组、6人组、8人组），每人轮流当一次领队。

团体活动

创建自己的活动

目标

让学生自己设计活动，来强化用脚运球的技能。

设备

每组学生一张纸和一支铅笔，以及一份提前列出的可用活动器材的清单（如塑料球、足球、保龄球瓶、标志筒、呼啦圈或跳绳）。

活动

1. 2至5名学生一组。可以由你来分组，也可以让学生自己分组。

2. 每组学生以运球作为基本技能设计活动。考虑到所有学生和安全因素，学生必须制定规则，确保正确地完成技能动作。

3. 每组学生在纸上写出组员姓名、活动规则和所需器材，然后向你展示活动。

4. 你批准他们的活动后，小组领取所需器材开始活动。

5. 你必须批准所有对活动进行的改变。

拓展活动

- 小组可以将自己的活动教给其他小组。
- 小组可以将自己的活动教给整个班级。

你追我躲

目标

用脚运球，避免被捉住。

设备

每个运球的学生一个球和一个围巾（也可以用领带或小旗来代替围巾）。两名捉人者不需要围巾。

活动

1. 选出两名捉人者。

2. 给其他学生每人一个尾巴（即围巾）。尾巴放在学生裤子后面的腰带上。

3. 捉人者先从场馆或活动区域的中间开始。其他人则分散在整个区域内。

4. 捉人者数到五之前，其他学生在场馆内四处运球。数到五之后，捉人者开始在区域内跑动，试着去拉其他学生的尾巴。

5. 如果尾巴被抓住或者运球失控，该学生必须去指定练习区运球15秒，同时大声说出提示词。然后该学生即可重新加入活动。

拓展活动

- 让捉人者运球。
- 给每组捉人者设置时间限制，时间结束后换人重新活动。

地雷区

目标

练习用脚运球时避开障碍物。

设备

每个学生一个球（塑料球、足球、泡沫球或纱球），20个交通标志筒，也可以用2升的空水瓶、塑料点、拱状椎体代替交通标志筒。

活动

1. 将交通标志筒分散放置在场馆或活动区域内。

2. 每个学生拿一个球，分散到整个活动区域内。

3. 发出开始指令，学生开始绕着地雷（即交通标志筒）运球。

4. 如果学生的球碰到交通标志筒，就必须去指定练习区练习运球15秒，同时大声说出提示词。然后该学生即可重新加入活动。

拓展活动

- 加入运球捉人活动。选一个或几个学生作为捉人者。一旦被选为捉人者，该学生即前往指定练习区域，让同学评估其运球的关键要领。游戏开始时，你可以选一位学生作为指定区域的第一名观察员。当捉人者完成用脚运球动作，第一名观察员可以回到游戏中，被捉住的学生成为新的观察员留在指定区域。观察员监督下一个被捉住的学生完成动作后，可以回到游戏中。以此方式循环，直到活动结束。

- 如果同时有几个学生都在等着完成动作，那可以让观察员同时检查两个人。要尽量压缩学生的等待时间。

- 在地雷区放置呼啦圈，让一半学生站在呼啦圈内。剩下的学生试着运球穿过地雷区，绕过呼啦圈，同时保持控球。如果呼啦圈内的学生用脚能够碰到运球人的球，那么呼啦圈内的学生和运球人交换角色。

疯狂足球

目标

在练习用脚运球时避开其他球员。

设备

每个学生一个足球或塑料球，界线清楚的户外活动区域。

活动

1. 选出两名标记者。

2. 标记者站在活动区域中间,其余学生则站在活动区的一侧。

3. 发出开始指令,学生用脚向活动区的对侧运球。

4. 每位标记者向其他学生运球。

5. 标记者运球,试图用球触碰其他学生的球。(标记者必须靠近他们想要标记的学生。)如果学生在运球到达活动区域对程度之前被标记(两人的球触碰),这个学生就成为标记者。如果学生为了避免被标记,把球踢远,该学生则自动成为标记者。

6. 所有学生到达对侧之后,标记者回到区域中心。发出开始指令,学生运球返回起始侧,同时躲避标记者。

7. 活动继续,当场上只剩两位学生没被标记时,新一轮活动开始,这两位学生成为新一轮活动的标记者。

拓展活动

- 活动开始可以挑选两名以上的标记者。
- 如果学生被标记,该学生必须到指定区域绕着5个标志筒运球,然后成为标记者重新加入活动。

源自: Based on North American Sports Camps, Fun and Games.

这里很挤

目标

学生用脚运球时,强化目视前方的动作要领。

设备

每个学生一个球。

活动

1. 每个学生在公共空间内运球。

2. 逐渐缩小学生运球的活动范围,直到学生无法移动。

3. 再逐渐扩大活动范围。

拓展活动

- 用大小不同的球运球。
- 发出指令,学生必须改变运球方向。

用脚运球问题解决表

问题	解决方法
1. 用脚尖运球	• 在两根游戏立柱间系一根绳子或者一张网,悬挂一个2升的空水瓶,瓶子离地不超过1英寸。学生练习用脚的内侧或外侧来回轻踢瓶子 • 学生两人合作。一人在指定距离内运球。另一人记录脚尖触球的次数。最终目标是零次脚尖触球
2. 运球距离太远	• 回顾力量的概念 • 给每个学生分一个球练习运球。在活动区域走动,如果有学生把球踢得太远,就把球拿走。目的是使学生尽可能让球远离你 • 在活动区域内放置标志筒,标志筒间距2至4英尺不等。学生必须运球穿过标志筒之间,球经过任一标志筒时至少踢球一次
3. 一直用同一只脚运球	• 学生两人合作。一人在指定距离内运球,运球过程中必须换脚。他的搭档记录没有换脚的次数。目标是次数为零 • 在两个游戏立柱之间系一根绳子或者一张网,悬挂一个2升的空水瓶,瓶子离地不超过1英寸。学生练习用脚的内侧或外侧来回轻踢瓶子
4. 眼睛一直看球,而不是目视前方	• 学生两人合作。一人在活动区域内用脚移动空奶罐、充气不足的球或者泡沫球,同时和搭档保持眼神交流 • 让学生玩你追我赶的游戏 • 手举一张图片或用手示意一个数字,保持几秒,让学生在运球过程中告诉你,他看到的是什么图片或数字 • 学生两人合作。一人一边运球一边模仿搭档的动作,前面的搭档一开始慢速走动,当运球人越来越熟练之后,逐渐加快速度
5. 走路运球	• 学生两人合作。一人为捉人者。捉人者快速追赶运球人并抢球。运球人需要快速跑动远离捉人者。目的是使球远离捉人者 • 同样地,活动中可以有几个捉人者

总结

足球是儿童最喜爱的有组织的运动项目之一。近年来，各类专业足球比赛以及足球世界杯锦标赛受到了媒体的广泛关注。因此，儿童学习足球的兴趣也日益高涨。然而，难度最大的足球技术可能就是如何用脚运球。运球既是操控性技能，也是运动技能。

年幼儿童刚开始学习用脚运球时，典型的表现是球控制儿童，而不是儿童控制球。儿童经常错误地认为运球就是踢球、追球、再踢球的过程；因为操控球的运动对他们来说还不是一种技能。通过教学运球技巧和强调轻踢概念，学生能够逐渐理解如何控球。掌握了这项新技能，足球运动将从简单的踢球和追球，转变成一种更具挑战性和趣味性的活动，学生可以受用多年。

用脚运球课程计划

（第一节课）

年龄组：二年级的学生。

教学重点：用脚运球时控球。

教学次重点：学会用脚的不同部位运球，在公共空间内移动运球，运用力的概念学习操控性技能。

教学目标：教师评估观察，学生在用脚运球时5次练习有4次能做到成功控球。（提示词：用脚上平整的部位，轻踢，保持近身）。

材料和设备：每位学生一个充气不足的塑料球。你需要一根曲棍球棒和一个网球做示范。

组织和管理：学生在个人空间内做热身活动，接受指导和进行练习。

热身活动：学生进入场馆，随着音乐移动。教师喊出不同的运动技能，学生做出动作，包括慢跑、跳跃、快跑和滑步。

注意学生是否安全地运动并正确完成运动技能。加入一些力量方面的运动概念，以调整活动。比如要求学生用较小的力量完成慢跑、跳跃或快跑等等。

注意学生是否安全地运动并正确完成运动技能。

形式：学生在场馆内找到个人空间，面朝你站好。

指导内容

你们的运动技能做得非常好。除了完成运动技能以及用不同的力度进行运动之外，你们还需要做其他动作来成功完成热身。什么动作呢？（在公共空间内运动的时候，不要远离个人空间）

很好。今天我们要学习一项新的技能，需要你们在个人空间内运用较小的力量进行练习。这一次，你们不仅需要控制好自己的身体；还需要控制好一个物品的移动。

今天我们来练习用脚运球。

为了正确地完成运球，首先用脚把球向前轻踢，然后跟着球移动，再踢。如何避免球滚得太远，你们需要大量的练习。今天我们先用塑料球练习，因为塑料球充气较少，这样就不容易滚得太远。

我会喊出你们服装的一种颜色，如果这个颜色正好是你衣服的颜色，那么你就去拿一个塑料球，然后回到个人空间内坐下。

很好。大家原地起立，球放在地板上。音乐开始，你们在公共空间内慢速移动，用很小的力量轻踢球，记住，只能用脚踢。必须让球保持近身，所以不要用力踢球，要轻轻踢。（音乐开始）

注意学生是否安全地运动，轻踢，使球保持近身。重复提示词轻踢和保持近身。

停止不动。你们做得非常好。如果我想要真正控制好球，我是应该用脚上的平整部位踢呢还是用不平整的部位踢呢？我来做个实验，你们认真思考这个问题。

用曲棍球棒和网球示范动作。把网球放在地上。首先用曲棍球棒顶端轻击几次球。然后再用球棒平整的一侧轻击几次球。

刚才两种情况，哪一种更容易控制球的方向？对，当我使用球棒平整的一侧时。所以，你们用脚运球的时候，也需要用脚平整的部位运球。告诉我你们脚上平整的部位在哪里？对；脚内侧或者外侧都正确。为了更好地控球，你们运球一定要用脚上平整的部位。（用脚的内侧或者外侧示范运球，以及再示范用脚尖运球来进行对比）

音乐开始，你们需要在场馆内用脚的平整部位运球。再强调一遍，你们需要**轻踢并保持近身**。（音乐开始）

注意学生是否用脚的内侧或者外侧运球。重复提示词：用脚上平整的部位，轻踢和保持近身。

停止不动。当我说开始的时候，你们每个人找一个搭档，然后两个人并排坐下，两个球放在身边。开始。

这一次我们玩一个游戏，叫作"跟我学"。两人当中年龄小的那位先做领队。另一位模仿领队动作的同时控球。当你们听到我拍手时，两人交换角色。好了，现在看看谁的年龄小。大家起立，把球放在地上。你们明白指令了吗？开始。（音乐开始）

注意学生是否用脚的内侧或者外侧运球，控球，以及模仿领队动作。重复提示词：用脚上平整的部位，轻踢和保持近身。2至3分钟后，拍手，交换角色。

停止不动。当我说开始的时候，你们每对搭档需要找另外一组搭档，然后在他们旁边坐下。开始。

现在，你们是4人一组。好了，起立，每一组按照身高从低到高排队。**慢速**移动，不要脱离各自的队伍，想象一下你们是一列火车。第一个人是火车头，后面的人是一节节车厢。你们运球的同时，要紧跟着火车头。明白指令了吗？每一组起立。音乐开始，活动开始。（音乐开始）

观察学生的控球动作，以及是否模仿领队动作。经常重复提示词：轻踢和保持近

身。（两分钟后，换一个学生做火车头，每个人轮流）

停止不动。请把器材放到一边，列队。

结束：学生列队准备离开，可以玩教师扮演游戏。

我们来复习一下今天课堂上学习的重点。

1. 我用的是脚的哪一个部位运球?（**平整的部位**）

2. 用脚运球时，我们应该用多大的力度?（**较小的力度**）

3. 我用哪只脚运球?（**任意脚**）对，下节课我们将学习如何用右脚或左脚运球。

参考书目

Albemarle County Physical Education Curriculum Revision Committee. (2008). *Albemarle County physical education curriculum guide*. Unpublished manuscript, Albemarle County Public Schools, Charlottesville, VA.

Graham, G., Holt–Hale, S., & Parker, M. (2013). *Children moving: A reflective approach to teaching physical education*. Mountain View, CA: Mayfield Press.

NASPE (1992). Outcomes of quality physical education programs. Reston, VA: Author.

NASPE (1995). Moving into the future: National standards for physical education. Reston, VA: Author.

Pangrazi, B., Chomokos, N., & Massoney, D. (1981). From theory to practice: A summary. In A. Morrie (Ed.), *Motor development: Theory into practice* (pp. 65–71) [Monograph 3 of *Motor skills: Theory into practice*]. ERIC Document Reproduction Service No. ED 225 939.

Seefeldt, V. (1979). Developmental motor patterns: Implications for elementary school physical education. In C. Nadeau, W. Halliwell, K. Newell, & C. Roberts (Eds.), *Psychology of motor behavior and sport*. Champaign, IL: Human Kinetics.

SHAPE America. (2014). *National standards & grade–level outcomes for K–12 physical education*. Champaign, IL: Human Kinetics.

作者简介

维旎·科尔文（Vonnie Colvin），教育学博士，体育教育学教授，任职于美国朗沃德大学（Longwood University）健康、运动训练、休闲和人体运动学学院。除了日常的教学任务之外，她和学院里的实习教师们共事，同时还是学院里体育与健康教育教师培训项目的负责人。科尔文曾荣获2013年弗吉尼亚健康、体育、休闲和舞蹈协会颁发的大学体育教育杰出教师奖。在2004年任职于朗沃德大学之前，科尔文在肯塔基大学人体运动学与健康系担任了9年的教员。在肯塔基大学任职期间，她于2002年荣获了肯塔基健康、体育、休闲和舞蹈协会颁发的大学体育教学杰出教师奖和杰出服务奖。

科尔文同时也是美国健康和体育教育协会和弗吉尼亚健康、体育、休闲和舞蹈协会成员。1999年，她担任肯塔基体育教育协会的副主席。如今，她是弗吉尼亚州体育教育协会的副主席。此外，1999至2002年，科尔文是《策略》（Strategies）编辑委员会成员之一，2001年担任该编辑委员会主席。

在1995年从事高等教育之前，科尔文在弗吉尼亚州路易莎县从事体育教学21年，包括8年小学体育教学、2年初中体育教学和11年高中体育教学。在这21年教学期间，她同时与来自美国诺福克州立大学（Norfolk State University）和弗吉尼亚理工学院（Virginia Tech）的实习教师们共事。

科尔文现居弗吉尼亚州法姆维尔，喜爱徒步旅行、园艺和阅读。

南希·马科斯（Nancy Markos），教育学硕士，曾获2002年美国国家运动与体育协会年度基础体育教育优秀教师奖，2003年弗吉尼亚大学柯里教育学院（Curry School of Education at the University of Virginia）杰出小学教师奖。2011年，马科斯荣获阿尔伯马尔县公立学校教师（the Albemarle County Public School Teachers）金苹果奖。

马科斯从1984年直到2011年退休为止，一直是弗吉尼亚州夏洛茨维尔阿尔伯马尔县学校系统的基础体育与健康教育专家。直到2014年6月，马科斯还是阿尔伯马尔公立学校协会（the Albemarle County Public Schools）体育与健康教育和家庭生活的推进者。马科斯现在是美国领先的体育器材供应商US Games公司的运动、生活和学习板块的顾问与代言人。

从1985年至2011年退休为止，马科斯在弗吉尼亚大学（the University of Virginia）担任体育讲师，在校期间指导学生参与体育教育和体育教学改革项目。在弗吉尼亚担任教员之前，马科斯在马里兰州从事了3年的小学体育教学，在马里兰州和罗得岛州从事了5年的初中体育教学。

马科斯同时也是美国健康和体育教育协会及弗吉尼亚健康、体育、休闲和舞蹈协会、女性教育联谊会的成员。此外，马科斯曾任阿尔伯马尔县教育协会主席，并曾参与了弗吉尼亚教育部主持的《体育教育学习标准》（*The Standards of Learning for Physical Education*）和《体育教育资源指南》（*The Physical Education Resource Guide*）的编撰与修订工作。

马科斯现居弗吉尼亚州夏洛茨维尔，喜爱高尔夫、健身及陪伴家人。

帕梅拉·沃克（Pam Walker），教育学硕士，荣获1995年弗吉尼亚健康、体育、休闲和舞蹈协会颁发的年度基础体育教育优秀教师奖。2004年，荣获阿尔伯马尔县公立学校（the Albemarle County Public Schools）教师金苹果奖。沃克任职弗吉尼亚州夏洛茨维尔阿尔伯马尔县学校系统的基础体育与健康教育专家30年，直到2008年退休为止。她在弗吉尼亚州北花园红山小学（Red Hill Elementary in North Garden，Virginia）任教25年。同时是弗吉尼亚大学（University of Virginia）的体育讲师，其间和实习生与实习教师共事18年。

她引领创办了一系列体育教育和教学研习班。研习班的学习内容包括运动技能和基础技能教学、全脑学习法、课堂管理技能、学习风格和策略、压力管控，以及多元智能教学法。在沃克的研习班上，体育教师们学习如何在课堂教学中整合教学策略和多元智能教学法。沃克接受过整合性主题教学（ITI）训练，并且帮助体育教师在实际课堂上运用该教学理念。

沃克也曾是弗吉尼亚健康、体育、休闲和舞蹈协会及美国健康和体育教育协会、美国教育协会和女性教育联谊会的成员。

沃克现居弗吉尼亚州斯凯勒，喜爱陪伴家人、游泳、高尔夫、徒步旅行和野营。

美国健康和体育教育协会简介

SHAPE SOCIETY OF HEALTH AND PHYSICAL America EDUCATORS®

health. moves. minds.

SHAPE America，全称Society of Health and Physical Educators，即美国健康和体育教育协会。它致力于保证所有孩子有机会过上积极健康的生活。作为美国最大的健康与体育教育专业会员组织，SHAPE在全美50个州成立了分支机构，同时也是数个国家计划的发起机构之一，包括总统青少年健身计划（the Presidential Youth Fitness Program）、"大家一起来运动"（Let's Move!）活跃校园项目、跳绳和呼啦圈心脏锻炼项目（Active Schools and the Jump Rope for Heart and Hoops for Heart programs）。

从1885年成立至今，SHAPE在体育教学方面有杰出的贡献，最新成果包括编撰了《美国K–12体育教育的国家标准和年级水平学习成果》和*National Standards for Sport Coaches*，并作为健康教育国家标准联合委员会（the Joint Committee on National Health Education Standards）成员之一参与出版了*National Health Education Standards, Second Edition: Achieving Excellence*。SHAPE的项目、产品以及服务涵盖了学前教育到大学研究生教育，从不同层面支持国家健康和体育教育从业者的专业发展。

每年春季，SHAPE会举办国家博览会，这是美国首个针对健康和体育教育从业者的全国性专业发展项目。

SHAPE的任务是实现体育教育的基本原则。通过公开宣传学校健康和体育教育事业，SHAPE一直致力于影响美国体育政策的走向。

SHAPE的愿景：全民健康——通过体育教育和体育运动加以实现！

SHAPE的使命：提升专业教学水平，促进健康与体育教育、体育活动、舞蹈和运动事业的发展，以及相关的科研活动。

SHAPE的承诺：2029年前实现5000万人体质强健。

美国中小学学生的在校人数（从学前至高三）大约是5000万。SHAPE致力于在2029年前，也就是现在的学前学生一直读到高中毕业为止，这个阶段内的所有学生将会掌握并提高体育技能、学习体育知识和树立信心，从而享受健康、有意义的体育活动。

译者简介

吴东，青少年训练专家，中国少儿体能行业的开拓者，能量学院国际青少儿体能教育创始人。曾与苹果公司共同研发国际数字教学项目，并担任其体能保障项目的总负责人。具有近20年的体能教育行业经验，长期与美国、澳大利亚、欧洲等体能领域的专家和机构深入合作，同时与旧金山大学教育学专业教研室建立合作关系，将全球先进的教育心理学、运动心理学、元认知心理学等学科应用到青少年儿童的实际教学实践中并成立课题项目组。目前，其研发的专业青少儿体能课程体系已供全国近百所中小学使用。

李红光，吉林体育学院人体运动科学专业硕士，能量学院课程研发中心研究员，专注于6至12岁儿童青少年的体能素质培养和训练，拥有多年科研及教学实践经验。曾获第十三届全运会马拉松比赛金牌和2015年花样滑冰锦标赛季军，曾为国家竞走队科研人员，参与备战2016里约奥运会，并曾为宁夏马拉松队及内蒙古马拉松队的科研人员，帮助队员进行科学合理的训练和提升运动表现。

资源访问说明

　　本书的免费资源分为两大类：一类是在线资源，是指可以在指定平台上浏览的视频资源；另一类是下载资源，是指可以在指定平台上下载使用的资源。

一、在线资源

　　本书的在线资源是8种运动技能和17种操控性技能的演示动画，您可以通过微信"扫一扫"，扫描右方的二维码观看资源。

　　步骤1：点击微信聊天界面右上角的"+"，弹出功能菜单（见图1）。

　　步骤2：点击弹出的功能菜单上的"扫一扫"进入该功能界面，扫描本页右侧的二维码。

　　步骤3：如果您未关注微信公众号"人邮体育"，扫描后会出现"人邮体育"的二维码。

　　请根据说明关注"人邮体育"，并点击"资源详情"（见图2），进入视频观看界面，观看本书视频（见图3）。

　　如果您已关注微信公众号"人邮体育"，扫描二维码后可直接进入本书视频观看界面。

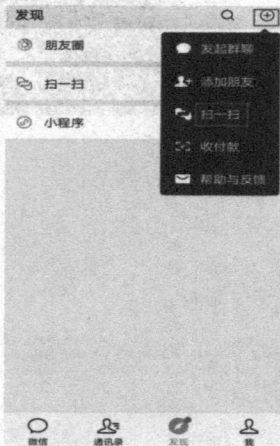

图1

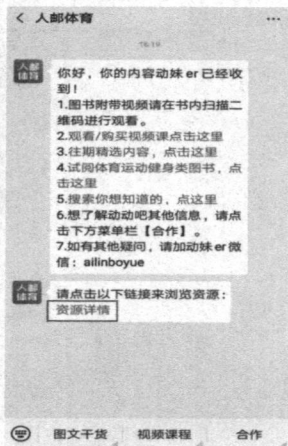

图2

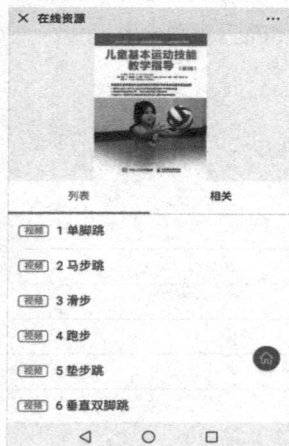

图3

二、下载资源

本书的下载资源是上述25种技能的可复用教学资源，每种技能都包含4个PDF格式的文件，下载后可根据需要直接使用。4个文件分别是动作技能要素、同伴技能考核表1、同伴技能考核表2和动作问题解决表。您可以通过微信"扫一扫"，扫描本页右侧的二维码进行资源下载。

步骤1：扫码后，请根据提示回答一个与图书相关的问题，将答案输入红框位置（见图4）。

步骤2：回答完毕且答案正确，页面跳转到下载地址链接，请点击蓝色复制键复制地址（见图5）。

步骤3：将复制后的地址粘贴到浏览器（推荐使用电脑端浏览器），即可进入资源下载页面。请根据页面提示进行资源下载。

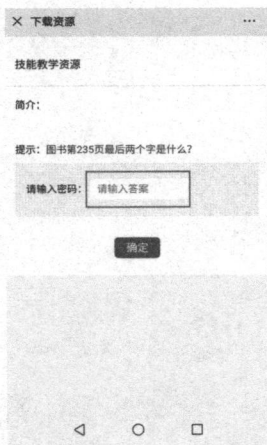

图4

图5